AF284023

choose **love**

Kera & Robert Deiss

Mama, Papa und Knöpfchen

- Zwei Schwangere reden mehr als eine(r) -

choose **love**

FSC
www.fsc.org
MIX
Papier aus ver-
antwortungsvollen
Quellen
Paper from
responsible sources
FSC® C105338

Herstellung und Verlag: BoD – Books on
Demand, Norderstedt

Bibliografische Information der Deutschen
Nationalbibliothek:

Die Deutsche Nationalbibliothek
verzeichnet diese Publikation in der
Deutschen Nationalbibliografie; detaillierte
bibliografische Daten sind im Internet über
https://dnb.dnb.de abrufbar.

ISBN: 978-3-7519-6085-4

Erste Auflage 2020
Originalausgabe

info@choosenow.de
www.choosenow.de

Für unseren kleinen Engel.
Für die beiden Uromas Elke und Elfriede.
Und für die beste Hebamme der Welt.

Vorwort

„Komm, lass uns ein Buch über unsere Schwangerschaft schreiben". So oder so ähnlich fing alles an.

Liebe/r Leser*in, dieses Buch ist kein Ratgeber, kein Roman und auch kein populärwissenschaftliches Buch. Vielmehr handelt es sich hierbei um ein Experiment. Denn was sonst könnte es sein, wenn eine Autorin von Ratgebern, populärwissenschaftlichen und biographischen Büchern gemeinsam mit einem Fantasy-Schriftsteller über ihre Schwangerschaft erzählen?

Dieses Buch ist der Versuch, die einzelnen Monate der Schwangerschaft aus unserer jeweiligen Sicht zu erzählen, ganz ohne Absprache, lediglich mithilfe einiger Eckdaten. Wir können dir sagen, für uns waren die Erinnerungen des Anderen auch manches Mal eine echte Überraschung.

Stell dir das einfach ein bisschen so vor: Kera, meine Frau, trifft sich abends mit ihrer besten Freundin, die sie lange nicht mehr gesehen hat und erzählt ihr von ihrer Schwangerschaft. Zur selben Zeit sitze ich mit einem Kumpel auf dem Balkon und teile mit ihm meine Erfahrungen.

Das besondere an unserer Geschichte ist die Tatsache, dass wir den Inhalt unserer Erzählung weder abgesprochen noch im Nachhinein verändert haben. Du wirst sogar feststellen, dass wir uns an der ein oder anderen Stelle nicht nur uneinig sind, sondern uns sogar widersprechen. Und glaube uns, wenn wir dir sagen, dass es nicht einfach war, den Text inhaltlich einfach so stehen zu lassen mit all seinen Unstimmigkeiten und Logikfehlern.

Doch wie man es aus Gesprächen kennt, vergisst man eben manche Dinge. Da ist man nach einem langen Gespräch mit einer Freundin oder einem Freund auf dem Heimweg, lässt alles Revue passieren und fasst sich auf einmal an den Kopf, weil einem auffällt, dass man die Hälfte gar nicht erwähnt hat.

So erging es uns auch immer wieder. Aber wir haben uns gegenseitig auf die Finger geklopft, wenn einer von uns auch nur auf die Idee gekommen ist, doch noch die ein oder andere Sache an dieser oder jener Stelle zu verbessern. Selbst Verschreiber haben wir stehen gelassen. Das Einzige, was wir dir zuliebe getan haben, war die Korrektur von Wort und Schrift.

An der ein oder anderen Stelle wird dir vielleicht trotzdem auffallen, dass wir uns nicht immer genau an die korrekten Zeitformen (Experten sprechen auch von Tempora) gehalten haben. Wir wollten den natürlichen Erzählfluss weitestgehend bestehen lassen, auch wenn uns dafür möglicherweise manch/e Germanist*innen aufs Dach steigen wird. *Tschuldi!*

Da wir nun aber beide etwas zum Perfektionismus neigen, haben wir uns zumindest erlaubt, ab und an eine Bemerkung per Fußnote einzuwerfen. Sollten dich die Fußnoten stören, kannst du sie getrost über-springen. Denn wie so oft, sind solche Ergänzungen sowieso nur zur Befriedigung des Erzählers da und weniger zum Interesse des Lesenden.

Als abschließende Warnung möchten wir dich zu deinem eigenen Schutz darauf hinweisen, dass dieses Buch mit viel Humor geschrieben wurde und wir es ab und an etwas auf die Spitze getrieben haben. Also bitte, bitte nimm auf gar keinen Fall ernst, was du hier liest. Falls sich jemals jemand auf den Schlips getreten fühlen sollte, dann tut es uns leid. War mit Sicherheit nicht unsere Absicht. Und keine Sorge, der Knall, der so manches Mal zum Vorschein kommt, ist nicht ansteckend.

In diesem Sinne: Viel Freude beim Lesen!

Mama und *Papa* und *Knöpfchen*

PS: Alle Namen, außer unsere eigenen, sind zum Schutze der Personen von der Redaktion abgeändert worden.
PPS: Jetzt geht's los!

01. Monat und halt alles davor

- Mama -

Irgendwann kommt der Moment im Leben, an dem man sich fragt, ob man wohl Kinder möchte oder nicht. Soweit ich denken kann, wollte ich immer Mutter werden. Auch wenn es tatsächlich mal eine Zeit gegeben hatte, in der ich meine Kinder von einer Leihmutter hätte austragen lassen wollen, weil ich zu große Angst davor hatte, meine Figur durch eine Schwangerschaft zu ruinieren und dadurch womöglich meinen Partner zu verlieren. Mittlerweile habe ich da glücklicherweise doch eine etwas andere Einstellung.

Dann gibt es aber auch noch den Moment im Leben, an dem man sich als Paar fragen muss, ob man Kinder möchte oder nicht – gehören ja doch immerhin zwei Personen dazu, habe ich mir sagen lassen. Für Robert und mich war das ‚ob' nie eine Frage, nur eben das ‚Wann'. Wann ist der richtige Zeitpunkt ein Kind zu kriegen? Sofern es einen richtigen Zeitpunkt geben kann. Und hat man überhaupt Einfluss darauf? Es ist ja nicht so, dass man sagen kann „Jetzt würde es gerade gut in den Terminplan passen, also komm gefälligst Baby!'

Bei uns hat sich der Moment eingestellt, als uns klar wurde, dass wir in unserer Selbstständigkeit finanziell gut genug gesettelt waren, um das Abenteuer Baby-Planung mal in Erwägung ziehen zu können. Wäre es nur nach unseren persönlichen Wünschen gegangen, wären wir das Ganze vermutlich schon viel früher angegangen. Aber von Luft und Liebe allein kann eine Familie eben nun mal nicht leben. Wann also schwanger werden?

Für mich war klar, dass ich die letzten Monate der Schwangerschaft auf gar keinen Fall im Hochsommer ertragen würde. Ich halte Temperaturen über 25 °C so schon kaum aus. Aber vorgeburtliche Schweißausbrüche und Thrombose-Strümpfe bei 30 °C im Schatten – keine Chance! Also waren April bis Oktober schon mal nicht ganz geschickt. Ein grauer Wintergeburtstag hörte sich in meiner Vorstellung auch nicht besonders schön an – November bis Februar waren damit eigentlich auch raus. Blieb also noch... der März. März... Frühlingsanfang, nicht zu warm, nicht zu kalt. Der perfekte Monat, um ein Baby zu bekommen. Gar kein Problem. Wir mussten einfach im Juni schwanger werden, dann würden wir unser Frühlingskind schon bekommen.

Joar... Was aber, wenn wir nicht direkt beim ersten Mal schwanger werden würden? Vielleicht sogar Monate oder Jahre rumprobieren müssten, bis sich in meiner Gebärmutter etwas tun würde? So ein bisschen Puffer wäre da gar nicht verkehrt, oder? Besser doch schon einen Monat früher loslegen. Mit dem Geburtsmonat Februar könnte man sich bestimmt auch irgendwie anfreunden.

Somit wurde Mai der Monat, in dem wir dem Schicksal die Führung übergaben und die frisch gekauften Lümmeltüten wieder in der Schublade verschwinden ließen, wo sie auf ihren großen

Augenblick warten müssten, um ihrer Bestimmung folgen zu können. Wenn ihr Ablaufdatum sie nicht zuvor in die ewigen Kondomgründe der ungenutzten Verhüterli schicken würde.

Ganz plötzlich habe ich mich wieder gefühlt wie vor meinem ersten Mal (*war ja auch irgendwie wieder ein erstes Mal*). Auf einmal kam wieder eine gewisse Aufregung ins Spiel. Auf einmal versuchte man zu erreichen, was man bisher immer hatte vermeiden wollen: schwanger werden. Wo man Jahre lang Sorge bis Angst hatte, eines der kleinen weißen Schwimmerchen könne ungewollt sein Ziel erreichen, begann man plötzlich, sie anzufeuern.

Aber mit den fruchtbaren Tagen ist es längst noch nicht getan. Danach beginnt erst die eigentliche Arbeit: das Warten. (*Und wie wir noch oft genug würden feststellen müssen, hat so eine Schwangerschaft verdammt viel mit Warten zu tun.*) Das Warten auf die nächste Periode oder lieber noch auf das Ausbleiben der nächsten Periode.

‚Schwanger oder nicht schwanger?‘ Das war die Frage, die uns durch den Mai begleitet hat. Selbst auf der Hochzeit unserer Freunde haben wir uns Gedanken darüber gemacht. Den Alkohol habe ich sicherheitshalber auch weggelassen. Wie schön es gewesen wäre, schwanger zu sein, einen kleinen Jungen oder ein kleines Mädchen im Bauch zu haben.

Eigentlich sind wir uns darüber einig gewesen, dass uns das Geschlecht des Babys völlig gleichgültig wäre, solange es nur gesund sein würde. Aber wenn ich ehrlich bin, habe ich mir immer schon ein bisschen mehr eine Tochter gewünscht. Die Vorstellung, einen Sohn zu bekommen, hat mich eher verunsichert. Ich hatte ja gar keine Ahnung, wie Jungen so ticken und was sie brauchen. Wie könnte ich da einem Sohn gerecht werden? Mit einem Mädchen, habe ich geglaubt, würde ich mich bestimmt deutlich sicherer fühlen.

Es hat erst den kleinen blondgelockten, pausbäckigen, bezaubernd lachenden kleinen Jungen bei der Hochzeit am Nachbartisch gebraucht, in den ich mich spontan ein bisschen verliebt habe, um mir bewusst zu machen, wie schön es wäre, einen Sohn zu bekommen.

Als ich wenige Tage nach der Hochzeit bei der Arbeit über mehrere Stunden ein ungewöhnlich schmerzhaftes Ziehen im Rücken gespürt habe, wie ich es sonst nur von meiner Periode kannte, und dann auch noch einen kleinen Blutfleck in meinem Slip entdeckt habe, habe ich einen ordentlichen Schreck bekommen. Ich kenne drei Freundinnen, die ihre Babys schon in den ersten Wochen der Schwangerschaft wieder verloren hatten. War ich womöglich tatsächlich schon schwanger gewesen und war es jetzt direkt wieder abgegangen?

Robert fragte Dr. *Ecosia* und landete auf dem Beitrag eines Eltern-Blogs. Hier war die Rede von Einnistungsblutungen, die auftreten könnten, wenn sich die befruchtete Eizelle in der Gebärmutterschleimhaut einnistete. Einnistungsblutungen hörten sich deutlich besser an als Abgangsblutungen.

Mit der nächsten Periode wurde uns allerdings klar, dass unser Wunsch wohl doch noch nicht erfüllt worden war. Und obwohl wir im Vorfeld darüber gesprochen hatten, dass schwanger werden durchaus dauern konnte, waren wir schon auch ein bisschen verunsichert. Mir ist sofort meine Essstörung in den Sinn gekommen. Ob meine Bulimie mich vielleicht unfruchtbar gemacht hatte? Ich versuchte, mich selbst zu beruhigen. Nur weil es beim ersten Mal nicht geklappt hatte, hieß es noch lange nicht, dass es nicht beim zweiten oder dritten Mal klappen würde.

Die nächsten fruchtbaren Tage kamen und gingen. Mit den Sorgen im Hinterkopf war ich dieses Mal deutlich nervöser und gleichzeitig auch zurückhaltender in der Hoffnung, schwanger zu sein. Ich wollte nicht wieder enttäuscht werden. Wieder hieß es warten. Und warten ist nicht unbedingt meine größte Stärke.

- *Papa* -

Im Sommer jeden Jahres ziehen wir uns meist für fünf Wochen auf einen Campingplatz an der rauen Atlantikküste zurück, mitten in der Pampa. Am letzten Abend unseres Urlaubs findet unsere traditionelle Abschiedsstrandwanderung statt, bei der wir bei unserem Lieblingsitaliener eine Pizza zum Mitnehmen bestellen und uns an die Dünen setzen, um auf die Weiten des Meeres zu blicken und mit einem lachenden und einem weinenden Auge unseren Urlaub zu beenden.

Warum ich das erzähle? Weil dieser Moment für uns magisch ist. Wir lassen das Jahr Revue passieren und sind jedes Mal fasziniert, was alles geschehen ist; so viele wunderbare Dinge, aber auch immer wieder Schicksalsschläge. Und doch endet unser Jahr immer Ende August, Anfang September an diesem wunderbaren Ort, dem es ganz egal ist, was das Jahr über geschehen ist. Denn hier ist die Welt in Ordnung; das Meer rauscht, die Möwen drehen ihre letzte Runde vor dem abendlichen Schlaf und die Sonne geht im rötlichen Glanz der Wellen unter.

Für die meisten ist es Neujahr. Für uns ist es genau dieser Moment, der uns staunen lässt, der uns vor Augen führt, was wir wieder alles erlebt haben. Dieser Moment, in dem wir denken, es könnte nicht noch eins draufgesetzt werden, und doch werden wir jedes Jahr immer wieder aufs Neue überrascht.

Und letztes Jahr? Ja, wer hätte gedacht, dass sich unser Leben im Mai 2019 für immer verändern würde? Mehr noch als in jedem anderen Jahr zuvor. Weder unsere Verlobung am Strand noch unsere kirchliche Hippie-Hochzeit unter den Linden konnten mithalten mit dem Moment, als Kera zu mir kam und mich mit großen Augen ansah.

„Wir können es versuchen."

„Wirklich?", fragte ich überflüssiger Weise.

Mein ganzer Körper kribbelte. Waren wir nun tatsächlich endlich bereit, unsere wunderbare Zweisamkeit um eine Person zu erweitern? Na sicher waren wir das, oder nicht? Ich war voll Euphorie und doch auch voller Zweifel. Nicht, dass ich mich nicht schon seit ich denken konnte danach sehnte, einmal Papa zu werden.

Immerhin durfte ich mir häufig die Anekdote anhören, wie ich als Zwei- oder Dreijähriger wohl zu meiner Mama gekommen bin und gesagt habe: „Mama, ich will einmal Kinder haben und wenn ich die Person dazu zwingen muss."

Keine Sorge, Kera hat sich aus freien Stücken entschieden. Und doch war es ein ganz schön großer Schritt.

Klar, wir leben in der Villa Kunterbunt, einer WG mit unseren Eltern (*Du hast richtig gehört! Nein, wir sind nicht verrückt und nein, es ist nicht der blanke Horror. Auch wenn das sicher für viele kaum vorstellbar ist, fühlen wir uns pudelwohl in unserer WG*), und haben dort viel Unterstützung. Und ja, wir sind beide selbständig in der Jugendarbeit tätig und beschäftigen uns sehr viel mit den Problemen von Kindern. Und trotzdem (*oder vielleicht auch gerade deshalb...*): Ich und Papa? Konnte ich das überhaupt?

Wie viele Bücher, Artikel und psychologische Abschriften habe ich darüber gelesen, wie schwierig es ist, ein Vater zu sein, der den Kindern gerecht wird. Immerhin gibt es noch nicht allzu lange den Vater, der für seine Kinder da ist. Früher glänzten Väter doch eher durch Abwesenheit, weil sie nun mal das Geld nach Hause bringen mussten oder vielleicht vor lauter Überforderung lieber noch mehr gearbeitet haben.

Der heutige Papa ist (*zum Glück*) emanzipiert oder sagen wir, man versucht ihn zu emanzipieren. Aber ist er es auch schon im Kopf? Wie viele Männer können kochen, putzen und haben Freude am Haushalt und werden nicht von ihren Kumpels belächelt, weil sie statt ihrer Frau zu Hause bleiben? Für mich war das zum Glück nie ein Thema, da wir seit Beginn unserer Beziehung alles teilten, ob Arbeit oder ob Haushalt.

Aber dieser kleine Zwerg würde mich wohl eines Tages als Vorbild sehen... Mich, diesen durchgeknallten Typen, der so viele Flausen im Kopf hat und eigentlich selbst erst fünf, maximal sieben ist... Verantwortung übernehmen? Kein Problem. Aber sich benehmen wie ein Erwachsener? Hm...

Wie würde es eigentlich sein, wenn man doch bisher häufig nicht in die Gesellschaft passte und plötzlich mit den Eltern der Freunde seines Kindes konfrontiert wird? Mit Perlen-Paula[1] und Kragen-Karsten zum Beispiel? Von denen als Öko-Otto und Hippie-Heidi belächelt zu werden, wäre mir ja egal, doch wenn es auf einmal unser Kind beträfe... Aber vielleicht machte ich mir auch einfach nur zu viele Gedanken.

Du merkst schon, mein bescheidenes Hirn arbeitete auf Hochtouren und die nächste Zeit wurde für mich zum Wechselbad der Gefühle. Mal glaubte ich, dass ich sicherlich ein Superdaddy werden würde, der seinem Kind zeigt, dass auch ein Vater Gefühle hat. Dass auch ein Vater mal weint und nicht nur männliche, sondern auch weibliche Attribute hat. Und dass das keine Schwäche, sondern eine Stärke ist. Dann wieder dachte ich mir, dass ich vielleicht aber auch einer dieser Väter sei, die besonders peinlich für ihre Töchter/Söhne sind.

Letztendlich gab es nur eine Antwort auf meine Fragen und Sorgen: Ich würde es selbst herausfinden müssen. Hört sich jetzt deutlich mehr nach einem Experiment an, als es ist. Denn immerhin sollte aus unserer tiefen Verbundenheit ein Geschöpf entstehen, für das ich eine Liebe empfinden würde, die ich mir niemals hätte erträumen können. (*Aber ich möchte nicht vorweggreifen...*)

---

[1] *Papa*: Für all diejenigen, denen solche Spitznamen nicht geläufig sind: Bezeichnungen wie Perlen-Paula sind absolut nicht abwertend gemeint. Das ist unsere Art im Süden (oder vielleicht auch nur in Tübingen oder der Villa Kunterbunt) Vorurteile ein bisschen auf die Schippe zu nehmen.

Jedenfalls war ab Mai mit einem Mal alles möglich und nun fing es an: das Warten, das Geheimhalten, die Aufregung; eine wundervolle Zeit, aber auch eine Zeit der Anspannung. Als wir am 25. Mai auf der Hochzeit von guten Freunden waren, verzichtete Kera bereits auf Alkohol (*ich bin mir bis heute nicht sicher, ob da schon dem ein oder anderen klar war, was wir uns erhofften*).

Plötzlich sahen wir überall Schwangere. Damals war für mich immer klar gewesen, dass wir eine Tochter bekommen würden – keine Ahnung, warum ich das dachte. Ein Sohn hatte sich irgendwie komisch angefühlt. Doch auf der Hochzeit saß uns ein kleiner Junge im Hochstuhl gegenüber in seinem schicken Outfit, der so babyspecklerisch daherkam, mehr Backen als Gesicht, dass wir uns beide kurzerhand in ihn verliebten. Auch im Nachhinein schwärmten wir noch viel von ihm. Dieser Moment zeigte mir, wie süß auch ein Sohn wäre.

Ende Mai kam dann der große Moment. Kera eilte aus dem Bad und verkündete:

„Ich habe einen Fleck Blut im Slip! Ich hab mal im Internet nachgeschaut, das könnten Einnistungsblutungen sein..."[2]

Einnistungswas? Natürlich hatte ich mal wieder keine Ahnung, aber meine schlaue Frau klärte mich schnell auf. Möglicherweise war es tatsächlich das

---

[2] *Mama*: Halte das ja für ein absolutes Gerücht, dass das so abgelaufen ist. Wer also die korrekte Version lese will, dem rate ich, einfach noch mal meinen Teil zu lesen ;)

Blut einer eingenisteten Eizelle. Kurz: Es hätte sein können, dass wir schwanger waren. *Wooohooo!* Nach meinem kleinen Freudentanz[3] fühlte sich das Warten auf eine ausbleibende Regelblutung wie eine Ewigkeit an.

Die Wartezeit rumzubringen, war dann doch leichter als gedacht, denn Vorträge und Büroarbeit hatten wir ja noch en mas.

Und dann... dann kam der 04. Juni und erwischte mich kalt (*nicht nur so duschenkalt, sondern schon eher so kalt wie Leo, als er bei 'Titanic' von der Scholle[4] rutscht,*), denn Kera hatte wieder ihre Periode bekommen. *Doch keine Einnistungs-blutungen?* Sie meinte zwar, dass es auch Frauen geben würde, die trotz Blutungen schwanger seien, weil sich der Körper noch umstellen müsste, aber irgendwie glaubte ich da nicht recht dran.

Jetzt könnte man sagen, ist doch kein Ding! Bei vielen klappt es auch nicht schon beim ersten Ver-such. Jetzt chill' erstmal und dann ab in die zweite Runde! Leider fiel mir da erst auf, dass ich eine Angst unterdrückt hatte, eine Angst, die ich ausnahmsweise nicht mit Kera teilte (*und sonst erzählten wir uns wirklich alles, egal wie schmerzhaft es war*). Diese Angst hatte mit ihrer überwundenen Essstörung zu

---

[3] *Mama*: Ich schwöre dir, keiner macht so schöne Freudentänze wie Robert. Ich piesel mir jetzt noch fast in die Hose vor Lachen, wenn ich daran denke. Ob es das wohl mittlerweile als olympische Disziplin gibt? Hm...

[4] *Mama*: Banause!!! Das ist 'ne Tür und keine Scholle. Ts...

tun, die sie über zehn Jahre begleitet hatte, eine Bulimie, bei der in den schlimmsten Phasen auch schon mal die Periode ausgeblieben ist.

Dummerweise war ich auf die Idee gekommen, *Ecosia* zu befragen, ob so eine Essstörung eine Schwangerschaft unmöglich machen konnte. Dabei bekam man im Internet ja schon bei einem Schnupfen die Weissagung, dass man todkrank sei und nur noch fünf Tage zu leben hätte. Und nun stand hier natürlich schwarz auf weiß, was für fatale Auswirkungen eine Essstörung auf das spätere Kinderkriegen haben konnte.

Und jetzt? Mit Kera sprechen und schlafende Hunde wecken? Hieß es nicht, dass man ganz entspannt sein sollte, um ein Baby zu bekommen? Wollte ich das riskieren, wo ich doch wusste, dass mein Spatz ein noch größerer Kopfmensch war als ich? (*Nur so als Anekdote am Rande: Unsere TCM-Ärztin meinte einmal, dass Keras Kopf zu groß sei, um von ihren Füßen getragen zu werden.*)

Das kam nicht in Frage! Ich behielt meine Sorge für mich. Und auch wenn für uns immer klar war, dass wir – sollte es je nicht funktionieren – ein Kind adoptieren wollten, war es eben doch kein eigenes. Versteh mich bitte nicht falsch, ich würde ihm all meine Liebe schenken, aber trotzdem wäre es eben doch etwas anderes. *Blöder Kopf!*

Wenigstens macht Kinderkriegen Spaß, also öhm,... zumindest die Vorarbeit... Neue fruchtbare

23

Phase ausgerechnet, vorgearbeitet und wieder warten und warten und... na, na? Richtig! Warten!

Ich kam mir vor, wie zurückversetzt zu meinem fünften Weihnachten[5], als ich mir so sehr das *Lego*-Fort gewünscht habe und auch irgendwie wusste, dass ich es bekommen würde, aber Weihnachten einfach noch zehn Tage brauchte. Und selbst als es schon der 24. Dezember war, war es eben noch nicht nach der Kirche und selbst nach der Kirche dauerte es noch zu lang. Doch das Warten hatte sich damals mehr als gelohnt und auch wenn ich unser Baby nicht mit einem *Lego*-Fort[6] vergleichen mag, würde sich (*Achtung Spoileralarm!*) auch dieses Mal das Warten mehr als nur lohnen.

---

[5] *Papa*: Aus sicherer Quelle weiß ich mittlerweile, dass es wohl eher mein neuntes oder zehntes Weihnachten gewesen sein musste. Mit fünf gab es für mich noch kein Lego, eher einen rotgelben Kassettenrekorder mit Mikro! Hach, die Neunziger – einfach herrlich...

[6] *Mama*: *Puhhh...* Da bin ich jetzt aber doch ein wenig erleichtert...

- Knöpfchen -

Nanu?! Mama und Papa sind ja schon bereit... Aber ich muss doch erst noch meine letzte Prüfung an der *Universität für angewandte Wunder* bestehen. Sie wollten doch erst im Juni ein Baby haben. Warum fangen Sie jetzt schon im Mai an? Oh je,... Ich hoffe, sie sind nicht zu ungeduldig und warten auf mich. Ich habe doch extra meinen ganzen Monatsvorrat an Wolkenmilch hergegeben, weil ich unbedingt zu Mama und Papa wollte.

Mama und Papa! Huhu, Mama und Papa! Wartet auf mich!!!!

02. Monat

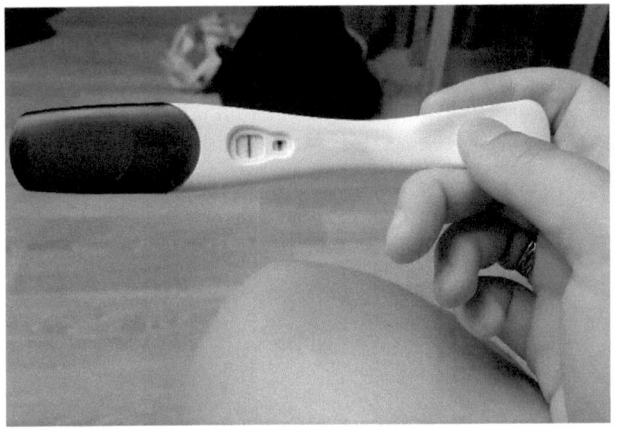

06. Juli 2019 – 05. SSW

- Mama -

Wenn man versucht, schwanger zu werden, hat man nur noch einen Tag im Kopf: Den Tag der nächsten Periode. Zumindest war es bei uns so. Noch nie hatte ich mir diesen Tag so sehnlichst herbeigewünscht. Ausgenommen vielleicht das eine Mal, als mit zwanzig meine Periode wegen meiner Essstörung ausgeblieben war und ich Angst hatte, womöglich ungewollt schwanger zu sein.

Während ich damals alle Götter dieser Erde angefleht hatte, sie mögen mich mit meiner Periode segnen, (*was wiederum eine Ausnahme von der Regel war (*muhaha*). Weil mich meine Periode für gewöhnlich mindestens ein bis zwei Tage schmerzmäßig so komplett ausschaltet und ich nicht unbedingt masochistisch veranlagt bin, könnte ich ganz gut auf die Schmerzen verzichten... ähm... Wo war ich noch gleich? Roter Faden (ein zweifaches *muhaha*)... Überaus erwachsen... Ach ja...*) betete ich dieses Mal für ihr Ausbleiben.

Der erste mögliche Tag meiner nächsten Periode kam und ging. Robert fragte mich abends direkt, ob wir denn jetzt schwanger wären. Ich habe zwar eine recht regelmäßige (*heute läufts aber bei mir!*) Periode, aber auf den Tag genau würde ich mich da nu' nicht unbedingt festlegen lassen. Das kann schon mal einen Tag hin- oder herschwanken. Also: „Keine Ahnung!"

Nächster Tag und wieder nichts. „Und? Sind wir schwanger?" – Planloses Schulterzucken.

Uns erreichte die Nachricht, dass Roberts Bruder Peter und seine Frau Manu ihr zweites Kind erwarteten. *Nicht euer Ernst!* Überschwängliche Freude mischte sich mit leichter Verunsicherung und einem gewissen Druck. Was, wenn es bei uns vielleicht wieder nicht geklappt hatte?

Ein weiterer Tag zog ins Land. „Jetzt sind wir aber schwanger, oder?"

Langsam erlaubte ich mir zumindest ein bisschen den Gedanken an die Möglichkeit daran. Immerhin war meine Periode zumindest so zuverlässig, dass sie mich keine drei Tage warten ließ. Und trotzdem war ich nach dem letzten Monat mit meiner Prognose lieber ein bisschen vorsichtig.

Am nächsten Tag (*Roberts Geburtstag so ganz nebenbei, den wir völlig erschlagen in einem Hotel in Karlsruhe verbracht hatten, weil wir gerade auf Vortragstour waren*) konnte ich die Frage in Roberts Augen schon lesen, bevor er überhaupt den Mund aufmachen musste. Möglicherweise waren wir tatsächlich schwanger. Doch auch jetzt blieb ich zurückhaltend mit meiner Freude.

Ich hatte den Plan, erstmal gemütlich in den Sommerurlaub zu fahren und nach den sechs Wochen am Atlantik dann mal einen Schwangerschaftstest zu machen, um zu schauen, ob wir wirklich schwanger waren. Hatte ja keine Ahnung, wie so eine Schwangerschaft abläuft und wann man was tun musste. Das

Jahr seit wir in Rottenburg wohnten, hatte ich es noch nicht einmal hingekriegt, mir einen neuen Frauenarzt zu suchen. Und das wollte ich lieber in Ruhe nach unserem Urlaub machen.

Als zwei Tage später meine Periode immer noch einen großen Bogen um mich machte, überredete Robert mich, zumindest mal bei unserer chinesischen Ärztin anzurufen und zu fragen, was sie von meinen Urlaubsplänen hielt.

Kurz zur Erläuterung: Unsere chinesische Ärztin ist gar nicht chinesisch, sondern deutsch. Sie ist eigentlich Allgemeinmedizinerin, aber praktiziert TCM (Traditionell Chinesische Medizin). Und da ‚unsere Ärztin, die eigentlich Allgemeinmedizinerin ist, aber TCM praktiziert‘ nicht so gut von der Zunge geht, ist sie eben ‚unsere chinesische Ärztin‘.

Da ich erst vor sieben oder acht Jahren nach Tübingen und dann eben nach Rottenburg gezogen bin, habe ich noch keine Zeit gefunden, mir einen neuen Hausarzt zu suchen, weswegen sie in solchen Angelegenheiten meine erste Ansprechperson ist.

Nachdem ich unserer chinesischen Ärztin (*du weißt Bescheid;*)) am Samstag telefonisch unsere Lage geschildert hatte, bekamen wir den Auftrag, doch bitte einen Schwangerschaftstest zu machen[7] und im besten Falle umgehend einen Termin beim Frauenarzt zu vereinbaren. *Aye, aye!*

---

[7] *Papa*: Für diese Antwort hätte ich unsere Ärztin küssen können. Warten, bis nach dem Urlaub... geht's noch?!

29

Weil wir unsere Schwangerschaft bis zum Ende der ersten drei kritischen Monate geheim halten wollten, musste die Mission ‚Schwangerschaftstest' also eben auch absolut topsecret ablaufen. Kein ganz so einfaches Unterfangen, wenn man mit drei angehenden Großeltern in einem Haus lebt.

Agent 00Positiv, auch bekannt als Deiß, Robert Deiß, machte sich mit schnittigen 75 PS in unserer weißen Edelkarosse auf den Weg zum nächsten Drogeriemarkt, um völlig unbemerkt von allen die Ware unseres Begehrens klarzumachen und sich an den Spitzeln vorbei in das hochgesicherte Badezimmer zu stehlen, wo Agentin 00volle-Blase-weil-extra-nicht-aufs-Klo-gegangen bereits auf ihn wartete, um den Test aller Tests durchzuführen.

Mit zittrigen Händen nahm ich das Piesel-Stäbchen an mich: „Und nu'?"

„Na draufpinkeln!"

„Bin viel zu aufgeregt, um zu treffen."

„Dann eben in ein Glas."

„Wo soll ich denn jetzt ein Glas herbekommen?"

Also Agentin 00volle-Blase-weil-extra-nicht-aufs-Klo-gegangen nochmal raus aus dem Bad, um ein Glas zu holen. Im Vorraum blieben meine Augen an den Kerzengläsern hängen. *Perfekt!* Wenn schon in ein Glas pinkeln, dann besser in eines, aus dem niemand vorhatte zu trinken.

Zurück ins Bad und laufen lassen. *Nichts!* Kein Scherz. Da musste man so doll aufs Klo und durfte nicht. Und dann sollte man endlich und konnte nicht.

Robert drehte den Wasserhahn voll auf. Immer noch nichts.

Nach einer gefühlten Ewigkeit ließ sich meine nervöse Blase doch noch dazu bewegen, einfach laufen zu lassen. Glas war voll, jetzt nicht Rand voll, aber doch voll genug. Piesel-Stäbchen rein und... (*du kannst es dir schon denken...*) warten! Möglicherweise die längsten drei Minuten meines Lebens.

Was, wenn der Test negativ war? Wie sollten wir mit einer erneuten Enttäuschung umgehen? Vor allem wo wir dieses Mal schon so weit gekommen waren?

Was, wenn der Test positiv war? Dann gab es kein Zurück mehr. Dann würden wir Eltern werden. Dann würde ich Mutter werden. Mutter... Mit meinem Chaoskopf? Mit meiner Gefühlsachterbahn? Konnte ich das überhaupt jemandem zumuten? Robert war zumindest alt genug, um selbst zu entscheiden, ob er sich meinen Chaoskopf zumuten wollte oder nicht. Aber das kleine Geschöpf würde mich einfach vor die winzige Stupsnase gesetzt bekommen und musste schauen, wie es dann damit zurechtkam.

Der Handy-Alarm riss mich aus meinem Gedankenkarussell. *Ach herrjemine!*

Robert schaute mich noch einmal an: „Egal, wie der Test gleich ausfällt, das Wichtigste ist, dass wir uns haben, dass wir ein Team sind. Alles andere bekommen wir hin!"

Mit zittrigen Händen (*da war wohl noch jemand aufgeregt*) griff er nach dem Piesel-Stäbchen, Kappe drauf und... Ja und? – Ein zweiter Strich. Ein zweiter Strich! EIN ZWEITER STRICH!

Wir waren tatsächlich schwanger! Ein zweiter Strich hieß doch, dass wir schwanger waren, oder nicht? Ja, die Verpackung bestätigte es noch einmal. Wir waren tatsächlich schwanger!!!!

Mit Tränen in den Augen und eierkuchenpferdigem[8] Grinsen lagen wir uns in den Armen. Wir waren tatsächlich schwanger! Was jetzt? Eigentlich wollten wir es ja erstmal geheim halten. Aber wie sollten wir dieses breite Dauergrinsen, das selbst dem *Joker* Konkurrenz machte, vor unseren Mitbewohnern verbergen? Ein Blick genügte und wir waren uns darüber einig, dass wir es zumindest unseren Eltern erzählen wollten.

Ich befreite den Test von möglichen Rückständen, eilte mit ihm, hinter meinem Rücken versteckt, zu meiner Mama und überreichte ihr unser nachträgliches Geburtstagsgeschenk. (*Sie hat einen Tag nach Robert Geburtstag.*) Meine Mutter nahm den Test in die Hand, schaute mich einmal überrascht an und fiel mir um den Hals.

Keine Ahnung, wie oft sie in den vergangenen Monaten von Freunden und Bekannten mit der Frage bedrängt worden war, wann sie denn endlich Oma werden würde. Und keine Ahnung, wie oft sie mich in den vergangenen Monaten mit der Frage bedrängt

---

[8] *Papa*: Das, meine liebe/r Leser*in, ist tatsächlich nicht die Mühe zur Interpretation wert, sondern ein reiner Verschreiber.

hatte, wann sie denn endlich Oma werden würde, aber hier hatte sie ihre Antwort: In neun Monaten!!!

Auch Roberts Eltern freuten sich wahnsinnig mit uns. Bei zwei weiteren Enkelkindern in einer Woche darf man sich auch schon mal freuen.

Jetzt brauchten wir nur noch einen neuen Frauenarzt, um herauszufinden, wie lange wir denn nun schon schwanger waren. Ich hatte doch allen Ernstes im Internet gelesen, dass man zu Beginn einer Schwangerschaft noch periodenähnliche Blutungen haben könnte, bis der Körper sich komplett umgestellt hatte. *Nicht wirklich, oder?*

Wo ich immer geglaubt hatte, dass man eine Schwangerschaft an einer ausbleibenden Periode erkennen könnte, nun sowas. Das würde ja bedeuten, dass die Blutung im Mai möglicherweise doch schon die Einnistungsblutung gewesen sein konnte und ich gar nicht meine Periode bekommen hatte, sondern nur periodenähnliche Blutungen. (*Erklär das mal irgendwem...*)

Nachdem ich *Ecosia* nach einem geeigneten Frauenarzt befragt hatte, entschied ich mich aufgrund der guten Bewertungen für eine Hand voll Ärztinnen, bei denen ich anrufen wollte. Insgeheim hatte ich dabei allerdings zwei Favoritinnen.

Ich weiß nicht, wie oft ich bei der ersten Ärztin angerufen hatte, um entweder das Besetzzeichen zu hören oder Minuten lang vergeblich darauf zu warten, dass jemand ans Telefon ging. *Dann halt nicht!* Bei der zweiten Ärztin kam ich nach nur vier oder fünf Versuchen durch. Mehr oder minder geschickt unsere Lage erläutert und nur zwei Tage später hatten wir unseren ersten Termin.

Minimal nervös machten wir uns auf den Weg zur Ärztin. Am Ar*** der Welt kamen wir an einer kleinen Praxis im Untergeschoss eines Wohnhauses an. Keine Ahnung, ob wir eine oder zwei Stunden warten mussten, bis wir überhaupt an der Reihe waren. Aber Patientinnen kamen und gingen, während wir immer noch mit unserer Lieblingstätigkeit beschäftig waren.[9] Selbst Frauen, die nach uns kamen, durften eher ins Behandlungszimmer.[10]

Roberts Bart war ihm bereits bis auf die Brust gewachsen, da wurden wir endlich in Behandlungsraum zwei gebeten. Damit uns nicht langweilig wurde, durften wir erstmal noch ein bisschen warten, bevor wir tatsächlich die Ärztin zu Gesicht bekamen.

Mehr als umständlich versuchte ich ihr meine genaustens recherchierte Theorie der möglichen Einnistungsblutung mit anschließender periodenähnlicher Blutung zu erörtern. Mehr als irritiert bat sie mich, mich frei zu machen. Wahrscheinlich besser

---

[9] *Papa*: Warten? Hey! Ich hab ausnahmsweise mal was richtig erraten!
[10] *Mama*: Hätte uns ruhig auch mal jemand vorher sagen können, dass man eine halbe Stunde vor Termin anrufen konnte, um mitgeteilt zu bekommen, ob der Termin pünktlich stattfand oder ob man erst später kommen durfte...

so, dachte ich, bevor ich mich noch um Kopf und Kragen redete.

Verunsichert machte ich es mir auf dem Stuhl der Stühle ‚bequem'. Robert saß neben mir und gemeinsam schauten wir gebannt auf den Bildschirm. Was wir wohl zu sehen bekommen würden? Ein fertiges Baby wohl eher kaum.

Nicht mal der Ansatz eines fertigen Babys. Viel eher ein dunkler Fleck. Eine winzig kleine Anhäufung von Zellen. Ein kleiner schwarzer Zellklumpen. Das aller wunderschönste Zellklümpchen auf der ganzen weiten Welt. Unser Zellklümpchen. Da war es: Schwarz auf Grau. *Ganz der Papa!*

Nun hatten wir endlich Gewissheit. Wir waren nicht nur schwanger, sondern wussten auch, dass unser Zellklümpchen erst fünf Wochen alt war. Einnistungsblutungen im Mai? Möglicherweise. Aber nichts mit periodenähnlichen Blutungen, sondern Periode. Falls sich jemals schon beim ersten Versuch etwas eingenistet hatte, hatte es sich auch wieder ausgenistet.

Dafür hatte sich im Juni etwas eingenistet, ganz ohne Blutungen, das sich in meiner Gebärmutter wohl zu fühlen schien und sich dazu entschieden hatte, bei uns zu bleiben. Das honigkuchenpferdige Grinsen war auf unsere Gesichter zurückgekehrt.

Und trotzdem verließ ich die Praxis mit gemischten Gefühlen. Irgendwie hätte ich mir mehr Anleitung von der Ärztin gewünscht. Sie war mir doch recht kurz angebunden erschienen. Zu oft hatte ich nachfragen müssen, was sie nun genau von mir wollte. Für eine so wichtige und gleichzeitig auch manches Mal beängstigende Zeit würde ich mehr Führung brauchen.

Ich war mir nicht mehr sicher, ob ich mit der Ärztin die richtige Wahl getroffen hatte. Die positiven Bewertungen von Frauen, die sich während ihrer Schwangerschaft so gut bei ihr aufgehoben fühlten, wollten nicht so ganz zu dem passen, wie ich sie erlebt hatte. Vielleicht war ich aber auch einfach zu sehr verwöhnt gewesen von unserer chinesischen Ärztin, bei der ich jedes Mal das Gefühl hatte, zu Besuch bei meiner Lieblingstante zu sein statt beim Arzt.

Meine Zweifel wuchsen so stark an, dass ich beschloss, mich nach einer Alternative umzuschauen. Ich rief noch einmal bei der anderen Ärztin auf meiner Favoritenliste an. Dieses Mal ließ ich mich auch nicht von den zwanzig oder dreißig Fehlversuchen beirren, sondern probierte es weiter, bis ich endlich durchkam. Doch leider hatten sie Aufnahmestopp und wenn ich nicht zufälligerweise aus demselben Ort käme, (*was ich nicht tat,*) könnten sie für mich auch keine Ausnahme machen.

Das war wahrscheinlich der Moment an dem Tag, in dem mir zum ersten Mal die Tränen in die Augen stiegen. Um noch einmal eine Enttäuschung zu vermeiden, fragte ich eine gute Freundin nach ihrem Frauenarzt. Doch als ich dort anrief, um einen Termin zu vereinbaren, fragte mich die Sprechstundehilfe, ob ich mich während meiner Schwangerschaft bereits von einem anderen Gynäkologen hatte untersuchen lassen. Völlig unbedarft bejahte ich die Frage. Warum hätte ich auch lügen sollen? „Dann können wir Sie leider nicht betreuen!" (*Deswegen hätte ich vielleicht lügen sollen...*)

Nun kannten meine Tränen kein Halten mehr. In Sturzbächen liefen sie mir die Wangen hinab. Die Vorstellung, mich während einer so wichtigen Zeit wie der Schwangerschaft nicht hundertprozentig gut aufgehoben zu fühlen, ließ mich in dem Moment beinahe verzweifeln. Die Ärztin hatte fachlich zwar einen absolut kompetenten Eindruck gemacht, aber ihre recht zurückhaltende, fast unterkühlte Art wollte so gar nicht zu dem passen, was ich brauchte.

Wie konnte es sein, dass man einen Arzt jederzeit wechseln durfte, wenn man sich nicht wohl fühlte, aber ausgerechnet während der Schwangerschaft sollte es nicht möglich sein?

Nachdem ich mich an Roberts Schulter einiger-maßen ausgeheult hatte, (*was gar nicht so einfach war; die Tränen wollten irgendwie nicht aufhören zu fließen (ob das wohl schon die Schwangerschafts-hormone waren?)*) entschieden wir, bei meiner Krankenkasse anzurufen und uns dort nach der Sach-lage zu erkundigen. Weil meine Tränen aber immer noch nicht genug vom Laufen hatten (*definitiv die Schwangerschaftshormone!*), übernahm Robert den Anruf.

Und kein Scherz, selbst die Dame von der Krankenkasse musste sich bei einer Kollegin nach der Sachlage erkundigen, weil sie noch nie davon gehört hatte, dass man einen Arzt nicht einfach wechseln konnte.

Für alle, die es interessiert: Man kann aus irgendeinem unerfindlichen Grund den Gynäkologen während einer Schwangerschaft zwar wechseln, aber nur zu Beginn eines neuen Quartals. Will man während eines Quartals wechseln, könnte der neue Arzt keinerlei erbrachte Leistungen abrechnen, müsste also umsonst arbeiten. Was verständlicher Weise kaum ein Arzt gern tut. Manche Frauenärzte sind zumindest kurz vor Ende eines Quartals dazu bereit, einen Wechsel zu akzeptieren, wenn es vielleicht nur noch um eine ‚kostenlose‘ Untersuchung geht. *Zum Glück hatte das Quartal nicht gerade erst angefangen!*

Die Dame am Telefon riet uns dazu, entweder bis zum nächsten Quartal mit dem Wechsel zu warten oder einfach zu einem anderen Gynäkologen zu gehen und ihm nichts von der vorherigen Untersuchung zu verraten. Sobald er mich erstmal behandelt hätte, müsste er mich auch weiterhin behandeln und könnte mich nicht mehr ablehnen. *Großartiger Vorschlag!* Einen besseren Start für ein vertrauenswürdiges Verhältnis konnte man sich gar nicht wünschen.

Nachdem meine Tränen dann tatsächlich doch noch irgendwann versiegt waren und wir uns in Ruhe mit unseren Müttern im gemeinsamen Esszimmer ausgetauscht hatten, wollte ich der Ärztin nochmal eine Chance geben. Vielleicht hatte sie einfach nur einen schlechten Tag gehabt oder ich hatte sie mit meinem ganzen Gerede verwirrt. Was auch immer es gewesen war, mir schien eine zweite Chance in meiner Situation die bestmögliche Option zu sein.

Die Zeit bis zu unserem nächsten Termin war ich so beschäftigt mit der Korrektur von Roberts erstem Roman, dass ich eh nicht viel Zeit hatte, mir über die ganze Sache noch groß Gedanken zu machen. Außerdem stand ja auch noch Roberts Geburtstags-feier an, die wir wegen der Vortragstour um eine Woche verschoben hatten.

Ich war ein bisschen nervös, ob ich die Schwangerschaft wohl vor unseren Freunden verheimlichen konnte. Aber wie sollten sie es auch merken? Ansehen konnte man es mir ja noch nicht und Alkohol trank ich auch nur sehr selten. Es würde also niemandem auffallen, wenn ich bei Limo bleiben würde. Wäre da nicht ausgerechnet am Samstag auf einmal die Sache mit der Übelkeit losgegangen.

Ich hatte mich schon so darüber gefreut, dass ich bisher davon verschont geblieben war, wo meine Mutter doch die komplette Schwangerschaft über gespuckt hatte, und jetzt das. Ich weiß nicht mehr, mit welcher Ausrede ich den ganzen Abend mit Wärmflasche rumgelaufen bin, aber immerhin war die Ausrede gut genug gewesen, um niemanden auf den Plan zu rufen. Mission ‚Schwangerschaftsgeheimhaltung‘

accomplished. Mission ‚Keine Übelkeit in der Schwangerschaft' failed.

Denn mit jedem weiteren Tag wurde die Übelkeit zu einem noch treueren Begleiter, der mich in seiner ganzen Überschwänglichkeit an seine Existenz erinnerte. Keine Ahnung, wie ich meine letzte Vortragswoche für das Schuljahr an einer Mädchenschule durchgestanden habe, ohne mich zu verraten.

Oft genug habe ich auf meinem Stuhl mit den Mädchen im Kreis gesessen, während mir der kalte Schweiß den Rücken runtergelaufen ist und ich nur noch mit Mühe und Not mein mühsam runtergezwängtes Frühstück bei mir behalten konnte. Wäre mir nicht so übel gewesen, ich hätte nach meinem fünften und letzten Vortragstag beim Verlassen der Schule Luftsprünge gemacht.

Spätestens jetzt wurde uns klar, dass wir unseren Urlaub am Atlantik auf nächstes Jahr würden verschieben müssen. Abgesehen davon, dass mir schon die Autofahrt zum nächsten Supermarkt den Schweiß auf die Stirn trieb und ich die 14-stündige Fahrt nach Frankreich ohne Kotztüte niemals überlebt hätte, erschien es mir wenig sinnvoll, Geld dafür auszugeben, am Campingplatz in der Pampa gegen den Brechdrang ankämpfen zu müssen. Schlecht konnte ich mich auch hier fühlen, dazu musste ich nicht nach Frankreich fahren.

Schweren Herzens cancelten wir unseren diesjährigen Urlaub und beschlossen, das Angebot von Roberts Eltern anzunehmen, an ihren Wohnwagen im

Schwarzwald zu fahren. Auch wenn der Schwarzwald nicht unbedingt mit dem Atlantik mit-halten konnte, würde ich immerhin nur dreißig Minuten Autofahrt durchhalten müssen. Wie der Schwabe zu sagen pflegt: c'est la viele.[11]

Doch noch bevor wir uns auf den Weg in den Urlaub machen konnten, hatten wir unseren zweiten Termin bei der Gynäkologin. Und wenn wir schon beim ersten Mal aufgeregt gewesen waren, hatte die Nervosität nun ein ganz neues Level erreicht. Nicht nur weil ich hoffte, doch noch mit der Ärztin warm zu werden, sondern vor allem weil wir heute hoffentlich das Herzchen würden schlagen sehen.

Immer wieder kamen mir die drei Freundinnen in den Sinn, bei denen genau dieser Termin das vor-zeitige Ende der Schwangerschaft bedeutet hatte, weil das kleine Herzchen nicht bereit gewesen war, zu schlagen.

Doch bevor wir in das Behandlungszimmer durften, stand mir ein weiterer schwerer Gang bevor – der Gang auf die Waage. Ich weiß nicht, seit wie vielen Jahren ich mich nicht mehr gewogen habe. Meine überwundene Essstörung und der jahrelange

---

[11] *Papa*: Hendersche-für isch au gfahra.
(*Mama*: Ich habe keinen blassen Schimmer, was das heißen soll. Irgendjemand ein Deutsch – Schwäbisch/Schwäbisch – Deutsch-Wörterbuch am Start?)

Kampf gegen meinen Körper hatten mich irgendwann dazu veranlasst, die Waage zu meiden.

Viel zu lange hatte die Zahl auf der Waage mein Leben bestimmt und jetzt sollte ich mich auf einmal wieder regelmäßig wiegen. Mir wurde heiß und kalt bei dem Gedanken. Was würde mich erwarten? Könnte ich mit der Zahl auf dem Display umgehen? Was, wenn sie mehr zeigen würde, als mir lieb war? Würde ich dann wieder einen Rückfall bekommen?

Mit klopfendem Herzen setzte ich einen Fuß nach dem anderen auf die Waage. Die Zahlen schwankten hin und her, bis sie sich schließlich bei 94,6 kg einpendelten. Mein Herz flutschte durch meinen Magen und landete irgendwo zwischen meinen Knien. *94,6 kg!?* So viel hatte ich ja noch nie gewogen. 94,6 kg bedeuteten bei meiner Größe (1,87 m) immerhin leichtes Übergewicht![12] Selbst wenn ich meine Kleidung, mein Frühstück und mein Mittagessen sowie die sieben Wochen, die ich bereits schwanger war, abziehen würde, würden immer noch min. 92 kg übrigbleiben.

Ich schämte mich fast ein bisschen davor, zu Robert ins Wartezimmer zurückzugehen, um ihm von meinem Gang aufs Schafo- ähm... auf die Waage zu berichten. Was würde er wohl von mir denken, wenn

---

[12] *Papa*: Zumindest nach BMI-Werten. Nun ist aber der BMI nicht das Maß aller Dinge, da man hier alle Frauen (egal ob groß oder klein, breit oder schmal gebaut usw.) reinwirft. Und Kera ist absolut nicht durchschnittlich groß und eher breiter gebaut (*allein, wenn man an das Knochengewicht usw. denkt...*). Never ending discussion!

ich ihm erzählte, wie viel ich wog? In diesem Moment kam ich mir wie ein Walross vor und wollte nicht, dass er mich genauso sah.

Wahrscheinlich wog ich gute zehn Kilo mehr als er und als Frau durfte man doch nicht schwerer sein als der Partner; zumindest, wenn man den gesellschaftlichen Idealen Glauben schenken wollte. Wenn man zwanzig Zentimeter kleiner ist als der Partner, mag das schon mal möglich sein, weniger zu wiegen. Wenn man aber wie ich ein paar Zentimeter größer ist als der Mann, stellt das schon eine etwas größere Herausforderung dar.

Einer meiner Ex-Freunde hatte mir sogar prophezeit, wenn ich jemals mehr wiegen würde als er, könnte er nicht mehr mit mir zusammen sein. (*Hat einen Grund, warum er mein Ex-Freund ist...*)

Ich konnte Robert kaum in die Augen schauen, als ich ihm mit zittriger Stimme mein Gewicht beichtete.

„Ach Schatz... Du bist schwanger. Und selbst wenn nicht, ich liebe dich so wie du bist. Mich juckt es nicht, wie viel du wiegst. Hauptsache du bist gesund." Er nahm mich in den Arm und gab mir einen liebevollen Kuss auf die Stirn. In diesem Moment wurde mir noch einmal mehr bewusst, warum ich den besten Mann der Welt habe.

Auch wenn ich mich für den Augenblick ein wenig besser fühlte, spürte ich insgeheim trotzdem, dass die Sache mit dem Gewicht für mich noch nicht ganz erledigt war. Aber jetzt gab es erst einmal wichtigere Dinge als meine Figur.

Festzustellen, dass die Frauenärztin beim letzten Termin wirklich nur einen schlechten Tag oder was auch immer gehabt zu haben schien und dieses Mal schon viel offener und herzlicher wirkte, gab mir für die anstehende Untersuchung schon mal ein viel besseres Gefühl.

Noch bevor sie etwas sagen konnte, entdeckte ich auf dem Bildschirm einen winzig kleinen flimmernden Fleck. Ein kleiner Freudensturm fegte durch meinen Bauch. Als sie dann auch noch meine ‚fachmännische' Beobachtung bestätigte, schossen mir die Tränen in die Augen. Unser kleines Zellklümpchen hatte mit dem Herzschlag einen der kritischsten Momente in der Schwangerschaft überstanden. Aus dem kleinen Freundesturm wurde ein Orkan, ein ganzer Tornado sogar (*also je nachdem, was stärker pustet; das wars dann auf jeden Fall*).

Durch den Tränenschleier hindurch sah ich, dass ich nicht die Einzige[13] mit Tränen in den Augen war. Nein, nicht die Frauenärztin. Auch Robert hatte Tränen in den Augen. Aber auch er schien sie ein bisschen zurückzuhalten. Da waren wir dann wohl beide noch nicht vertraut genug mit unserer Ärztin, um unsere Emotionen frei rauszulassen. Dann mussten die großen Freudentränen eben noch bis zum Auto warten.

---

[13] *Papa*: Doch! :D
(*Mama*: Habe mich eben erkundigt. Mit ‚Doch!' hat Robert gemeint, ich sei DIE Einzige gewesen, die geweint hat. Er hat zwar auch geweint, aber er ist ja keine DIE, sondern ein DER...)

Alles, was jetzt zählte, war, dass auf dem Maren-tor[14] vor uns ein Herz munter klopfte. Unser kleines Zellklümpchen lebte und würde zu einem wasch-echten Baby heranwachsen. Und wenn es das Schick-sal mit der Berechnung der Ärztin genau nahm, würde unser kleiner Engel am 09. März nächsten Jahres das Licht der Welt erblicken.

---

[14] *Mama*: Muss natürlich ‚Monitor' heißen. Ich habe nicht die leiseste Ahnung, wie ‚Marentor' Zustande gekommen ist.
(*Papa*: Marentor ist die kleine Schwester von Monitor.)

- *Papa* -

Es war die erste Juliwoche, das Wetter war schön und die Stimmung bestens. Nicht etwa, weil wir uns inmitten einer Vortragswoche befanden, die super anstrengend war, sondern weil es die letzte für dieses Schuljahr war und uns somit nur noch fünf Tage von einem siebenwöchigen Campingurlaub in Frankreich trennten. Also zumindest mich trennten noch fünf Tage von der Urlaubsstimmung, denn Kera, die Arme, musste nochmal für 'ne Workshopwoche ranklotzen. Zum Glück war diese Sonderwoche an einer unserer Lieblingsschulen und immer ein schönes Erlebnis für sie, aber eben doch kein Urlaub.

Außerdem stand mein Geburtstag vor der Tür. Und ich bin einer dieser Menschen, die sich noch mit 95 auf ihren Geburtstag freuen werden, um einen Tag auf der Welle der Nostalgie zu surfen und die Sonnenbrille der heilen Welt aufzusetzen. Und ja, ich bin auch einer dieser Burschen, der in der Prüfungsphase in einem kleinen Studentenzimmer schon einen Cupcake mit Kerze angezündet und seinen Geburtstag armselig allein gefeiert hat...

Lange Rede, kurzer Sinn: Der 04. Juli fiel dieses Jahr ausgerechnet auf das Ende der Vortragswoche. Meinen Geburtstag im Hotel zu verbringen, mit der Aussicht am nächsten Tag zum letzten Vortrag zu düsen und dann ab nach Hause, um die Grillparty am Samstag darauf mit Freunden vorzubereiten bzw. zu planen (*Jep! Ich mache jedes Mal ein Fest. Was für einen besseren Grund gibt es schon, um viele coole Dudes von Nah und Fern auf einer Grillparty im Sommer zu vereinen?!*), konnte man schon mal machen.

Die Stimmung war also schon super, aber eine Sache machte sie noch großartiger. Ich weiß, du kannst es dir schon denken! Keras Periode war überfällig und wollte einfach nicht kommen. Jeden Morgen stellte ich die gleiche Frage – Halt, Stopp! Ich muss mich korrigieren, eigentlich stellte ich die Frage nach jedem Klogang. Oh ja, ich kann 'ne ziemliche Nervensäge sein, wenn ich auf was warte.

Man stelle sich diese nervtötenden Kinder vor, die auf der Urlaubsreise nach fünf Minuten schon fragen „Mama, wann sind wir endlich daha?" Du lachst und denkst dir wahrscheinlich: „Oh Gott, das sind die Schlimmsten!" Darf ich vorstellen, ich bin eines dieser Kinder gewesen.

Und das Beste: Es hat nie wirklich aufgehört. Deshalb fahre ich auch lieber selbst, dann muss ich wenigstens nicht fragen. Aber schwanger werden konnte ich halt schlecht selbst. Und da Kera keine App ist, die ich im Fünfminutentakt aktualisieren konnte, um den neusten Stand zu erfahren, bin ich eben jedes Mal ums Klo getigert, sobald Kera ihrer Notdurft nachging. *Die Arme!*

Nachdem die Periode trotz Keras zuverlässigem Zyklus an meinem Geburtstag, also nach vier Tagen Überfälligkeit, noch immer nicht eingesetzt hatte, beschloss ich, dass wir schwanger waren. Denn immerhin war mein Geburtstag und was man da beschließt, geht in Erfüllung gefälligst! PUNKT!

Als wir am Freitag fix und fertig aber zufrieden von Karlsruhe nach Hause fuhren, konnte mir nicht einmal der Feierabendverkehr die Laune verderben. Ich war bereit, zum Drogeriemarkt meines Vertrauens zu fahren, um einen Schwangerschaftstest zu besorgen. Zu Hause angekommen, stellte ich ihr meinen Plan vor, gleich mehrere zu kaufen, um 100 % sicher zu sein, dass wir schwanger waren.

„Lass uns mal noch warten, vielleicht ist ja gar nichts. Warum bist du dir so sicher?" und so weiter und sofort. Also genau das, was ich mir in der Situation gewünscht habe… Toll… Natürlich war ich mir sicher. Geburtstagswunsch und so?

Nee, aber mal ehrlich… Fünf Tage hatte sich Keras perfektionistische Periode noch nie verspätet. Aber gut, dann eben wieder warten… Zum Glück ging ihr bis zum nächsten Tag mein Gejammer und Gefrage so auf die Nerven, dass sie ENDLICH nachgab und ich meine Geheimmission Schwangerschaftstest antreten durfte.

Denn falls ich es noch nicht erwähnt habe: Wir haben zwar die besten MitbewohnerInnen der Welt, aber eben auch ziemlich neugierige. Und so leicht entgeht ihnen nichts. Zumal sie in den letzten Tagen immer wieder mal nachgefragt hatten, ob nicht vielleicht doch irgendwas im Busch wäre. Denn die Woche zuvor, bei unserem wöchentlichen Spieleabend, bestellten wir uns noch Pizza, saßen nett im

Garten, Wein in der Hand und Kera trank lieber Wasser...

Eigentlich hätte ich nicht erwartet, dass die werten Eltern dabei Lunte riechen könnten, denn Kera ist nicht gerade das, was man eine Gelegenheitstrinkerin nennen mag. Und doch... Eltern sind wie Störche, sie riechen Babys schon auf Kilometer Entfernung.

Ich also in geheimer Mission unterwegs, um beim Drogeriemarkt am Samstag einzukaufen. Schon verdächtig genug, da wir immer montags den Einkauf für die Woche erledigten. Deshalb hatte ich für die Mission ausnahmsweise keinen Smoking angezogen und die Kanone[15] zu Hause... Ach, lassen wir das[16]. Also ab ins nächste Kaff und mit dem Schwangerschaftstestwühlen beginnen.

Zum Glück hatte ich mich davor informiert, denn tatsächlich gab es auch hier allerlei Testberichte und Unterschiede (*Wer würde denn davon ausgehen? Fehlt ja nur noch, dass man Toilettenpapiertests durchliest... Und halte dich fest: Auch so etwas soll es geben...*). Die Tests mit ein paar unnützen Einkäufen (*soll doch nicht auffallen – voll clever und so*) nach Hause chauffiert, die Tür leise geöffnet und die mit

---

[15] *Mama*: Gleich 'ne ganze Kanone... Also ich bin jetzt ja kein Waffenexperte, aber hätte es nicht auch 'ne Knarre oder 'ne Wumme getan? Eine Kanone kommt mir als Geheimagent doch, sagen wir mal, dezent auffällig vor. Aber, wie gesagt, bin ja kein Waffenexperte...

[16] *Mama*: Habe mich gerade von Robert aufklären lassen. Kanone sagt man auch zum männlichen Geschlechtsteil. Wie unanständig. Und vor allem: Wie bescheiden...

einem Mal auffällig knarrende Holztreppe nach oben geschlichen, wo die aufgeregte Kera schon auf mich wartete. Ab ins Bad gehüpft, abgeschlossen und gekichert wie zwei frisch pubertierende Teenager. Den Test ausgepackt, draufgemacht – also Kera – und dann auf die Badewannenkante gelegt. Natürlich umgedreht und... Tick, tack, die Digitaluhr gestellt.

Boah, du kannst dir nicht vorstellen, wie schwer es war, ruhig zu bleiben. Als dann aber die Uhr klingelte, wollte ich das Teil lieber doch nicht umdrehen. Wir sahen es an, als wäre es eine giftige Schlange. Natürlich kam die völlig überflüssige Frage von mir, ob ich ihn wirklich umdrehen sollte, wartete aber Keras Nicken gar nicht mehr ab, sondern drehte ihn einfach um.

Den darauffolgenden Moment kann ich leider nicht beschreiben, denn diesen Moment muss man schon selbst erleben. Kein Wort, kein Vergleich kann beschreiben, was in mir vor sich ging, als ich die beiden Striche sah. Ich weiß nicht, wann ich gemerkt habe, dass mir die Tränen nur so die Wangen hinabliefen. Ich konnte gar nichts sagen vor Schluchzen, drückte einfach Kera an mich.

Als ich endlich wieder sprechen konnte, wiederholte ich einfach immer wieder: „Wir sind schwanger! Oh Gott, wir sind schwanger!"

Natürlich waren wir heimlich schwanger und hatten uns geschworen, niemandem, wirklich niemandem, nur ein Sterbenswörtchen davon zu erzählen. Nein, auch nicht der WG. Kleinfingerschwur und sogar Indianerehrenwort von Kera. (*Und hey, auch wenn sie nicht so aussieht, stammt sie immerhin von einer Cherokee-Indianerin ab, ist somit eine sechzehntel Indianerin, was ihr das Recht gibt, in den USA einen Indianerpass zu beantragen.*)

Also rannten wir erst runter und erzählten meinen Eltern, die gerade auf dem Sprung waren, vom Test und direkt danach Keras Mutter.

Was? Wir wollten es niemandem erzählen? Wer sagt denn sowas? Hm... Ja, gut... Auch bei einem Schwur lassen sich ein paar AGBs einführen, die im indianischen Pow-Wow abgesegnet werden. Alles gar kein Problem! Indianerehrenwort!

Die Begeisterung in der Villa Kunterbunt war riesig, auch wenn der ein oder andere es tatsächlich schon geahnt hatte. Für Keras Mutter sollte es das erste Enkelkind sein, für meine Eltern das dritte.

***

Es war Samstag, die Vorträge waren für mich gelaufen, meine Geburtstagsparty stand vor der Tür, bald würden wir in der Hängematte unter Kiefern am Meer liegen und dann war ich auch noch schwanger mit der besten Ehefrau der Welt. Konnte man einen besseren Samstag erleben?! Aber dann, ja, dann kamen doch die ersten Dämpfer... Man sagt ja gern, ein Unglück kommt selten allein. Hey, ich will mich nicht beschweren. Wir waren schwanger. Und doch war der Anfang der Schwangerschaft nicht gerade leicht.

Wir sind erst vor einiger Zeit umgezogen und hatten uns noch nicht darum gekümmert, neue Ärzte zu finden. Somit brauchte Kera noch einen neuen Frauenarzt. Du fragst dich jetzt vielleicht, warum wir so früh schon zum Frauenarzt wollten. Der Grund ist einfach: Wir wussten ja nicht, ob wir erst fünf Wochen schwanger waren oder doch schon einen Monat länger, also dementsprechend – öhm – neun Wochen (?) (*Falls ich mich verrechnet haben sollte: Ich hatte drei Punkte im Matheabi, ich habe die Lizenz dazu*).

Also ecosiaten wir die Leitungen heiß und fanden schließlich eine Frauenärztin, die die besten Bewertungen hatte. Tatsächlich bekamen wir direkt einen Termin. Was daran jetzt so unglücklich ist? Joar… Die Frauenärztin machte auf uns einen etwas ruppigen Eindruck und eigentlich sollte sich Kera ja schon wohlfühlen und ihr vertrauen können, wenn ein so schutzbedürftiges Wesen in ihr heranwuchs, das unter ständiger Beobachtung bei eben dieser Person sein würde…

„Kein Problem!", dachten wir. „Zwar nervig, aber dann suchen wir eben eine andere Frauenärztin…" Nette Idee… Aber dann hieß es auf einmal, dass wir die Frauenärztin erst im nächsten Quartal wechseln könnten und das Quartal hatte erst gerade angefangen.

Jetzt fragst du dich vielleicht: „Wie jetzt? Man kann doch Ärzte ständig wechseln!" Dachte ich auch, also rief ich bei Keras Krankenkasse an.

Die Mitarbeiterin war selbst überrascht, konnte sich das kaum vorstellen und wollte sich bei einer Kollegin erkundigen. Ich war erstmal erleichtert, denn wenn eine Mitarbeiterin der Krankenkasse davon nichts wusste, dann war es recht unwahrscheinlich, dass wir nicht doch einfach wechseln konnten. Kera war trotzdem total am Boden.

Da kam der Rückruf von der Krankenkasse und tatsächlich: Den Frauenarzt kann man jederzeit wechseln. Wenn man aber bereits Vorsorgeuntersuchungen hatte, muss man die beim neuen Frauenarzt wiederholen lassen und die gesamte Rechnung selbst übernehmen. *WHAT?!* Kera am Weinen, ich am Durchdrehen.

Wir waren beide völlig überfordert. Jetzt waren wir bei so einer unfreundlichen Frauenärztin und das beim ersten Baby, wo man eh noch vollkommen unsicher mit allem ist und jegliches Unwohlsein schon zur völligen Lebenskrise führt?!

Ich muss sagen, dass die Anfangszeit durch den Frauenarzt ziemlich überschattet wurde. Wir einigten uns schließlich nach gefühlten 50 Schlachtplänen, dass wir sie darauf ansprechen wollten, wie sie uns behandelt hatte und wie es uns damit ergangen war. Ganz schön blöd, mit so einem Gefühl in den Sommerurlaub zu fahren, vor allem, wenn man schlecht im Verdrängen ist...

Aber hey, wir waren schwanger und das war doch alles, was zählte. Da zu mosern war doch mega undankbar! Außerdem sollte in den nächsten Tagen mein erster Fantasyroman erscheinen und das war ja auch noch 'ne Riesensache für mich.

Je mehr ich darüber nachdachte, desto undankbarer kam ich mir vor. Also versuchte ich das einfach auszublenden. Denn die Ärztin war ja nur für die gesundheitlichen Kontrollen zuständig und fähig war sie auf jeden Fall. Für alles Soziale und Seelische würden wir sowieso noch eine Hebamme bekommen...

Oh je,... Du weißt, was da in mir vorging, oder? Richtig! Was, wenn die Hebamme auch so ein Drachen wäre? Verflixtes Kopfkino... Aber nicht jeder Drache ist bösartig – man denke nur an ‚Ohnezahn'!

Und so stellte sich bei unserem zweiten Termin heraus, dass unser Frauenarztdrache auch eher ein Ohnezahn war, der wohl einfach beim letzten Mal einen schlechten Tag gehabt hatte. Und hey, die haben wir doch alle mal! Man merkt schon, dass selbst bei mir die Schwangerschaftshormone aus allem ein riesiges Drama gemacht haben.[17]

Doch nicht die Verwandlung von Frau Doktor Mahlzahn in den goldenen Drachen der Weisheit war das Highlight des Tages. Nein, noch etwas viel Wundervolleres, noch wundervoller als der zweite

---

[17] *Papa*: Hey, Gleichberechtigung und so! Ich darf mich auch hinter den Schwangerschaftshormonen verstecken!

Strich auf dem Test. Glaubst du mir nicht? Oh, dann solltest du abwarten, bis du zum ersten Mal das Herzchen deines Ungeborenen schlagen siehst...

Mir wurde klar, dass wohl die Schwangerschaft alle Tränen toppen würde, die ich bisher in meinem Leben geweint hatte. Und ich bin echt schon davor nah am Wasser gebaut gewesen.[18]

Dieser Moment, in dem ich das winzige Herzchen habe schlagen sehen, dieser Moment hat sich so tief in meinem Herzen und meinem Gehirn verankert, dass ich mir sicher bin, ihn mein Leben lang nicht zu vergessen. Er ist auch jetzt noch so präsent, als wäre es gerade erst passiert. Für mich war das der Moment, in dem ich wusste, dass ich dieses Knöpfchen für immer unbändig lieben würde.

Und alle Versuche, mich zu entspannen, mir einzureden, dass ein Abort nun mal vorkommen kann in den ersten drei Monaten, waren nicht mehr möglich. Ab jetzt fing auch die Zeit an, in der ich jeden Frauenarzttermin nicht nur mit Freude, sondern auch mit etwas Anspannung antrat, denn nun war dieses Wesen nicht mehr wegzudenken.

Nachdem der Arzttermin überstanden war, kam die Freude über unseren bevorstehenden Urlaub auf. Ich freute mich schon darauf, bald am Strand zu liegen und dem Bauch beziehungsweise unserem Knöpfchen darin zu erklären, dass dieses

---

[18] *Papa*: Preisfrage – Wer weint bei traurigen/rührenden Filmen mehr? Kera oder ich?

Meeresrauschen, das es da hörte, Freiheit bedeutete und wir noch viele Strandbesuche zusammen erleben werden würden. Doch auch diese Vorstellung würde sich etwas anders gestalten als gedacht. Denn wer hatte damit gerechnet, dass es doch etwas gab, das unseren Urlaub am Meer verhindern könnte, etwas mit dem ekligen Namen Schwangerschaftsübelkeit.

- Knöpfchen -

Puhhhh... Gerade nochmal Glück gehabt. Mama und Papa haben wirklich auf mich gewartet. Ich kann dir gar nicht sagen, wie beruhigt ich bin. Ich habe mich vor Aufregung beinahe an meinem Schnuppenkeks verschluckt.

Vor ein paar Tagen ist übrigens mein neues Zuhause fertig geworden. Und ich kann dir gar nicht beschreiben, wie toll es hier drinnen ist. Soooo schön flauschig und ganz mollig warm. Papa kocht leckeres Essen für uns und Mama singt mir immer so schöne Lieder vor.

Mama und Papa haben schon mitbekommen, dass ich eingezogen bin. Und jetzt sind sie ganz arg aufgeregt. Wenn sie nur wüssten, wie aufgeregt ich erst bin. Ich wünschte, ich könnte es ihnen sagen.

Oh, hopplapla. Da fällt mir ja gerade ein, dass ich mich noch gar nicht vorgestellt habe. Grüß Gott, mein Name ist Zellmümpelchen oder so ähnlich. Also glaube ich zumindest, weil so nennen mich Mama und Papa immer. Ich weiß zwar nicht, was ein Zellmümpelchen ist, aber es muss etwas ganz arg Tolles sein, weil Mama und Papa das nämlich mit so viel Liebe sagen.

Erst gestern haben sie mich über so ein Dings gesehen mit schwarz und grau und so. Ich finde nicht, dass mich das Dings besonders gut getroffen hat. Hat mich aussehen lassen wie einen schwarzen Fleck. So ein Quatsch mit Federn. Auch wenn ich es schön fand, dass Mama und Papa mich endlich sehen konnten, ich mochte gar nicht, wie diese Frau meiner Mama in den Bauch gedrückt hat. Das hat ihr nämlich wehgetan. Ich habe kräftig dagegen

57

getrommelt und geboxt, aber ich hatte leider keine Chance. Wartet nur ab, bis ich größer bin!

03. Monat

01. August 2019 – 09. SSW

„Worauf hast du denn Lust?", fragte ich Kera, die mich zunehmend an einen Seestern auf heißem Stein erinnerte – schlapp und schwach.

„Ich weiß nicht, mir ist so schlecht, ich will gar nichts essen."

„Aber du musst etwas essen! Denk an Knöpfchen!"

So ging das nun schon seit Keras letzter Vortragswoche. Ich will mich nicht selbstbemitleiden, aber ich habe Blut und Wasser geschwitzt, wenn sie allein zu den Vorträgen gefahren ist. War zerrissen, weil wir auf der einen Seite das Geld brauchten, es ihr aber auf der anderen Seite schlecht ging und zwar so richtig. Aber jedes Mal, wenn ich sie gefragt habe, ob ich dort anrufen und die Termine absagen sollte, hatte sie nur den Kopf geschüttelt.

„Kartoffelpü? Nein? Wie wär's mit Lachs... Auf keinen Fall? Hm... vielleicht was mit Spinat? Ja? Ich geh schon los."

Jeden Tag, oft auch mehrmals täglich, zählte ich gefühlt jedes Lebensmittel auf und all die Gerichte, die wir je gekocht hatten, bis die arme Übelkeitsgeplagte wie ein Geigerzähler anschlug. Ihr Magen knurrte schon gefährlich laut. Also ab in den nächsten Supermarkt und das nicht nur einmal am Tag.

Manchmal bin ich drei Mal los, weil Spinat so hoch im Kurs stand. Also kaufte ich beim dritten Einkauf gleich fünf Packungen, nur um dann mitgeteilt zu bekommen, dass nun Spinat wieder uninteressant geworden sei...[19] Natürlich hatten wir alles da, nur das nicht, was Kera dann in den Sinn kam...

Ich hatte tatsächlich etwas Sorge vor den Heißhungerattacken gehabt, vor Nutella mit Essiggurken und solchen Geschichten. Aber da hätte sie zumindest gewusst, was sie hätte essen wollen. Langsam gingen mir die Ideen aus... Ich weiß gar nicht, was die Verkäuferin von mir dachte, als ich in ihrer Schicht zum dritten Mal auftauchte und genau dasselbe wieder kaufte.

Zumindest waren es ausschließlich gesunde Dinge. Beziehungsweise eine Sache war fast so hoch im Kurs wie Spinat und das war wiederum nicht ganz so gesund: Wassereis. Und nicht nur irgendeines, nö! Am besten – keine Werbung hier – dieses phallussymbolartige Wassereis mit Cola- oder Orangengeschmack. Du weißt schon, das, was so ähnlich klingt wie diese griechische Nymphe...

Wie du kennst dich nicht mit griechischer Mythologie aus?! Kein Graecum in der Schule gehabt? Odysseus gelesen oder zumindest die Verfilmung gesehen? Auch nicht? Aber doch wenigstens dieses seichte Jugendbuch mit den griechischen Göttern gelesen?[20] Nein? In Ordnung... letzter Tipp: Die Nymphe hieß Kalypso. Jetzt klingelts aber, oder

---

[19] *Papa*: Spekulationen an der Börse wären deutlich einfacher gewesen!

[20] *Papa*: Um nicht zu viel Werbung zu machen: die Hauptperson heißt Percy, falls noch immer jemand auf dem Schlauch stehen sollte.

nicht? Wo war ich noch gleich? Bin ich wohl etwas abgeschweift...

Kommen wir also zurück zu einem viel spannenderen Thema: Übelkeit! Die Übelkeit fesselte nicht nur Kera ans Bett, sie machte auch den Campingurlaub an der heißgeliebten Atlantikküste zunichte.

Es wäre gelogen, nun zu behaupten, mich hätte das kalt gelassen. Wir würden zwar ein Kind bekommen, das größte Geschenk, das man sich nach dieser wunderbaren Ehefrau nur vorstellen konnte, aber irgendwie ist der Atlantik für uns die Akkuladestation für das restliche Jahr. Nirgends finden wir so viel Ruhe und Erholung. Abgesehen davon, kommen uns dort meist neue Ideen für Bücher und Projekte.

Aber es half alles nichts, wir mussten es uns schönreden. Tatsächlich ging das bei mir relativ schnell. Ich hörte eben französische Musik, setzte mich viel in den sonnigen Garten und las meine Urlaubslektüre. Für Kera war das deutlich schwieriger, denn sie konnte dank der Übelkeit ja nicht viel machen.

Um sie mal zu zitieren: „Wenn du dich wie verkatert fühlst, dann ist der Tag nun mal gelaufen." Das Ganze Tag ein, Tag aus.

Es bereitete mir zunehmend Sorgen, ob uns die Übelkeit wohl die ganze Schwangerschaft über begleiten würde. Ich fühlte mich immer machtloser. Ich stand einfach nur daneben und musste mitansehen, wie es dem wichtigsten Menschen in meinem Leben schlecht ging. Ich war hilflos und überfordert und konnte eben auch nicht draußen mit Freunden sitzen und lachen, während sie drin lag und litt. Auch wenn sie mir das wünschte, konnte ich ihren Zustand nicht einfach ausblenden.

Zum Glück fanden wir irgendwann heraus, dass zumindest die neu entdeckten Biofruchtriegel ihren Zweck erfüllten und ihre Übelkeit etwas in Schach hielten. So konnten wir den anstehenden *Caritas*-Termin doch zu zweit wahrnehmen. Wieso *Caritas*, fragst du jetzt vielleicht. Gute Frage... So 'ne Schwangerschaft kann ganz schön überfordernd sein und trotz toller Apps und Bücher, ist da eben doch noch die ganze Bürokratie: Anträge über Anträge, in denen eine seltsame Frage die nächste jagt. Ich frage mich noch jetzt, wie man das alles ohne Hilfe ausfüllen mag.

Eines Tages saß ich am Frühstückstisch und raufte mir die Haare, fragte mich laut, ob es nicht vielleicht für die ganze Bürokratie einen Berater gäbe, sowas wie einen Steuerberater, nur eben für die Schwangerschaft. War ja nicht so, dass wir nicht schon genug um die Ohren hatten, da wollte man sich nicht noch mit Papierkram rumärgern müssen. Meine Mutter wedelte mit einer Anzeige von der *Caritas*, die schwangere Paare sogar pro Bono in all diesen Sachen beriet.

Ohne jetzt groß Werbung machen zu wollen, aber es lohnt sich wirklich; super nette Leute und man bekommt sogar Ausfüllhilfe. Als Erwachsener nochmal an die Hand genommen zu werden und das umsonst, klingt fast, als gäbe es dabei ein Haken. Aber tatsächlich gab es keinen.

Der Besuch, der immer wieder von kleineren Übelkeitsattacken überschattet worden war, war einfach eine riesige Hilfe. Und so fuhren wir danach mit deutlich weniger seelischem Gepäck nach Hause und waren bereit, unser Baby zu empfangen... (*Hallo Knöpfchen! Du kannst kommen, wir haben schon all deine Anträge ausgefüllt! Naja, wir waren schon froh, dass Knöpfchen sich doch erst noch hatte fertigbacken lassen...*)

Es ging also wieder bergauf im Wechselmeer der Gefühle. Beste Voraussetzungen also für unseren Campingurlaub im Schwarzwald. Macht den Swimming Pool bereit, ich komme!

Als sonnenverwöhnte Südlichter, die wir bei 18° Grad Wassertemperatur schon alles einziehen, was geht, brauchten wir nur noch gutes Wetter. Aber genau das war das Problem: Grauer Himmel und weit und breit fast nur Wolken, die leider nicht vom Meereswind getrieben bis zum Mittag ins Landesinnere ziehen. (*Mit dem Neo in den Pool zu springen, wäre wahrscheinlich auch nicht so gut ankommen...*)

Aber gut, nicht so schlimm, Hauptsache es würde trocken bleiben. Wir könnten uns ja auch kuschlig warm in unsere Liegen legen und ein spannendes Buch lesen. Wie? Es tröpfelt? Egal, nicht so schlimm, wir könnten doch einfach den Sonnenschirm umfunktionieren... Zehn Minuten später war das

Tröpfeln ein penetrantes Dauertrommeln auf den Wohnwagen geworden.

„Schatz, mach dir nichts draus, ist doch irgendwie gemütlich", versuchte ich unseren feuchtfröhlichen Sommerurlaub featuring Übelkeitsanfälle zu retten.

Spätestens nach dem dritten Tag bei Platzregen aufs Klo rennen zu müssen, klitschnass zurückzukommen und erstmal all den Dreck abzuwischen, der einem die Beine hochgespritzt ist, um endlich ins Warme zu kommen, nur um dann 'ne Stunde später wieder aufs Klo zu müssen, konnte mir dann kein noch so spannendes Buch versüßen. Aber hey, es sollte laut Wetterbericht auch ab und an mal für 'n paar Stunden die Sonne rauskommen und in der Zwischenzeit konnten wir doch auch 'n paar Spiele zur Abwechslung spielen…

Wir begannen über die Vorzüge von zu Hause zu philosophieren: aufs Klo zu gehen ohne nass zu werden und nicht schon vor dem Duschen zu duschen. Aber noch gaben wir nicht auf. Denn… immer wieder brach durch die schwere Wolkendecke etwas Sonne durch und schon rannten wir aus dem Wohnwagen wie die Motten ins Licht. Und schon waren wir bester Laune, abgesehen von den anhaltenden Übelkeitsattacken, versteht sich.

In einer dieser Launen kamen wir auf die schöne Idee, ein gemeinsames Kinderbuch zu schreiben. Die

Hauptpersonen würden Helga und Horst[21] heißen. Uns fiel auf, dass die möglichen Namen, die wir bisher für das Baby ausgewählt hatten, überhaupt nicht so gut passten wie die in unserer Geschichte.

Der ursprüngliche Mädchenname wurde derzeit overhyped und der Jungenname war englisch, weil Kera ja Halbamerikanerin ist. Da sie allerdings nicht mehr unbedingt das beste Verhältnis zu ihren amerikanischen Wurzeln hat, entschlossen wir uns kurzerhand, die Namen der Kinderbücher zu nehmen. Unsere Familie und Freunde ließen wir allerdings weiterhin im Glauben daran, die alten Namen wären noch aktuell. (*Achtung Spoileralarm: dieses Mal würden wir das Geheimnis wirklich wahren! Ehrlich!*)

Ach, Moment mal... Wieso eigentlich einen Jungen- UND einen Mädchennamen? Ob wir Zwillinge bekommen sollten? Nööö! Sorry, vergessen zu erwähnen: Wir wollten nur im Vorfeld nicht wissen, ob es ein Junge oder Mädchen werden würde.

Mittlerweile ist man sich nicht mehr so sicher, was die Ungeborenen schon im Mutterleib alles mitbekommen und wir wollten nicht, dass wir unser Knöpfchen mit einem bestimmten Namen ansprachen, wenn es dann nachher womöglich doch das andere Geschlecht sein würde. Das war sowohl für

---

[21] *Papa*: Anmerkung der Redaktion: Die Namen wurden zum Schutz der Personen geändert. Nein, nicht zum Schutz der Protagonisten unseres Kinderbuches, sondern... Ach, du wirst schon sehen!

Knöpfchen als auch für uns wichtig. Stell dir doch mal vor, du sprichst über neun Monate mit deinem Kleinen im Bauch und dann heißt es nachher ganz anders. Wäre doch schräg, oder?

Was? Du findest es viel schräger, mit so einem kleinen Zellklümpchen zu sprechen? Kann ich verstehen. Aber auch wenn es nicht 100 % sicher war, was bei Knöpfchen ankam, wollten wir schon von Tag eins an mit ihm sprechen und ihm zeigen, wie sehr wir es liebten. Wir dichteten sogar ein Lied um, das wir ihm jeden Tag vorsangen. (*Ich habe dich gewarnt, du liest hier ein Buch von zwei Knallköpfen, das sollte dir doch langsam bewusst sein. Oder nicht?!*)

Nachdem wir uns in die beiden neuen Namen verliebt hatten, war das schlechte Wetter erstmal etwas in den Hintergrund gerückt (*die Geschichte übrigens auch... Ja, finden wir ebenfalls schade! Aber vielleicht, nein, mit Sicherheit, wirst du irgend- wann die Möglichkeit bekommen, dieses Buch ebenfalls in Händen zu halten. Ist bestimmt auch nicht so verrückt, wie dieses Buch hier. Indianer- ehrenwort! Und du weißt ja: Kera und so...*).

Manche Dinge rückten also in den Hintergrund, etwas anderes, deutlich Wichtigeres trat dafür weiter in den Vordergrund: Wo sollten wir eigentlich entbinden? Zuhause? Das war für uns beide keine Option... Im Geburtshaus oder in der Klinik? Joar... da schieden sich die Geister.

Für mich war eine Entbindung im Geburtshaus zwar eine romantische Vorstellung, kam aber eigentlich nicht in Frage, da ich von ein paar Geburten im Bekanntenkreis mitbekommen hatte, bei denen die Babys entweder bleibende Schäden davongetragen hätten oder sogar gestorben wären, weil sie nicht rechtzeitig ein Krankenhaus hätten erreichen können. Ich weiß, dass das ein kleiner Prozentsatz ist, aber was, wenn unser Knöpfchen einer dieser Fälle wäre mit einem angeborenen Herzfehler oder einem Loch im Zwerchfell, oder sonst irgendwelche Zwischenfälle aufkämen, die nur von einem Arzt und nicht von einer Hebamme behandelt werden könnten?!

Deshalb war für mich eine Klinik eigentlich ein MUSS. So naiv wie ich war, hatte ich mir nie darüber Gedanken gemacht, dass Kera das vielleicht anders sehen könnte. Denn an für sich bin ich ein totaler Sicherheitsmensch, der erst mit der Zeit verstanden hat, dass Sicherheit eine Illusion ist. Und trotzdem bin ich noch auf dem Weg, diesen starken Drang nach Sicherheit aus dem Kopf zu verbannen. Bei Kera hingegen ist dieser Sicherheitsdrang lang nicht so stark ausgeprägt.

Da wir beide am liebsten die natürlichste Schwangerschaft und auch Geburt haben wollten, aber nun mal ein anderes Sicherheitsbedürfnis haben, wichen unsere Empfindungen stark voneinander ab. Und nun? In mir tobte ein Wirbelsturm der Stärke sechs (*JA! er sprengte die Skala!*).

Aber wer entscheidet eigentlich über die Entbindung? Wer bin ich, dass zu entscheiden? Klar, wir beide hatten die Verantwortung für unser Un-geborenes, aber trotzdem musste nicht ich das Baby auf die Welt bringen! Wer gab mir das Recht auf Mitsprache?

Also hielt ich mich zurück und fragte Kera, wie sie zu der Sache stünde. Sie wiederum wollte von mir wissen, was ich dachte, und so weiter und sofort. Ein rasantes Pingpongspiel zwischen Chen Meng und Fan Zhendong[22] begann und... naja, um ehrlich zu sein, war es dann gar nicht so dramatisch. Denn wir fanden schnell heraus, dass es eine Zwischenlösung geben könnte, die sich für uns beide gut anhörte, und zwar ein nahegelegener Hebammenkreißsaal[23]

Dort kümmerten sich lediglich Hebammen um die Entbindung und Weißkittel kamen nur im Notfall dazu. So hatte ich meine Sicherheit für den Notfall und Kera konnte mit natürlichen Schmerzmitteln, Ölen und einer Wassergeburt im Stil des Geburtshauses entbinden, denn Komplikationen würden ja hoffentlich sowieso nicht auftreten...

Als der Entschluss getroffen war, fühlten wir uns so entschlussfreudig, dass wir gleich noch entschieden, den Campingurlaub abzubrechen und unseren Urlaub auf Balkonien fortzuführen. Und

---

[22] *Mama*: Ich hoffe, ich disqualifiziere mich jetzt nicht, wenn ich sage, dass ich keinen blassen Schimmer habe, wer das ist. Mein messerscharfer Verstand sagt mir, dass die beiden asiatische Tischtennisspieler sind. #imdunkelnistgutmunkeln
(*Papa*: Gut kombiniert, Watson.)
[23] *Papa*: Danke, liebe Schwägerin für diesen Tipp, der das Pingpongmatch mit einem Sieg beendete. *Uff...*

siehe da, kaum waren wir ein paar Tage zu Hause, strahlte uns die Sonne heiß und lieblich entgegen und schenkte uns noch einen angenehmen, von immer weniger Übelkeitsattacken geplagten August. Ohne die Übelkeit konnte ich mich auch endlich wieder mehr auf unser Knöpfchen freuen und bei unserem alltäglichen Morgenritual, bei dem ich Kera aus einer Schwangerschafts-App vorlas, seine neuesten Entwicklungen verfolgen.

Und das Schönste: Bald würden wir offiziell verkünden dürfen, dass wir schwanger waren. Denn der 02. September rückte immer näher und näher und somit nicht nur das Ende des ersten Trimesters, sondern auch das erste große Screening, auf das wir uns so sehr freuten. Endlich würden wir unser Kleines richtig sehen können und ich betete, dass alles in Ordnung sein würde.

- Mama -

Nicht allein durch die Geschichte mit der Frauenärztin merkten wir, wie hilflos wir in Sachen
Schwangerschaft waren. Wir hatten einfach keinen
blassen Schimmer von nichts. Wir wussten weder, ob
ich als Selbstständige Mutterschutz berechtigt war,
noch wussten wir, wie das mit Eltern- oder Kindergeld
ablaufen würde.

Wir hatten nicht mal eine Ahnung davon, was wir
alles nicht wussten. Aber an wen wendet man sich mit
solchen Fragen? An den Frauenarzt wohl eher nicht.
Es müsste sowas geben wie eine Wir-sind-schwanger-
und-haben-keine-Ahnung-von-nichts-bitte-sagen-
Sie-uns-alles-was-wir-wissen-müssen-
Beratungsstelle. Aber wofür hat man denn auch die
werdenden Großeltern im Haus, wenn nicht genau für
solche Fälle der absoluten Ahnungslosigkeit?

Als wir im Esszimmer saßen und uns fragten, ob
wir überhaupt schon erwachsen genug waren, um ein
Kind zu kriegen (*Ich weiß, schlechter Zeitpunkt, um
sich so etwas zu fragen, wenn man bereits im dritten
Monat ist.*), weil wir nicht mal solche einfachen Dinge
wussten, kam meine Schwiegermutter auf die
rettende Idee: „Warum wendet ihr euch nicht einfach
an die Beratungsstelle der *Caritas*? Die können euch
mit Sicherheit weiterhelfen." Ja, warum eigentlich
nicht?

Glücklicherweise bekamen wir dort zeitnah einen
Termin, sonst hätten wir unseren Urlaub noch weiter

nach hinten rausschieben müssen. Und auch wenn der Schwarzwald, wie gesagt, nicht der Atlantik ist, Urlaub ist Urlaub. Da darf man keinen Tag unnötig vertrödeln.

Wir saßen also dieser netten Dame gegenüber, die uns erwartungsvoll fragte, was wir denn von ihr wissen wollten. *Ähm... Alles?* Ich kam mir furchtbar unvorbereitet vor. Wir waren so ahnungslos, dass wir nicht mal wussten, nach was wir uns genau erkundigen sollten.

Es ist ja nicht so, dass man in der Schule Dinge lernen würde, wie Steuererklärungen ausfüllen, Überweisungen tätigen oder Schwangerschaftsvorbereitungen bewältigen. Man ist viel zu sehr damit beschäftigt, auf- und abzuleiten, chemische Elemente zu pauken und eine Sprache zu verstehen, die seit Jahrhunderten kein Mensch mehr spricht. Aber gut, wer braucht auch schon solche profanen Dinge wie Elterngeldanträge, wenn er auf lateinisch *keine* Pizza bestellen kann?

Zum Glück schienen wir nicht die einzigen völlig planlosen Eltern in Ausbildung zu sein, die der Dame gegenübersaßen. Dazu konnte sie uns dann doch zu gut all die Dinge erklären, die wir nicht zu fragen wussten.

So hatten wir beispielsweise keinen Plan davon, dass man als Geringverdiener die Möglichkeit hat, bei einer Stiftung Gelder für die Erstausstattung des Babys zu beantragen. Bis zu 1.200€ konnte man dort kriegen.

1.200€!? Wofür um alles in der Welt brauchte man denn so viel Geld für die Erstausstattung? So teuer konnte das doch nie im Leben sein!

An die Eltern unter den Lesern: Ihr werdet euch vermutlich gerade über meine Blauäugigkeit amüsieren. *Zurecht!* An die Nichteltern unter den Lesern: Genießt eure Unwissenheit so lange ihr könnt. Ihr werdet noch euer blaues Wunder erleben, wenn ihr nur lang genug durchhaltet, mein Geschwafel zu lesen. (*Das wäre jetzt der Punkt, an dem du protestierst, dass du hier kein Geschwafel liest, sondern ein echtes Meisterwerk. – Recht herzlichen Dank für deine lieben Worte. Das wäre doch nicht nötig gewesen.*)

Auch wenn ich mir damals noch nicht ansatzweise vorstellen konnte, wofür man so viel Geld brauchen könnte, waren wir als Jungunternehmer natürlich für jeden Cent dankbar, der uns bei dem Abenteuer ‚Elternwerden' unterstützte.

Während ich der netten Dame bei ihren Ausführungen zuhörte, überkam mich mit einem Mal eine erneute Welle der Übelkeit. *Doch nicht jetzt, verdammt!* Ich brauchte unbedingt ein bisschen Zucker, wenn ich mich nicht mitten ins Büro übergeben wollte.

Aber jemand mitten in einem Beratungsgespräch zu unterbrechen, um etwas zu essen, erschien mir mehr als unhöflich. *So etwas machte man doch nicht!* So etwas machte ich zumindest normalerweise nicht.[24] Nur war eben gerade nicht ‚normalerweise‘ und die Alternative, ihr mein Frühstück zu präsentieren, erschien mir nicht unbedingt die bessere Option zu sein.

Bevor ich noch weiter mit mir hadern konnte, gab mir der allzu vertraute kalte Scheiß[25] auf Rücken und Stirn zu verstehen, dass ich nicht mehr lange Zeit hatte, bevor mein Frühstück nochmal ‚Hallo‘ sagen würde. Ich nahm all meinen Mut zusammen und entschuldigte mich dafür, dass ich nebenher etwas essen müsste, um nicht... na, du weißt schon.

Und ob du es glaubst oder nicht, mir hat tatsächlich niemand den Kopf abgerissen. Sie lächelte mich nur freundlich an und ermunterte mich sogar dazu. Zumindest die ‚Sonderessrechte‘ einer Schwangeren waren etwas, an das ich mich gewöhnen konnte.

Mit einem deutlich besseren Gefühl verließen wir die Beratung. Im Gepäck hatten wir nicht nur eine Broschüre mit sämtlichen Anlaufstellen für Fragen hinsichtlich Schwangerschaft und Elternsein, sondern auch eine Liste mit den Hebammen im Umkreis. Außerdem sollten wir uns jederzeit wieder melden, wenn wir irgendwelche Fragen hätten.

Jetzt konnten wir auch endlich an solche Sachen denken wie Urlaub, wo wir für den Moment

---

[24] *Papa*: *räusper*
[25] *Papa*: :D:D:D:D:D:D:D Ich lieg unterm Tisch :D:D:D:D SchWeiß nicht Scheiß! SchWeiß!!!!

zumindest ein ganz klein bisschen weniger naiv und unwissend waren.

***

Am nächsten Tag machten wir uns mit voll beladenem Auto auf den Weg in unseren absolut wohlverdienten Urlaub. Fünf Wochen, wenn auch nicht Meer und Strand, dann doch wenigstens Natur und Sonne. Und, was wir noch sehr zu schätzen lernen würden (*v.a. Robert*), den nächsten Supermarkt in unmittelbarer Nähe.

Wie sich recht bald zeigen sollte, war die Entscheidung, nicht nach Frankreich zu fahren, die beste gewesen, die wir hatten treffen können. Ich hatte so sehr mit der Übelkeit zu kämpfen, dass ich mich jeden Tag wie verkatert fühlte. Zwar musste ich mich nie übergeben, aber wirklich viel tun, bis auf Rumhängen und Leiden, konnte ich eben auch nicht. Essen wurde zu einer zunehmenden Herausforderung. Was ich an einem Tag noch gern gegessen hatte, verursachte mir am nächsten Tag Brechreiz. Robert musste gefühlt[26] drei Mal am Tag zum Supermarkt, um mir etwas Neues zu essen zu holen.

Irgendwann fühlte ich mich so geplagt von der Übelkeit, dass ich unsere chinesische Ärztin telefonisch um Rat bat.

---

[26] *Papa*: Oh, und es hat sich nicht gut angefühlt, sag ich dir!

Alles, was sie zu sagen wusste, war: „Freu dich! Die Übelkeit ist das beste Zeichen dafür, dass es dem Baby gut geht. Für dich ist es halt doof. Aber ich kann dich beruhigen. Normalerweise hält die Übelkeit nur die ersten zwölf Wochen an."

Äußerst beruhigend. Dann musste ich ja gerade mal noch vier Wochen durchhalten. *Na, herzlichen Dank auch!*

Wenigstens dem Baby ging es gut. Das war zumindest eine leichte Beruhigung. Nur meiner Übelkeit wollte das leider nicht helfen. Ich solle versuchen, kleinere Portionen zu essen und dafür eben häufiger. Haferkekse wären ganz gut und frische Beeren, ansonsten sollte ich vor allem nach meinem Gefühl gehen und alles essen, nach was mich gelüstete. Mein Körper würde schon wissen, was das Beste für mich sei.

Was aber, wenn der Körper einem so gar kein Gefühl mehr geben mochte? Und alles, was sich einigermaßen erträglich zu essen anfühlte, Wassereis war? Robert musste ständig alle nur verfügbaren Lebensmittel aufzählen, bis er irgendwann eines nannte, bei dem sich mir der Magen nicht umdrehte. Das landete dann auf dem Esstisch. Selbst wenn es drei Mal hintereinander eine ganzes Packung Rahmspinat ohne alles war (*ich glaube allein in einer Woche waren es fünf oder sechs Packungen Rahmspinat*).

Mit der Übelkeit umzugehen, machte mir allein schon genug zu schaffen, mitzubekommen, dass ich

76

mit meiner Übelkeit irgendwie allein dastand, verbesserte meine Gemütslage nicht wirklich. Es war ja nicht so, dass ich sowieso schon die Tendenz dazu hatte, mich mit anderen zu vergleichen, aber in der Schwangerschaft erreichte ich ein ganz neues Vergleichslevel – sozusagen die Spitzenklasse der Vergleiche. Und Möglichkeiten dazu hatte ich mehr als genug.

Nicht nur, dass meine Schwägerin mit ihrem zweiten Kind schwanger war und trotzdem Urlaub am Atlantik machen konnte. Auch Roberts Cousine verkündete auf ihrer Hochzeit, zu der wir wegen meiner Übelkeit nicht gehen konnten, unsere Schwägerin aber schon, dass sie schwanger sei. Ich schaffte es gerade mal mit Mühe und Not, mich vom Bett auf den Liegestuhl zu hieven, während seine Cousine schwanger eine ganze Hochzeit organisierte und unsere Schwägerin schwanger mit zweijähriger Tochter Campen ging. Jetzt fühlte ich mich noch elender.

Zu wissen, dass ich mich trotz der Übelkeit baldmöglichst um eine Hebamme kümmern musste, machte die Sache nicht besser. Oft genug hatte ich mitbekommen, wie schwierig es war, eine gute Hebamme zu finden, da wollte ich keine Zeit verlieren.

Mehr auf dem Stuhl hängend als sitzend, begann ich die Liste von der *Caritas* abzuklappern. Eine Hebamme, eine Hebammenpraxis und ein Geburtshaus machten auf mich einen besonders guten Eindruck.

Umso mehr freute ich mich, als alle drei positiv auf meine Emails reagierten.

Da die Hebammenpraxis als einzige Schwangerschaftsbegleitung, Geburtsvorbereitungskurs und Wochenbettbetreuung anbot, war die Wahl der Hebamme schnell gefallen. Ganz anders sah es da mit der Frage nach einer Entbindung im Geburtshaus aus. Denn was das Thema Geburt anbelangte, waren Robert und ich nicht ganz einer Meinung. Eine Hausgeburt kam für uns beide eher nicht in Frage.

Auch wenn ich die Vorstellung, daheim zu entbinden als sehr schön empfand, kannten wir Fälle, bei denen ein Baby schwerste Behinderungen erlitten hatte und das andere Baby es nicht einmal überlebt hätte. Für Robert als Sicherheitsmensch kam eigentlich nur eine Klinikentbindung in Frage, auch wenn er mir die Entscheidung überlassen wollte. Für ihn war klar, dass ich da als Frau das Sagen hatte.

Ich bewertete die Lage allerdings ein wenig anders. Es war unser gemeinsames Kind, wir würden die Geburt gemeinsam durchstehen, also mussten wir die Entscheidung über den Entbindungsort auch gemeinsam treffen. Auch für mich stand die Klinik zwar an erster Stelle, dennoch hätte ich mir das Geburtshaus zumindest angeschaut. Und wenn nur, um zu wissen, dass eine Geburt dort für mich nicht in Frage kam.

Doch nach langem Hin- und Herüberlegen, Abwägen von Möglichkeiten und Risiken entschieden wir uns dazu, in einer Klinik zu entbinden. Der Hinweis unserer Schwägerin über einen nahegelegenen Hebammenkreißsaal kam uns wieder in den Sinn.

Ein Kreißsaal, der ausschließlich von Hebammen betreut wurde und in dem nur im Notfall ein Arzt eingeschaltet werden würde. In zwei Vorgesprächen hatte man dort die Möglichkeit, zu besprechen, wie man sich die Geburt wünschte, und schon mal einen persönlichen Eindruck zu erlangen. Für uns hätte es keine bessere Mischung geben können – die Freiheit einer ausschließlich von Hebammen betreuten Geburt mit der Sicherheit einer Klinik im Hintergrund. Wir waren uns einig, dass das der Ort sein sollte, wo unser kleiner Schatz zur Welt kommen würde.

Insgesamt blieb unser Urlaub im Schwarzwald eher unbefriedigend. Mal ganz abgesehen von meiner ständigen Übelkeit, war das Wetter total durchwachsen. Selten hatten wir einen richtig sommerlichen Tag. Wenn es nicht gerade regnete und man es nur im beheizten Wohnwagen aushielt, war es die meiste Zeit so kühl, dass man draußen nur in langer Hose und Pulli sitzen konnte.

Das Wetter zehrte bald so stark an unserer Urlaubsstimmung, dass wir beschlossen, unseren Urlaub zu unterbrechen und die Regentage lieber daheim zu verbringen, statt uns am Campingplatz den Allerwertesten abzufrieren. Sobald es mal länger wieder wärmer werden würde, könnte man ja immer noch zum Wohnwagen fahren. Letztendlich haben wir den Rest unseres Urlaubs zuhause verbracht. (*Ich möchte diesen Moment nutzen, um dem werten Herrn Wettergott meinen allerherzlichsten Dank auszusprechen: Danke für nichts!*)

Trotzdem sind mir vor allem zwei sehr schöne Dinge an diesem Urlaub im Gedächtnis geblieben. Während des Urlaubs tat sich nämlich die erste Wölbung meines Bauches auf. Auch wenn man es noch nicht unbedingt sehen konnte, merkte ich es doch an meinen Hosen.

In der Freizeit trage ich meistens sehr weite Hosen mit lockerem Bund, der eigentlich bequem auf der Taille sitzt. Im Urlaub begannen meine Hosen dann auf einmal zu rutschen. Nein, du hast dich nicht verlesen. Meine Hosen begannen tatsächlich zu rutschen.

Nicht etwa, weil ich in der Schwangerschaft abgenommen hatte, sondern weil die Wölbung meines Bauches es unmöglich machte, dass meine Hosen auf der Taille sitzen konnten. Durch den fehlenden Halt rutschten sie die meiste Zeit und ich war ständig damit beschäftigt, dafür zu sorgen, dass nicht der ganze Campingplatz meinen Allerwertesten zu sehen bekam. So nervig es auch war, ständig die Hose wieder hochziehen zu müssen, war ich doch mächtig stolz auf die Veränderung meines Körpers.

Die zweite mindestens genauso schöne Erinnerung war, dass wir uns im Urlaub für die beiden möglichen Babynamen entschieden haben. Eigentlich hatten wir schon lange vor unserer Schwangerschaft

zwei Namen ausgesucht, die uns beiden total gut gefielen. Nur machten es in der Zwischenzeit bestimmte
Umstände für uns undenkbar, an den Namen fest-
zuhalten. Um die Sache ein bisschen zu erleichtern:
Ursprünglich hatten wir unser Mädchen Frida und
unseren Jungen Eden (*Bitte englisch aussprechen
und auf gar keinen Fall deutsch! Das könnte ja sonst
niemand ertragen.*) nennen wollen.

Als Halbamerikanerin fand ich die Idee schön,
mein amerikanisches Erbe zumindest teilweise an
unsere Kinder weiterzugeben. Ich hatte sogar lange
Zeit darüber nachgedacht, unsere Kinder zwei-
sprachig zu erziehen. Das war aber noch vor meinem
letzten Amerikaaufenthalt. Und wenn ich ‚letzten‘
schreibe, meine ich sowohl zeitlich letzten als auch
allerletzten Amerikaaufenthalt überhaupt.

Wo es früher vielleicht mal eine Zeit gegeben hatte,
in der ich stolz darauf war, Halbamerikanerin zu sein
(*ich habe extra das volle Programm mitgemacht; so
richtig mit Cheerleading und Misswahlen*), und mir
sogar hatte vorstellen können, dort zu leben, würde
ich meine Wurzeln heutzutage manches Mal ganz
gern verleugnen.

Ich weiß nicht, ob sich das Land so sehr verändert
hat oder ich (*vermutlich ich*), aber ich kann echt gar
nichts mehr mit dem *american way of life* anfangen.
Was nicht zuletzt den Umgang mit meinem Vater,
einem waschechten Südstaatler mit Waffenfaible und
texanischem Fleischkonsum, durchaus erschwert.
Lange Rede kurzer Sinn: Ich bin mittlerweile so

schlecht auf die USA zu sprechen, dass ich unseren Kindern ungern die Bürde eines englischen Namens mitgeben wollen würde.

Frida wiederum fiel aus dem Rennen, weil er Tendenzen zu einem echten Trendnamen entwickelte – zumindest in alternativeren Kreisen. Wenn auf einmal auf dem Campingplatz eigenen Spielplatz zwei Mädchen die Köpfe heben, wenn jemand ‚Frida‘ ruft, auf der *Fridays for Future*-Demo in Tübingen eine ‚Frida for Future‘[27] mitläuft und Frida in Thüringen auf Platz 3 der beliebtesten Mädchennamen landet, weiß man, dass Frida kein außergewöhnlicher Name mehr ist. Wenn dann aber auch noch Brigitte Nielsen ihre Tochter Frida nennt, ist alles vorbei.

Insgeheim hatten wir beide schon eine Weile Zweifel an den Namen gehabt, es aber dem anderen zuliebe nie angesprochen. Im Urlaub kam dann aber der Moment, in dem ich mir ein Herz fasste und meine Bedenken aussprach. Was war ich erleichtert zu hören, dass es Robert ebenso erging wie mir. Nach der ersten Erleichterung tat sich dann aber wiederum die Frage auf, wenn nicht Frida und Eden, wie dann?

Mir kam sofort der Name der Protagonistin unseres Buches in den Sinn, an dem wir im Schwarzwald zu schreiben begonnen hatten. Wie wäre es denn mit Helga[28]? Helga fanden wir beide schön. Aber was war dann mit unserer Protagonistin?

---

[27] *Papa*: No hate! War echt 'ne witzige Idee! 😊
[28] *Mama*: Name zu Knöpfchens Schutz von der Redaktion geändert.

Dann müsste die eben einen anderen Namen bekommen. Der Mädchenname stand also fest. Fehlte nur noch ein Jungenname.

Und einen Jungennamen zu finden, fiel uns beiden super schwer. Doch mir kam sofort der Name eines großen Bruders in einem meiner anderen Bücher in den Sinn. Ich weiß noch, wie lange ich damals nach dem Namen hatte suchen müssen und wie verliebt ich in ihn war, als ich ihn dann endlich gefunden hatte: Horst. Für mich der schönste Jungenname überhaupt.

Ich hatte schon Sorge wie Robert ihn wohl finden würde, weil er doch nicht ganz gewöhnlich war und ich ihn bis zu meiner Recherche selbst noch nie gehört hatte. Aber auch den Namen fand Robert genauso schön wie ich. Aber was war dann mit dem großen Bruder in meinem Buch? Dann müsste der eben einen anderen Namen bekommen.

Es war beschlossene Sache. Unser Baby würde Horst oder Helga heißen. Auch wenn wir es immer noch nicht richtig glauben konnten, dass da ein kleines Knöpfchen in meinem Bauch wohnte, durch die Namen wurde die Schwangerschaft doch ein bisschen realer für uns.

- Knöpfchen -

Ich bin mir doch nicht mehr ganz sicher, ob ich wirklich Zellmümpelchen heiße. Seit Neuestem nennen Mama und Papa mich nämlich Knöpfchen. Den Namen mag ich viel lieber, weil was ein Knöpfchen ist, weiß ich nämlich. Das ist so ein kleines rundes Ding.

Aber soll ich dir was sagen? Das wird gar nicht für immer mein Name bleiben. Mama und Papa haben sich schon neue Namen für mich einfallen lassen. Darf ich dir aber nicht verraten. Das ist nämlich ein Geheimnis. *Also psssst...*

Ich muss gestehen, ich bin ein bisschen verwirrt wegen den Namen. Zellmümpelchen, Knöpfchen oder... oh je, jetzt wären sie mir beinahe rausgerutscht. *Hopplapla!* Da habe ich ja gerade noch mal Glück gehabt.

Ich habe insgesamt sehr viel Glück. Ich fühle mich nämlich mondschäfchenwohl in Mamas Bauch.

Leider geht es Mama gerade nicht so gut. Ihr ist ein bisschen schlecht. Und Papa kocht gerade... nun ja... wie soll ich sagen... ich hab Papa doch so lieb und er tut ja nur sein Bestes... aber Papa kocht gerade nicht mehr so gut. Die ganze Zeit gibt es nur noch Wassereis und Spinat... Ich hoffe, dass das wieder besser wird, vor allem mit Mamas Übelkeit.

04. Monat

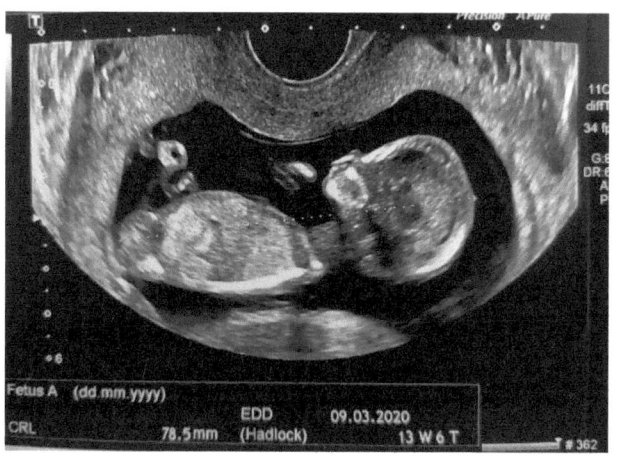

02. September 2019 – 14. SSW

- Papa -

Das erste große Screening stand vor der Tür. Natürlich war ich ganz ruhig und entspannt, während Kera vor Aufregung fast durchdrehte... *Was!?* Okay, es war genau umgekehrt...

Ich hatte mir zwar fest vorgenommen, locker zum Screening zu gehen, aber die Lockerheit verschwand, sobald wir uns auf den Weg über die kurvigen Straßen begaben, die Kera so viele Übelkeitsmomente bereitet hatten. Dieses Mal achtete ich nicht darauf, die Kurven zu streicheln. Jetzt könntest du denken, ich sei ein super asozialer Mann, aber da kann ich nur müde lächeln, denn... Trommelwirbel: Kera hatte tatsächlich ihre Übelkeit überwunden.

Verrückterweise konnte man fast die Uhr danach stellen. Nach dem ersten Trimester war die Übelkeit verschwunden, einfach so zack, weg... Riesige Erleichterung auf beiden Seiten.

Nur hatte jetzt ich ein flaues Gefühl im Magen vor lauter Angst. Seit Juli hatten wir keinen Frauenarzttermin mehr gehabt und das Zellklümpchen, das hoffentlich nun schon ein Minimenschlein war, konnte sich ja noch nicht bemerkbar machen... Hoffentlich stimmte alles mit ihm. Es würde doch alles gut mit ihm sein, oder?

Und so wurden die zwanzig Minuten Fahrt ganz schön herausfordernd für mich. Trotzdem versuchte ich, meine Gedanken nur bedingt mit Kera zu teilen.

Denn was ich jetzt überhaupt nicht wollte, war, ihr ein Gefühl von Angst und Unsicherheit zu vermitteln.

So locker ich das hier auch alles schreibe, war die Schwangerschaft doch nicht immer nur witzig und entspannt. Erst im Nachhinein kann ich über vieles lachen, was mich während der Schwangerschaft noch halb um den Verstand gebracht hat.

Das, was uns beide eigentlich so stark macht, war schon immer unsere Teamarbeit. Wir sprechen über alles und wir teilen alle Sorgen und Ängste miteinander, aber bisher war es eben immer nur um uns gegangen... Nun musste ich mir in der Schwangerschaft ganz genau überlegen, was ich sagen sollte und was nicht; einfach um keine schlafenden Drachen zu wecken.

Lange Rede kurzer Sinn: Ich machte mir fast in die Hosen, als wir im Behandlungszimmer der Frauenärztin saßen und sie Kera untersuchte. Und ja, es flossen wieder Tränen und wieder waren es Freudentränen, Tränen der Fassungslosigkeit, der Liebe.

Denn dieses kleine Wesen war mehr als nur lebendig, es hüpfte und sprang, drehte sich und schwamm durch das Fruchtwasser, als hätte es extra für uns eine elegante Choreografie eingeübt (*dieses Talent hatte es bestimmt von Kera geerbt*). Wie eine Kaulquappe schoss Knöpfchen so schnell umher, dass es für die Frauenärztin gar nicht leicht war, alles zu vermessen.

Unser Kind war laut der Ärztin wohl sehr vital. (*Ob es das wohl auch nach der Geburt sein würde? Wo*

87

wir doch so viel Ruhe brauchten. Mit Sicherheit würde es ein super entspanntes Kind sein; wahrscheinlich wie Kera, die als Säugling die Nächte schon durchgeschlafen hatte, beim Zahnen nicht geschrien hatte und überhaupt super pflegeleicht war. Da war ich mir zu 99 % sicher.)[29]

Aber schließlich durften wir mit einem wunderschönen Bild und ganz viel Liebe wieder gehen. Aber nicht nur mit Liebe und guter Laune, nein, auch mit der Vorfreude, nun endlich unser gut verwahrtes Geheimnis zu lüften. (*Hey, es war sehr wohl ein gut gehütetes Geheimnis! Nur drei Personen wurden eingeweiht. Und Geheimnisse sind geheim, wenn sie nur an maximal drei Personen weitergegeben werden. Dieses Gesetz habe ich aufgesetzt und ich bin gelernter Jurist und darf das also auch.*)

***

So raste die Woche dahin mit freudigen Nachrichten und allerlei Glückwünschen und hach... einfach wunderschönen Tagen. Kera ging es blendend, mir ging es blendend und bis auf die Aussicht, dass bald unser Urlaub vorüber war und im Oktober nicht nur eine große Tour durch NRW, sondern auch eine quer durch Baden-Württemberg anstand, hätte die Zeit nicht schöner sein können.

---

[29] *Papa*: Hach ja, dieses eine Prozent...

Aber eines kann ich dir sagen: Wenn du jemals auf die Idee kommen solltest, schwanger zu werden, dann gewöhne dich lieber gleich an ständige Ausnahmesituationen und Termine. Kaum hatten wir nämlich den Frauenarzttermin über die Bühne gebracht, stand nun auch endlich unser erster Hebammentermin an. Wieder waren wir aufgeregt. Aber dieses Mal vor allem, weil wir die Bewertungen der Hebammenpraxis im Internet gesehen hatten und die nun wahrlich nicht gut aussahen.

Ich nehme dies gleich vorweg, weil mir das echt mal ein Anliegen ist: Dieses Bewertungssystem im Internet kann man echt in die Tonne treten! Die Leute beschweren sich über Sachen, die häufig so wenig nachvollziehbar sind wie jemand, der Felsbrocken einen Berg hinaufschleppt, sie wieder hinabrollen lässt, um sie dann erneut hinauf zu schleppen, so wenig nachvollziehbar wie ein Ritter, der gegen Windmühlen kämpft und... Ich denke, du hast verstanden, was ich meine.

Jedenfalls kann ich euch sagen, dass wir die beste Hebamme der Welt bekommen haben! Wir wissen nicht, was wir ohne sie während Schwangerschaft, Geburt und Wochenbett gemacht hätten.

(Und noch so nebenbei, (ja, dieses Mal ist es zu Recht Schleichwerbung) die Hebammenpraxis in Rottenburg am Neckar ist sau cool und alle da drin ebenfalls und jeder, der was anderes sagt, ist doof. Nimm das! So. Und wenn wir gerade eh dabei sind, noch eine kleine Nachricht an unsere Hebamme: Tut

uns echt voll leid, dass wir dich jedes Mal mit unserem riesigen Katalog an Fragen bombardiert haben! Ich kann mir vorstellen, dass wir nicht gerade das einfachste Paar waren...)

Was das Thema ‚einfach‘ angeht, können wir gleich weitermachen.[30] Denn Kera hatte beschlossen, sich mit einer ehemaligen guten Freundin zu verabreden (*Betonung liegt auf ‚ehemalig‘*). Einiges in der Vergangenheit ist da schiefgelaufen[31] und hat schließlich zu einer Trennung mit vielen Tränen und langer Aufarbeitung geführt.

Und jetzt? Jetzt, wo wir eigentlich ausgemacht hatten, dass wir allem vermeidbaren Stress aus dem Weg gehen würden, wollte sie sich mit ihr treffen und womöglich frisch geheilte Wunden wieder aufreißen.

Ich machte mir wirklich große Sorgen. Denn nichts wäre jetzt ungeschickter, als die frisch erlangte Lebensfreude mit neuen Problemen zu dämpfen und ihre Schwere von früher wieder zurückzuholen und sie schön dem Ungeborenen aufs Brot zu schmieren.

Was? Natürlich habe ich das so nicht gesagt... Kera sollte treffen, wen immer sie treffen wollte. Sie war und ist ja nicht mein Eigentum, um Gottes Willen. Trotzdem fragte sie (*immerhin kennt sie mich besser*

---

[30] *Mama*: Also wenn das keine gekonnte Überleitung ist, dann weiß ich auch nicht. Da erblasst selbst Markus Lanz vor Neid.
(*Papa*: Ob er wohl auch Fußnoten unterbrechen kann?!)
[31] *Papa*: Und das ist ganz schön untertrieben!

als ich mich selbst), was ich von der Idee halten würde...

Und so entbrannte ein kleiner Streit, der dazu führte, dass ich mich entschuldigte und mich dafür schämte, ihr so unverblümt gesagt zu haben, was ich von der Sache hielt: nämlich nichts. Ich hatte ihre Freundin früher gemocht, aber nachdem, wie das alles gelaufen ist, war ich super enttäuscht von ihr gewesen. Denn wer meinen Schatz verletzt, ist für mich erstmal durch.

Wäre Kera nicht schwanger gewesen, hätte das wahrscheinlich auch kein so großes Problem für mich dargestellt. Nun musste ich mich eben damit abfinden, dass sie sich wieder auf etwas einließ, das ihr doch in der Vergangenheit geschadet hatte. Oder nicht?

Aber, lieber Robert, da hast du ganz schön danebengelegen. Denn (*große Erleichterung*) die beiden haben sich super verstanden, konnten sich aussprechen und sind mittlerweile wieder in gutem Kontakt, was mich ehrlich freut und riesig er-leichterte. Erst im Nachhinein habe ich gemerkt, dass ich viel zu schwarzweiß gedacht habe und Menschen sich nun mal doch ändern können. (*Tut mir leid, Freundin von Kera, ich habe dir großes Unrecht getan und schäme mich sehr dafür.*)

***

Mittlerweile hatten wir alles vorbereitet für die Geburt. Oder? Anträge waren soweit ausgefüllt, warteten nur noch auf Namen, Geburtstag und Geburtsurkunde, und Umstandsmode war einge-kauft. Bis auf die paar Dinge, die Knöpfchen noch brauchte, waren wir doch eigentlich fast fertig und das schon Mitte September. Mann, waren wir gut! (*Wenn ich mich da mal nicht getäuscht hätte...*).

Jetzt fehlte nur noch die Zusage vom Hebammen-kreißsaal und wir hätten alles Wichtige geschafft. Und wie könnte es bei unserer Glückssträhne anders sein, kam kurz darauf die Zusage per Telefon, dass wir im Dezember zum einstündigen Anamnesegespräch in die Klinik kommen sollten. Die Hebamme am Telefon war toll und bat uns, viele Fragen mitzubringen. Und sowas würden wir uns nicht zweimal sagen lassen. (*Hätte sie mal besser mit unserer Hebamme gesprochen, dann wäre sie vielleicht mit ihrem An-gebot etwas zurückhaltender gewesen. Bis Dezember würde ja noch einige Zeit vergehen, Zeit genug also für eine ganze Buch-Trilogie an Fragen.*)

Nun war also alles bestens und sie lebten glücklich und zufrieden bis an ihr Lebensende (*und noch darüber hinaus irgendwo anders*). Tschüss, war schön, dass du mitgelesen hast. So hätte die Geschichte vielleicht enden können.[32]

---

[32] *Mama*: Wäre doch ein recht schönes Ende gewesen. Muss ich mir für das nächste Buch merken.

Doch leider konnten auch wir nicht allem Stress ausweichen und es gab immerhin einige Entwicklungen in der Welt, die uns gar nicht gefielen. Sei es der besch...bescheidene Neoliberalismus, der den Egoismus der Menschen in unserem Land vorantreibt und unsere Werte über den Haufen wirft, oder auch (*und eigentlich hängt das ja alles miteinander zusammen*) das völlig enttäuschende Verhalten vieler Menschen gegenüber unserer Umwelt.

Ja, jetzt stöhnen sicher viele Leser*innen auf und das auch irgendwie zurecht. Mittlerweile redet jeder über die Umwelt und Klimaaktivisten werden nur noch belächelt. Nur leider wird zwar viel darüber geredet, aber nur wenig getan, sonst müsste auch niemand mehr mit dem Thema nerven. Dabei sollte man nie die Hand beißen, die einen füttert und was das Thema Umwelt betrifft, wird nicht nur gebissen. Aber gut, das ist ein anderes Thema...

Trotzdem führte uns genau das zum Großklimastreik am 20. September nach Tübingen, um dort mit all den Schülerinnen und Schülern für eine bessere Welt zu streiken. Tränen standen uns in den Augen, als wir die vielen motivierten Menschen sahen, die alle den Wunsch nach einer besseren Welt hatten und für eine nachhaltige Zukunft demonstrierten. Das machte uns Mut.

Nicht nur unser Knöpfchen streikte fleißig mit, sondern auch noch unsere Mütter, was echt cool war. Denn immerhin kämpften wir auch für unser eigenes

93

Kind und für das war uns kein Thema zu proble-
matisch und kein Stress zu stressig.

- Mama -

Wie von unserer chinesischen Ärztin prophezeit, ließ meine Übelkeit beinahe punktgenau mit dem Wechsel ins zweite Trimester nach. Schon in der 13. SSW war da nur noch ein flaues Gefühl im Magen, das mit jedem weiteren Tag mehr und mehr wich. Allmählich fühlte ich mich beinahe wieder wie ein Mensch.

Ich kann dir gar nicht sagen, wie erleichtert wir beide waren. Es war nur noch einen Monat hin bis zu unseren nächsten Vortragstouren. Außerdem wollten wir unbedingt wieder bei dem globalen Klimastreik in Tübingen mitlaufen. Nicht auszudenken, was wir hätten tun sollen, wenn die Übelkeit weiterhin so schlimm geblieben wäre.

Hätte mich die eiserne Müdigkeit, die bisher in der zweiten Reihe hinter der Übelkeit gestanden und sich nun ihren Platz in der Frontrow gesichert hatte, nicht so fest im Griff gehabt, ich hätte Luftsprünge gemacht. Natürlich nur im übertragenen Sinne, weil als Schwangere sollte man solcherlei Verausgabungen ja eher vermeiden (*bitte mit höchst trockenem Humor und ernstem Gesicht lesen, sonst funktioniert der Satz nicht richtig*). Aber selbst für mentale Luftsprünge war ich zu müde. Also besser mentale Lufthopser, so flach im Bett, am besten schlafend, ohne sich zu bewegen…

Auf den Tag des nächsten Frauenarzttermins fieberten wir besonders hin. Weil wir dann zum einen die kritischen drei Monate überstanden hätten und zum anderen das erste große Screening haben würden und somit die Gewissheit, dass es unserem Knöpfchen gut ginge. Dann konnte auch endlich das ganze Versteckspiel aufhören und wir durften unsere Schwangerschaft offiziell verkünden.

Während Knöpfchen beim letzten Besuch gerade so als kleines Zellklümpchen zu erkennen gewesen war, präsentierte es sich heute als Miniversion eines kleinen Menschchens. Quietschvergnügt hüpfte es einem Flummi gleich mit seinen geschätzten 7,85 cm in meiner Gebärmutter rum. Mir war es ein absolutes Rätsel wie man so viel Action im eigenen Körper gar nicht spüren konnte. Mein Herz wurde ganz groß bei diesem wunderschönen Anblick. Und Roberts verträntem Grinsen nach zu urteilen, war ich damit nicht allein.

Unserem Knöpfchen hätte es nicht besser gehen können. Es war alles da, wo es hingehörte. Und schon zu diesem Zeitpunkt deutete es sich an, dass wir ein recht großes Kind erwarten würden. Jetzt nicht ganz so überraschend, wo wir beide überdurchschnittlich groß waren und ich selbst mit 4,6 kg und 56 cm auf die Welt gekommen war. Es hätte mich deutlich mehr beunruhigt, wäre Knöpfchen eher unterdurchschnittlich klein gewesen.

Mit unserem honigkuchenpferdigem Grinsen saßen wir kurz danach im Auto und schauten uns verträumt das Ultraschallbild unseres kleinen Schatzes an. Noch nie hatte ich etwas so Magisches erlebt und noch nie hatte die Welt so ein süßes Stupsnäschen gesehen, da war ich mir ganz sicher.

Endlich konnten wir die Katze aus dem Sack lassen und unser Glück mit unseren Verwandten und Freunden teilen. Du kannst dir die Reaktionen wahrscheinlich vorstellen, nachdem Roberts Bruder die Geburt seines zweiten Kindes für den 16. Februar und Roberts Cousine die Geburt ihres ersten Kindes für den 24. März verkündet hatten. Und jetzt kamen auch noch wir mit dem 09. März um die Ecke. 2020 würde ein babyreiches Jahr werden; nicht zuletzt für Roberts Oma, die auf einen Schlag drei neue Urenkel bekommen würde.

Eine gute Woche nach dem Frauenarzttermin hatten wir dann auch unser erstes Treffen mit unserer möglichen Hebamme. Wir fühlten uns auf Anhieb wohl in der Praxis. Obwohl ich keinerlei Vorstellungen von Hebammen hatte, war ich doch irgendwie überrascht, wie jung die Frau war, die uns gegenübersaß.

„Wie geht es euch?", begrüßte sie uns.

Verunsicherter Blickwechsel mit Robert. Zum Glück, auch er war nicht auf diese Frage vorbereitet gewesen. Wie ging es uns? *Puhhh... Was für eine Frage!* Was sollte man darauf denn jetzt antworten? Ich kam mir vor wie bei einem Test in der Schule, auf den ich mich nicht vorbereitet hatte. Ich überlegte immer noch fieberhaft, da übernahm Robert, Gott sei Dank, das Reden für uns.

Er berichtete von den letzten Wochen, der Übelkeit und unserer Überforderung. Misstrauisch linste ich zu ihm rüber. Hatte er sich etwa ganz heimlich auf den ersten Termin vorbereitet, ohne mir etwas davon zu erzählen?

Steffi, so hieß die Hebamme ganz nebenbei[33], ging ruhig und einfühlsam auf seine Erzählung ein, bevor sie die nächste hammerharte Frage in den Raum warf: „Habt ihr denn irgendwelche Fragen an mich?"

Ach herrjemine! Ich stellte die Frage, die man stellt, wenn man sonst nicht weiß, was man fragen soll, aber auch nicht möchte, dass jemand merkt, dass man eigentlich gar nicht weiß, was man fragen soll: „Wie läuft das denn die nächsten Monate so ab?" *Gerade nochmal gutgegangen...*

Wir hätten die Möglichkeit, Teile der Vorsorgeuntersuchungen auch bei ihr zu machen statt beim Frauenarzt. Dabei bliebe uns überlassen, wie viele Untersuchungen wir bei der Ärztin und wie viele wir bei ihr machen wollen würden. Wir könnten beispielsweise ausschließlich die großen Screenings bei der Ärztin machen und den Rest bei ihr.

Warum musste das alles immer so kompliziert sein mit der Schwangerschaft? Keine Ahnung, wo wir das

---

[33] *Mama*: Anmerkung der Redaktion: ‚nebenbei' bezieht sich hier auf eine nebenher eingeworfene Bemerkung und nicht darauf, dass sie, also die Hebamme, eigentlich einen anderen Namen trägt und nur nebenbei Steffi heißt.
(*Mama*: Musste mir vorwerfen lassen, dass das überhaupt nicht lustig sei. Also ich find das ja mega lustig. Bitte Hände hoch, wer sich beim Lesen auch so vor Lachen kringelt wie ich!)

erste Mal davon gehört oder gelesen hatten, dass Ultraschalluntersuchungen für die Kleinen nicht übertrieben optimal waren. Die meisten Babys reagieren oft recht unruhig auf die Untersuchung. Außerdem heizen die Ultraschallwellen mit der Zeit wohl das Fruchtwasser auf.

Jetzt triff da mal als Laie die richtige Entscheidung. Selbstverständlich will man für sein Baby nur das Beste. Aber was genau ist denn nun das Beste? Laut Frauenärztin stand bei den Untersuchungen stets die Sicherheit des Ungeborenen im Vordergrund. Laut der Hebamme wäre diese Sicherheit aber nun mal keine absolute, weil es sich dabei ja immer nur um eine Momentaufnahme handelte, und die Untersuchungen durch eine Hebamme bedeuteten deutlich weniger Stress für das Kind.

Da schwankt man hin und her zwischen dem eigenen Sicherheitsbedürfnis und dem Bedürfnis, das Kind so natürlich wie möglich vor sich hinwachsen zu lassen ohne zu große Störungen durch offenbar unnötige Untersuchungen, und weiß doch nicht, was das Richtige ist. Vor allem wenn man zum ersten Mal Eltern wird und noch völlig ungelassen[34] mit allem ist. Aber wahrscheinlich ist das einfach das Los der

---

[34] *Mama*: Für alle, die sich beim Lesen über dieses Wort wundern: *Word* will mich schon die ganze Zeit einer mit penetranten roten Wellenlinie dazu zwingen, dieses Wort zu korrigieren, aber, pah, ich denke ja gar nicht daran! Ich benutze dieses Wort tatsächlich. Ist meine ganz eigene Eigenkreation, die lasse ich mir doch von niemandem verbieten! Nimm das, Bill Gates! Nimm das!

Erstgeborenen, als Versuchskaninchen für elterliche Entscheidungen herhalten zu müssen.

Letztendlich sahen wir uns zu diesem Zeitpunkt, neben all den anderen Entscheidungen, die man gefühlt täglich während einer Schwangerschaft zu treffen hat, nicht auch noch in der Lage dazu, die ärztliche Empfehlung zu hinterfragen und folgten dem Plan der Ärztin. Zumal wir in Rücksprache mit der Hebamme auch irgendwann an den Punkt kamen, dass Knöpfchen wohl keine bleibenden Schäden davontragen würde, wenn die Untersuchungen der größte Stress in einer ansonsten stressfreien Schwangerschaft waren.

Jeder, der schon mal schwanger war, weiß wovon wir sprechen. Man hat heute so viele Möglichkeiten der Informationsbeschaffung, dass man vor lauter Fruchtwasser die Gebärmutter nicht mehr sieht. Wo man auf der einen Seite viel von der leichten Zugänglichkeit zu Wissen profitiert, ist sie manches Mal eben auch eine echte Bürde.

Aus diesem Grund hatte ich mich auch bewusst dafür entschieden, mich von nur zwei Büchern durch die Schwangerschaft begleiten zu lassen. Während Robert auf die App *Schwangerschaft+* zurückgriff, haben mir vor allem die *Hebammensprechstunde* und *Auf die Welt gekommen: Die neuen Baby-Therapien* geholfen.

Wenn man in Deutschland schwanger ist, führt wahrscheinlich kein Weg an der *Hebammensprech-*

stunde vorbei. Vor allem hinsichtlich bestimmter Leiden, die man während Schwangerschaft, Geburt und Wochenbett hat, ist das Buch wirklich Gold wert.

Der wahre Augenöffner war für mich allerdings *Auf die Welt gekommen*. Vielleicht nicht unbedingt ein Buch für jeden, weil die Artikel teilweise schon sehr wissenschaftlich sind und die Ideen darin recht anders als das, was man sonst in der gängigen Literatur liest. Wer sich daran aber nicht stört, wird in dem Buch einen echten Schatz an alternativen Erkenntnissen entdecken.

Ich habe mir vor der Schwangerschaft nicht wirklich viele Gedanken darüber gemacht, wie Babys die Welt wahrnehmen. Noch weniger Gedanken habe ich mir darüber gemacht, wie Babys die Welt im Mutterleib wahrnehmen. Wenn man den Autoren in dem Buch Glauben schenken mag, nehmen Ungeborene so viel mehr wahr, als wir uns überhaupt nur vorstellen können. Dementsprechend werden sie so viel mehr von dem beeinflusst, was wir als Eltern, vor allem natürlich als Mütter, erleben und empfinden, aber vor allem auch wie wir mit unseren Kleinen umgehen.

Je mehr ich in dem Buch gelesen habe, umso enger ist unsere Bindung zu Knöpfchen geworden. Wir haben ständig mit ihm geredet, ihm alles, vor allem die unangenehmen Dinge des Lebens, erklärt und für es gesungen. Und, um ein bisschen zu teasern, wir sind mehr als nur einmal dafür belohnt worden. Aber dazu später ein bisschen mehr.

Wahrscheinlich hatte eben dieses Wissen dann auch einen Einfluss auf die ein oder andere Unstimmigkeiten zwischen Robert und mir. Weil wir beide nur das Beste für Knöpfchen wollten, wollten wir es so gut es ging vor unnötigem Stress beschützen. Nur waren wir uns nicht immer ganz einig darüber, was nun eigentlich unnötiger Stress war.

Im vergangenen halben Jahr hatte sich wieder ein sporadischer Kontakt zu einer alten Freundin eingestellt (*und alt bezieht sich nicht auf ihr Alter (außer vielleicht man findet 32 alt, was ich wiederum mehr als frech fände), sondern auf die Langjährigkeit unserer Freundschaft*), mit der es in der Vergangenheit zu gewissen Unstimmigkeiten gekommen war, die für beide Seiten wohl recht schmerzhaft waren. Zumindest mir hat es damals eine Ecke aus meinem Herzen gebrochen, als unsere Freundschaft an einen Punkt gekommen war, an dem es für den Moment nicht mehr weiterging.

Nun stand nach rund zwei Jahren ein erstes Aufeinandertreffen an, dem ich recht gelassen und unvoreingenommen, möglicherweise auch naiv entgegenblickt habe. Robert, der zu einem echten Löwen wird, wenn mir etwas oder jemand schadet, hatte damals so viele meiner unzähligen Tränen getrocknet und etliche Gespräche mit mir geführt, um den Scherbenhaufen wieder aufzukehren, dass er alles andere als begeistert von dem Treffen war.

Zu groß war seine Angst, dass mich das Treffen ähnlich wie damals aus der Bahn werfen könnte. Er fand, eine Schwangerschaft mit all ihren Herausforderungen und emotionalen Achterbahnfahrten sei nicht die richtige Zeit, um sich mit solchen zusätzlichen Lasten zu beschweren. Was, wenn ich dadurch wieder in ein emotionales Loch fallen würde, aus dem ich nicht mehr rausfand? Was, wenn ich dadurch vielleicht sogar wieder in alte Muster aus Zeiten meiner Essstörung rutschen würde?

Ich nahm seine Sorgen sehr ernst, weil ich mich selbst in der Lage nicht richtig einschätzen konnte. Trotzdem wussten wir beide, dass es letzten Endes meine Entscheidung sein musste.

Ich fuhr sie besuchen und wusste, dass ich mich richtig entschieden hatte. All der Ballast, der beim letzten Mal noch schwer gewogen hatte, all die Unsicherheit, die mich beim letzten Mal noch so klein gemacht hatte, und all die Selbstzweifel, die ich beim letzten Mal noch mit mir rumgetragen hatte, waren weg. Roberts Sorgen hatten sich zu unserer beiderseitigen Erleichterung als unbegründet erwiesen.

Kein emotionales Loch. Keine Fressanfälle. Keine negativen Gefühle. Ich spürte, dass ich meine Vergangenheit so weit hinter mir gelassen hatte, dass ich wirklich bereit dazu war, Mama zu werden.

Der vierte Monat neigte sich allmählich dem Ende zu, der globale Klimastreik, auf den uns, zu unserer großen Freude, unsere beiden Mütter begleiteten, rückte immer näher. Davor musste ich mich aber noch um zwei Sachen kümmern: einen sicheren Platz im Hebammenkreißsaal und Umstandsmode. Während mich der sichere Platz im Hebammen-kreißsaal nur einen Anruf kostete, brachte mich die Umstandsmode halb um den Verstand.

Zu meinen besten Zeiten als Shopaholic hätte ich vielleicht noch Freude daran gehabt, mir Umstands-mode auszusuchen, aber mittlerweile fand ich Shoppen einfach nur ätzend. Die einzigen Geschäfte, in denen ich wirklich Stunden verbringen kann, sind Buchhandlungen, Läden für Camping- und Outdoor-bedarf und alternativ aufgestellte Dekogeschäfte. Jetzt mussten es aber neue Klamotten sein.

Mit einer Größe von 1,87 m ist es eh schon nicht so einfach, Klamotten zu finden. Wenn man dann aber noch möchte, dass die Klamotten aus Naturfasern (*bevorzugt Bio*) sind, trotzdem den schmalen Geldbeutel nicht sprengen und am besten noch in Schwangerschaft und Stillzeit tragbar sind (*bevorzugt noch darüber hinaus*), dann wird aus shoppen eine wahre Mammutaufgabe.

Bedingt durch meine Größe kommen gebrauchte Sachen so gut wie nie Infrage. Weil mir Standard-größen meist nie passen, muss ich oft drei Größen anprobieren, in der Hoffnung, dass am Ende wenigstens eine davon halbwegs sitzt. Wenn ich also mal Klamotten kaufe, dann meist online, weil ich nur da eine so große Auswahl habe, dass auch ich etwas finde, das passt.

Ich weiß nicht, wie viele Stunden ich vor dem PC sitzen musste, bis ich endlich eine einigermaßen brauchbare Auswahl getroffen hatte. Das einzige, was noch frustrierender ist, als die ganzen Sachen im Internet zusammenzusuchen, ist wenn das Paket mit den Klamotten dann daheim ankommt. Meistens bin ich danach furchtbar deprimiert, weil ich mich wie ein völlig unförmiger Riese fühle, der in nichts reinpasst, weil alles irgendwie zu lang (*Arme, Beine und Oberkörper*) und auch oft zu breit (*Schultern, Brustkorb und Hüfte*) ist und insgesamt irgendwie immer an der falschen Stelle angewachsen zu sein scheint (*Taille*).

Ich werde nie den Moment vergessen, als ich für eine Hochzeit ein langes Kleid bestellt habe (*extra bei einem Geschäft für große Frauen*) und die Taille von dem Kleid so weit oben gesessen hat, dass meine ohnehin schon große Oberweite etwas von einem Atombusen hatte. Ich hatte mich so sehr auf das Kleid gefreut, dass ich zu Tode betrübt war, dass es mir in keiner der beiden Größen passte. Um mich aufzumuntern, zog kurzerhand Robert das Kleid an. Und kein Scherz, durch seine muskulöse schmale Statur sah das Kleid an ihm einfach besser aus als an mir (*vielleicht mal abgesehen von den Brusthaaren im Dekolleté*). Du kannst dir wahrscheinlich vorstellen, wie ich mich gefühlt habe...

Hätten meine Mutter und Robert mir bei der Umstandsmode nicht gut zugeredet und ich null Lust auf eine zweite Shopping-Runde gehabt, ich hätte wahrscheinlich fast alles wieder zurückgeschickt und von vorne anfangen müssen. Zumindest war ich jetzt gut genug ausgestattet, dass ich bei unseren kommenden Vortragstouren nicht im Kartoffelsack würde rumlaufen müssen. Und für meine Ansprüche hinsichtlich Klamotten kaufen lief das unter der Kategorie ‚echter Volltreffer‘.

- Knöpfchen -

Ohhhhh, ich bin so aufgeregt!!!! Mama ist nicht mehr schlecht und Papa kocht auch wieder viiiiiiiel besser.

Aber weißt du wahas!? Mama und Papa waren wieder bei der Frau, um auf das Dings zu schauen. Und soll ich dir was verraten? Sie waren ganz begeistert von meiner Cherogralie, die ich extra für sie eingeübt habe, richtig mit Purzelbäumen und Piuetten, das ganze Programm, das ich bei meiner Ausbildung gelernt habe.

Mama und Papa hat es SO gut gefallen, dass sie sogar Regen in den Augen hatten. Und als sie dann nach Hause gegangen sind, haben sie darüber gesprochen, was ich für ein süßes Näschen habe. Ich scheine wohl das süßeste Dupsnäschen der Welt zu haben, hat Mama gesagt. Mama und Papa waren so stolz auf mich, dass sie gleich allen Menschen, die sie kennen, von mir und meinem Dupsnäschen erzählt haben. Ich muss gestehen, da bin ich schon ein bisschen rot bei geworden...

05. Monat

20. September 2019 – 17. SSW

- Mama -

Nachdem unsere Schwangerschaft nicht länger ein Geheimnis war, konnte ich endlich die Gunst der Stunde nutzen und meine Schwägerin ordentlich über alles rund ums Baby ausfragen.[35] Während ihre Kleine gemeinsam mit Oma das halbe Wohnzimmer zerlegte, durchlöcherte ich Manu mit Zettel und Stift bewaffnet zu Dingen wie Kindersitz, Kinderwagen, Tragetücher, Stoffwindel und, und, und...

Ein paar Tage zuvor hatte ich damit begonnen, *Ecosia* nach Kindersitz und Kinderwagen zu befragen. Muss ich erwähnen, dass ich beinahe vom Stuhl gefallen wäre? Schadstofffreie Kinderwägen konnte sich wahrscheinlich gerade so ein Konzernvorstand leisten und selbst die schadstoffarmen kosteten gern um die 700€ aufwärts. Die Kindersitze konnten da je nach Modell ganz gut mithalten. Jetzt wusste ich auch, wofür die 1.200€ für die Erstausstattung da waren. Himmel, wie sollten wir uns das denn alles leisten? Da konnte man nur hoffen, dass wir so viele Dinge wie möglich gebraucht kriegen würden.

Meine Schwägerin gab mir den Hinweis, dass am nächsten Wochenende ein Babyflohmarkt bei uns im Ort stattfinden sollte. Ein Fünkchen Hoffnung glomm in mir auf, dass wir unser Kind doch nicht in der Einkaufstasche würden durch die Gegend tragen müssen. Als Manu dann aber davon zu berichten

---

[35] *Papa*: Böse Zungen würden gar von einem stundenlangen Verhör sprechen.

begann, was einen auf so einem Babyflohmarkt erwartete, verstand ich, warum man als Schwangere schon eine halbe Stunde eher Zugang zu den Hallen der Schnäppchen erhielt.

Sie hatte Babyflohmärkte erlebt, auf denen Frauen die Tische mit der begehrten Ware stürmten und sich gegenseitig wegboxten, um so viel wie möglich in ihren Besitz zu bringen. Nur um dann im Anschluss am Rand ihre Beute nach brauchbaren Dingen zu durchforsten und die unliebsamen Stücke wieder den weniger erfolgreichen Raubtieren in der Arena zum Fraß vorzuwerfen. Da soll mal noch jemand sagen, dass Football-Spieler hart im Nehmen wären. Die Frauen der Schöpfung machen das ganz ohne Schutzausrüstung.

Wäre ich nicht schwanger gewesen, ich hätte nicht gewusst, ob ich es gewagt hätte, einen Fuß auf das Flohmarkt-Gelände zu setzen. Robert und ich fuhren extra schon zehn Minuten vor Öffnung hin, um ganz in Ruhe einen Parkplatz zu finden. Als wir in den Vorraum des Flohmarkts kamen, sammelte sich allmählich eine Horde Schwangerer in Begleitung. Die Luft knisterte von aufgeregter Spannung. Das Pulverfass war kurz vorm Explodieren.

Im Flüsterton (*wir wollten ja nicht, dass der Feind mithörte*) legten Robert und ich uns einen Schlachtplan zurecht. Wir waren größer als alle Anwesenden. Robert würde die störenden Subjekte aus dem Weg tacklen, damit ich freie Bahn hätte, um an den richtig geilen Sch***ß zu kommen. Sobald ich die Bodys und Strampler in der Hand hielte, müsste ich nur meine Arme nach oben strecken, dann würde keiner mehr drankommen.

Naja, fast... Um genau zu sein, einigten wir uns darauf, dass, selbst wenn gleich das Chaos ausbrechen sollte und alle losstürmten, wir ganz in Ruhe die Stände abklappern würden, auch wenn die besten Sachen dann schon weg wären. Wir wollten uns auf gar keinen Fall stressen und lieber mit leeren Händen wieder nach Hause fahren, statt uns auf irgendwelche unnötigen Klamottenfights einzulassen.

Als die Türen dann tatsächlich aufgingen, stürmte nur eine der Anwesenden in die Flohmarkthalle. Die anderen gingen mehr oder weniger gesittet zu den Tischen. Eine ruhige halbe Stunde hatten wir Zeit, um uns ganz entspannt umzusehen, bevor dann die Tore für den Rest der Bevölkerung geöffnet wurden.

Wie Ameisen strömten die Kaufwütigen durch die Türen. Jetzt wurde uns wirklich ein bisschen unbehaglich zumute und wir entschieden uns dazu, das Weite zu suchen.

Auch wenn fast nichts von dem angeboten worden war, wonach wir eigentlich gesucht haben, haben wir für gerade mal 36 € zwei Winter- und zwei Sommerschlafsäcke sowie sechs oder sieben kurz- und langärmelige Bodys bekommen. Ein Kinderwagen für 36 € wäre uns zwar lieber gewesen, aber man muss sich ja auch an den kleinen Dingen des Lebens erfreuen können;)

Der nächste Frauenarzttermin stand vor der Tür und ich haderte immer noch mit der Dringlichkeit der häufigen Ultraschalluntersuchungen. Ich hatte mir fest vorgenommen, je nachdem, was sie heute bei der Untersuchung vorhatte, den Ultraschall ausfallen zu lassen. Doch bevor wir ins Behandlungszimmer durften, musste ich noch drei sehr unliebsame Prozeduren über mich ergehen lassen, von denen das in einen Becher urinieren, obwohl ich eigentlich gar nicht auf die Toilette musste, noch die angenehmste war.

Blut abnehmen mochte ich so schon nicht. Aber während der Schwangerschaft hatte meine Haut, dank der Hormone, wie man mir erklärte, die unpraktische Eigenschaft angenommen, besonders empfindlich zu sein. Nicht nur der Stich tat weh. Ich fühlte die Nadel in meinem Arm und konnte sogar spüren, wie sie mir wieder aus der Haut gezogen wurde. *Pfui, bah...*

Die dritte Quälerei war der Gang auf die Waage, woran ich mich immer noch nicht recht gewöhnt hatte. Nervös stieg ich auf das Teufelsgerät, sah den Zahlen beim Sortieren zu, bis: 97,8 kg. Wo ich im dritten Monat trotz schlechter Ernährung wegen meiner Übelkeit nur ein Kilo zugenommen hatte, waren es vergangenen Monat trotz gesunder, ausgewogener Ernährung gleich zwei gewesen. Was machte das denn bitte für einen Sinn? Leicht geknickt schlurfte ich ins Behandlungszimmer.

Aus lauter Verunsicherung fragte ich die Ärztin, wie viel Gewichtszunahme denn normal wäre. Vor dem siebten Monat sei jedes Kilo mehr ein unnötiges Kilo, bekam ich zur Antwort.[36] *Na, ganz große Klasse!* Jetzt fühlte ich mich gleich viel besser. Mir kam in den Kopf, dass meine Mutter während ihrer Schwangerschaft ganze 30 kg zugenommen hatte. Ich war mir sicher, dass mir dasselbe Schicksal blühen würde. (*Robert versicherte mir später, dass ein bis zwei Kilo Gewichtszunahme pro Monat laut seiner App völlig normal und gesund waren, und ich mir doch bitte deswegen keine Sorgen zu machen brauchte.*)

Als ich die Ärztin dann auf die Ultraschalluntersuchung ansprach, erklärte sie, dass sie heute vorhatte, die Knochen unseres kleinen Schatzes zu kontrollieren. Das erschien mir wichtig genug, um den Ultraschalltest durchführen zu lassen. (*Ich hatte zu diesem Zeitpunkt auch nicht ahnen können, dass sie das beim nächsten großen Screening ohnehin machen würde.*)

Ob wir denn das Geschlecht des Babys wissen wollten, fragte sie, während ich mich auf den Stuhl hochwuchtete. Ursprünglich hätten wir das Geschlecht durchaus wissen wollen. Aber da wir uns sicher waren, das Geheiminis in der Villa Kunterbunt

---

[36] *Papa*: Manchmal hatte auch der goldene Drache der Weisheit einen Rückfall...

nicht wahren zu können, wollten wir es lieber nicht wissen.

Außerdem konnte man das Geschlecht vor der Geburt nur durch Bluttests wie den *Harmony Prenatal Test* zum Ausschluss von Down-Syndrom, der für uns nie in Frage gekommen war, mit einer 99,99%igen Genauigkeit bestimmen. Auf Grundlage unseres neu angelesenen Wissens über Babys im Mutterleib wollten wir einfach vermeiden, die ganze Schwangerschaft über mit einem Horst zu sprechen und nachher doch eine Helga zu bekommen.

Also, nein, wir wollten das Geschlecht unseres Babys vor der Geburt nicht wissen. Unser Knöpfchen sollte bis zur Geburt auch unser Knöpfchen bleiben.

***

Diesen Monat stand unsere erste Vortragstour an und das auch noch in NRW. Ganze sieben Termine (*zwei Workshops an einer Schule, ein Fernsehdreh mit dem 'WDR' und vier Kinoveranstaltungen zum Welt-mädchentag*) hatten wir zu absolvieren plus An- und Abfahrt. Schon unter normalen Umständen kein ganz einfaches Programm. Aber als Schwangere? Mit einem ordentlichen Maß an Nervosität blickten wir der Tour entgegen.

Während die Workshops für uns zum normalen Wahnsinn dazugehören, war ich vor allem wegen der Kinoveranstaltungen aufgeregt. Ich wusste ja nicht so recht, was mich erwartete. Klar, mir war bewusst, dass ich mit den anwesenden Mädchen und Frauen den Film *Embrace* anschauen würde, aber das Rahmenprogramm organisierten alle Städte anders.

Glücklicherweise liefen die Veranstaltungen bis auf ein paar kleinere Zwischenfälle reibungslos ab. Eigentlich war es den Veranstaltern ja darum gegangen, die jungen Frauen zum Weltmädchentag in ihrem Selbstbewusstsein zu stärken und ihnen die Möglichkeit zu bieten, einem ehemaligen Model mit überwundener Essstörung Fragen zum Thema Selbstwert zu stellen.

Doch direkt die erste Veranstaltung artete in einer ‚Wie ist es bei *Germany's Next Topmodel* so?'-Fragerunde aus. Ich wusste nicht, ob ich in diesem Moment lachen oder weinen sollte. Da schafft man durch eine glückliche Fügung des Schicksals trotz psychischer Erkrankung seinen Abschluss an der Universität, überwindet sogar die Essstörung komplett und alles, was die Mädchen interessiert, ist, ob Heidi Klum in echt genauso toll wie im Fernsehen ist. *Joar, Thema leider leicht verfehlt...*

Bei einer weiteren Veranstaltung hatten die Verantwortlichen für das Gespräch im Anschluss an den Film nichts organisiert, sondern hatten sich von mir gewünscht, dass ich die Moderation übernehmen sollte. An für sich kein Problem. Nur hätte es geholfen, wenn ich das auch gewusst hätte – also im Vorfeld, irgendwann habe ich es ja auch erfahren. Denn am Ende des Films übergab mir die Organisatorin vor versammelter Mannschaft die

Moderation. (*Was hätte ich gern mein Gesicht in diesem Moment gesehen.*) Ich wusste nicht, ob ich lachen oder weinen oder lieber doch direkt den Saal verlassen sollte. (*Improvisation ist alles...*)

Weil es zwischen den Veranstaltern und der Schule leider auch ein Missverständnis wegen der Terminabsprache gegeben hatte, verließen drei Viertel aller Mädchen den Kinosaal während wir noch mitten im Gespräch waren, weil sie ihren Bus erreichen mussten. Falls ich es noch nicht erwähnt habe: Improvisation ist alles...

Insgesamt waren die Veranstaltungen zwar anstrengend, aber wirklich auch sehr schön gewesen. Die Schwangerschaftshormone hatten jedenfalls dafür gesorgt, dass ich die Woche am Ende besser wegsteckte als Robert. Trotzdem war ich nicht weniger froh, als wir samstags wieder unsere Koffer packen und nach Hause fahren durften.

***

Unser wahrscheinlich größtes Highlight sollte in diesem Monat allerdings der erste eindeutige Kontakt mit Knöpfchen sein. Während wir in den Wochen zuvor schon fleißig mit Knöpfchen gesprochen hatten, blieb es auf der anderen Seite bisher noch sehr ruhig.

Um genauer zu sein, spürten wir zwar bestimmte Regungen in meinem Bauch, konnten sie aber nicht genau zuordnen. Immer wieder hatte ich etwas gespürt wie das Flattern von Schmetterlingsflügeln, konnte aber so gar nicht sagen, ob es wirklich Knöpfchen war, mein Darm oder doch nur meine Fantasie.

Aber ganz, als hätte Knöpfchen seinen Wecker gestellt, meldete es sich mit Beginn der 20. SSW zu Wort. Noch am Morgen hatte Robert einen Artikel aus seiner App vorgelesen, in dem es hieß, dass die meisten Erstgebärenden ihr Baby ab der 20. Woche spürten.

Und jetzt saßen wir nachmittags im Büro bei der Arbeit, als urplötzlich eine kleine Party in meinem Bauch in einer solchen Intensität losging, dass keine Zweifel mehr daran bestanden, dass Knöpfchen ab jetzt einen Stupser mitzureden hatte.

- Papa -

Als ich noch klein war, sind wir manchmal mit all unserem Hab und Gut, das wir nicht mehr ganz so gut fanden, bewaffnet mit Tisch und Stuhl auf die Straße gegangen und haben unseren eigenen kleinen Flohmarkt aufgebaut. Schon damals war das Event selbst aufregender als das, was man dabei verdiente. Meist brachte unser selbst organisierter Kinder-flohmarkt nicht einmal genug Geld ein, um beim nächsten Kiosk voller Stolz ein LTB[37] zu kaufen, vor allem nicht, wenn gerade wieder die *Sauren Zungen* im Angebot waren.

(*Kennst du die Teile noch? Man bekommt nicht genug davon, bis man irgendwann einen offenen Gaumen hat und erstmal gefühlt für 'ne Woche nichts mehr schmeckt. Hach die 90er waren einfach schön...*)

Was das alles mit der Schwangerschaft zu tun hat? Pass auf! Für uns war klar, dass wir weder das Geld dazu hatten noch die Haltung vertraten, alle Klamotten neu zu kaufen. Für die kurze Zeit, die Knöpfchen die Sachen tragen würde, wäre das erstens herausgeschmissenes Geld und zweitens auch über-haupt nicht nachhaltig. Und drittens sind gebrauchte Sachen schon so häufig gewaschen worden, dass sie die meisten der Schadstoffe von der Produktion

---

[37] *Mama*: Für alle, denen es genauso geht wie mir und die keine Ahnung haben, was ein *LTB* ist, habe ich mich mal schlau gemacht. Ein *LTB* ist ein *Lustiges Taschenbuch*. Gern geschehen!

bereits verloren haben. (*Boah, sind wir anstrengend. Ich weiß!*)

Aber genau hier kommen Flohmärkte ins Spiel, sogenannte Babyflohmärkte. vielleicht warst du schon selbst auf so einem Markt. Dann wirst du entweder in helle Begeisterung geraten und wie in der alten *Celebrations*-Werbung durch die Bude hampeln oder aber bleich werden und davonrennen.

Ich gehöre definitiv zur letzteren Gruppe. An für sich sind solche Flohmärkte 'ne tolle Sache und Schwangere dürfen auch noch 'ne halbe Stunde früher rein. Also alles bestens, oder? Denkste!

Denn als wir ankamen, standen dort schon zukünftige Mütter und Väter bewaffnet mit Einkaufstaschen, aber nicht nur einer. Nein, gefühlt hatte jede(r) zehn Taschen und einen Wanderrucksack mit 160 l Füllmenge dabei. Wir kamen uns jetzt schon ziemlich unvorbereitet vor mit unserem Täschchen.

Ich fühlte mich wie der lonesome Cowboy, der um kurz vor zwölf Uhr den Saloon betritt. Hinter ihm sieht man noch die Dinger, die da immer über die Straßen geweht werden. (*Wie heißen die eigentlich? Die Antwort gern per PN an uns*). Mr. lonesome Cowboy betritt also den Saloon, der Pianist unterbricht sein fröhliches Lied, die Tänzerinnen verschwinden hinter dem Vorhang und der Barkeeper bringt seinen an der Wand befestigten Spiegel in Sicherheit. Böse und drohende Blicke durchlöchern den Cowboy, bevor er zum Duell herausgefordert wird. Behalte dieses Bild bitte im Kopf!

So in etwa erging es uns, als die anderen Eltern uns musterten. Wir sahen uns an und fühlten uns schon jetzt völlig fehl am Platz. Als dann eine Aufseherin den Eintritt für die Schwangeren eröffnete, ging es zu wie bei *Tabaluga Tivi*, als die Gewinner im *Toys "R" Us* mit den Einkaufswägen alles einpacken durften, was sie in der Zeit nur finden konnten. (*Kennst du das noch? Boah, ich hätte meine ganze LTB-Sammlung damals dafür gegeben und die Diddlblöcke und Pokemonkarten noch obendrauf, wenn ich da einmal hätte mitmachen dürfen.*)

Während also alle sich auf die Kinderwägen und Maxi–Cosis (*seeehr begehrt*) stürzten, schlenderten wir in aller Ruhe zu den Dingen, die wir im Kopf hatten. Schnell merkten wir, dass niemand darauf achtete, aus welchem Stoff die Klamotten waren, sondern ausschließlich darauf, ob sie besonders süß und knuffig aussahen. Zum Glück waren genau diese Waren meist aus Polyester und nicht aus Baumwollen. *Yeey!* Alles also gut soweit.

Aber als dann die Türen für den Rest vom Fest aufgingen, hatten wir genug und kämpften uns durch die zweite Welle an Wühlmäusen durch, um endlich aus der stickigen Turnhalle zu kommen. Wir hatten die meisten Sachen, die wir kaufen wollten, tatsächlich ergattert. Trotzdem waren wir mehr als froh, dass wir alle weiteren Klamotten und Dinge gebraucht von Freunden oder über andere Quellen bekamen und nicht noch einmal auf so einen Flohmarkt mussten. *Puuuh[38]...*

***

Kaum war der Alltag wieder eingekehrt, stand uns auch schon die erste Vortragswoche bevor. Es ging nach NRW für vier Workshops an einer Schule. Wir verbanden den Aufenthalt mit einem weiteren Projekt. Am 11.Oktober war der Weltmädchentag und den wollten wir natürlich gebührend mit den Gleichstellungsbeauftragten von Dortmund, Bochum, Essen und Witten feiern.

Selbstverständlich war ich hier nur für das Management von Kera zuständig. Den Hauptpart übernahm Kera selbst in einer Talkrunde zu Schönheitsidealen, den Einfluss der Medien auf Mädchen und wie sie lernten, sich selbst mehr wert-zuschätzen.

Auch der *WDR* nutzte unseren Aufenthalt, um einmal mehr mit Kera für ein Format zu drehen. Also du merkst schon: volles Programm. Und so sehr wir uns auf die Tour gefreut hatten, so anstrengend war sie doch. Kaum Zeit im Hotel, ständig von a nach b, viel Zeit im Auto, kurze ungesunde Zwischensnacks an Raststätten und Supermärkten und sehr wenig Schlaf. (*Also damals kam es mir noch vor, als wäre es wenig Schlaf gewesen. Seit ich Achtung Spoileralarm!*) *ein*

---

[38] *Mama*: Ich war's nicht

Kind habe, weiß ich, dass es echter Luxus war, so viel Schlaf zu bekommen.)

Immer wieder kommen wir uns in der Präventionsarbeit vor, als wären wir nur der Tropfen auf den heißen Stein. Doch meist kommt genau in solchen Phasen ein Erlebnis, das uns eines Besseren belehrt. Und so war auch diese Tour ein Erlebnis mit vielen ,Wow'-Momenten, die uns die Herzen groß machten und wieder neuen Mut gaben, weiter dranzubleiben. Das lag nicht nur an den Mädchen und Jungen in den Workshops, sondern vor allem auch an den super lieben Gleichstellungsbeauftragten.

Aber bevor von so viel Honig ums Maul schmieren noch der erste Bär die Tatze schwingt, kommen wir lieber zum größten und tollsten Ereignis im Oktober: unserer 20. Schwangerschaftswoche. Wir waren also wieder zu Hause angekommen und bereiteten schon die nächste Oktobertour vor (*dieses Mal in Baden-Württemberg*), als Kera einen unverständlichen Laut von sich gab.

Als ich sie ansah, rieb sie ihren Bauch: „Ich glaube, da drin hat sich was bewegt. Oh, schon wieder!"

Und dann ging Knöpfchens erste Party los. Auch wenn wir uns nicht sicher waren, ob es wirklich Knöpfchen war,[39] hätte ich mir einen so lebhaften

---

[39] *Mama*: Fake News! Halte das für ein absolutes Gerücht! Ey, wir waren uns zu dem Zeitpunkt sowas von sicher, dass es Knöpfchen war, das da rumtobte. Das mit der Unsicherheit war doch davor. Aber was soll ich sagen, ist halt nichts, wenn man alt wird...

Bauch ansonsten nur bei einer Magenverstimmung vorstellen können. Selbst ich spürte etwas, das sich echt ungesund angefühlt hätte, wäre es nicht das Baby gewesen…

Ich war sowas von begeistert. Wir standen um den Bauch (*also genaugenommen ja nur ich*) und bejubelten, beklatschten und feuerten Knöpfchen an, als wäre es der *VfB* (N*o hate!*), nein, das reichte nicht, als wäre es die heilige Sandale selbst.

Aber nicht nur Knöpfchen sorgte ständig für neue Aufregung, sondern auch unser Geldbeutel. Der war neuerdings auf Diät und das leider sehr erfolgreich (*von wegen JOJO-Effekt!*). Auch die Check- und To-do-Listen hielten uns in Atem, denn immer wieder kamen, wie auf magische Weise, neue Punkte dazu.

Diese beständigen Neuerungen brachten ein latentes Chaos in unseren nicht ganz so alltäglichen Alltagswahnsinn. Aber der echte Wahnsinn würde wohl erst noch beginnen. (*Mann, bin ich gut im Cliffhangern!*)

(*Papa*: …, sagte sie und rückte sich die Dritten zurecht.)

- Knöpfchen -

Es ist wieder etwas ganz arg Tolles passiert, kann ich dir sagen. Schon seit Tag eins versuche ich nun, Mama und Papa zu sagen, wie doll ich sie lieb hab. Am Anfang war das noch viel schwerer, da hatte ich ja noch keine Hände und Füße. Aber ich kann dir sagen, seit meine Hände und Füße da sind, stupse ich so doll ich kann. Leider hat das nie so richtig klappen wollen. Donnernder Wolkenpups... Tschuldigung, das wollte ich nicht. Da sind wohl die kleinen Engel mit mir durchgegangen. Kann aber auch frustrierend sein, wenn man so doll stupst, dass man schon ganz aus der Puste ist und niemand bemerkt einen.

Aber weißt du was!? Meine Bemühungen haben sich endlich bezahlt gemacht. Da stupse ich so vor mich hin, ganze vier oder fünf Mal, und auf einmal hat Mama auf meine Klopfgeräusche reagiert! Sie hat ganz aufgeregt nach Papa gerufen. Ich dachte, ich spür nicht richtig. Hätte mich fast am Fruchtwasser verschluckt vor lauter Aufregung. Papa hat dann wie ein Verrückter gejubelt, dass mir meine kleinen Öhrchen geklingelt hätten, wenn ich denn schon hätte hören können.

Mama hat mir dann ganz liebevoll übers Köpfchen gestreichelt. Das war sooooo schön....

06. Monat

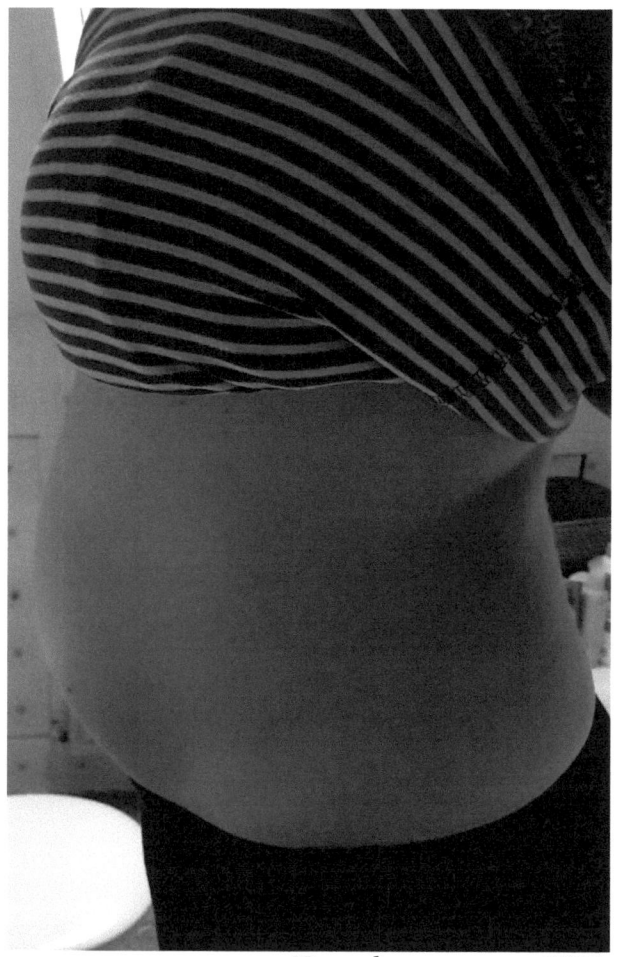

17. November 2019 – 24. SSW

- Papa -

Ich weiß nicht, wie das bei dir ist, aber ich bin ja so 'n richtiger Belohnungstyp. Sprich: Wenn ich 'ne super anstrengende, aber erfolgreiche Woche hatte, dann werde ich schon mal zum Gönnungs-Gustav und belohne mich für all den Stress. Und nach der BW-Tour im Oktober, die zwar fast durchweg super war, gab es doch auch einiges an Anstrengung zu belohnen.

Ja, mit den Jungs zu arbeiten macht riesig Spaß, aber trotzdem gibt es immer wieder einmal Klassen, die sind dann doch weniger cool...

Ich weiß noch, wie ich damals die heile Welt bei den Mädchenvorträgen genossen habe, als ich noch ausschließlich Keras Manager war. So naiv wie ich war, dachte ich: „Hach, das ist ja super harmonisch alles!" Ich hatte mir vorgestellt, dass es bei den Jungs genauso sein würde. Mann, was habe ich mich da getäuscht.

Klar, mit den Jungs ist es auch toll, aber eben deutlich lauter, deutlich rauer und auch deutlich anstrengender. Bei den Jungen werden sensible Themen angesprochen, die nun mal noch nicht so stark in der Gesellschaft diskutiert werden wie bei den Mädchen. Dementsprechend stößt man immer wieder auch auf größeren Widerstand.

Da ich nun aber keinen Vortrag über meine Vorträge halten möchte... In der zweiten Oktoberwoche gab es eine besonders schwierige Gruppe. Warum auch immer sie so furchtbar anstrengend gewesen war, ich fand, dass ich mir danach mal was gönnen durfte. Also warum nicht mit einem guten Freund und meinem Bruder ins Kino gehen?

Warum nicht mit Kera, fragst du entsetzt. Guter Punkt! Wir wollten die *Joker*-Verfilmung sehen (*übrigens ein Meisterwerk, wenn man mich fragt*) und da wir fest davon überzeugt waren, dass Gefühle und Geräusche beim Ungeborenen ankamen, wollten wir Knöpfchen nicht so einem Film aussetzen.

Jetzt war das eigentlich 'ne runde Sache, sich mit der Gäng treffen und 'ne gute Zeit haben, aber dieses Mal musste ich ständig an Kera und Knöpfchen denken. Ob es den beiden wohl gut ging? Ich hatte fast das Gefühl, die beiden im Stich zu lassen. Was, wenn etwas passieren würde und ich war nicht da? Ich saß im Kino, futterte Popcorn und amüsierte mich, während womöglich zu Hause etwas nicht stimmte, Kera mit dem Krankenwagen geholt würde und ich nicht bei ihr wäre.

Aber der Film war so krass, dass er mich meiner Sorgen entledigte und ich in die düstere Welt *Gothams* abtauchte.

Warum ich das alles nun erzähle? Wegen diesem Beschützerinstinkt, der plötzlich da war und fast schon krankhaft klettig wurde. Aber noch wegen etwas anderem, das mir (*wer hätte es gedacht*) einmal mehr die Tränen in die Augen trieb.

HALT! Mach dir keine Sorgen! Kein Krankenwagen stand in der Einfahrt und auch kein Verbrecher musste meinen linken Haken kennenlernen. Ganz im Gegenteil, es waren Glückstränen.

Denn als ich nach Hause kam und die wartende Kera begrüßte, spielte Knöpfchen so stark Schlagzeug, dass selbst John Bonham vor Blass erneiden[40] würde.

Und genau deshalb, liebe angehende Väter, habe ich einen riesengroßen Ratschlag für euch: Sprecht mit eurem Ungeborenen, jeden Tag, macht Unsinn mit ihm und schmotzt den Bauch eurer besseren Hälfte mit Schwangerschaftsöl ein! Dehnungsstreifen hin oder her, eines bewirkt all das auf jeden Fall: eine Bindung zu eurem Ungeborenen aufzubauen, die viele Vätern später so schmerzlich vermissen.

Ich hätte es nie für möglich gehalten, aber Knöpfchen fing immer häufiger an, auch auf meine Stimme und Berührungen zu reagieren. Nach dem Kino von Knöpfchen begrüßt zu werden, war für mich einer der magischsten und schönsten Momente meines Lebens. Wirklich, so etwas ist nicht in Worte zu fassen.

Und seit die Kindsbewegungen immer gehäufter auftraten, bekam ich auch größere Sicherheit, dass wohl alles gut mit unserem Kleinen sein musste. Dafür war ich nervöser, wenn es an manchen Tagen ruhiger war, ja, sich manchmal sogar fast gar nicht bemerkbar machte.

---

[40] *Papa*: Wie lange habe ich im Nachhinein an diesem Satz gesessen, gewusst, dass etwas nicht stimmt, es aber nicht erkannt... Meine Finger kribbeln, aber ich darf's nicht korrigieren ☹

Unsere Hebamme, die wir wieder einmal mehr mit unseren Fragen löcherten wie einen Käse und die unseretwegen wieder einmal mehr die Stunde überziehen musste (*sorry!!!*), beruhigte uns. Wenn das Ungeborene sich in einer Wachstumsphase befand, wurde es tendenziell ruhiger.

Verständlich, wenn da ständig was Neues ausgebacken wird, ist das ja auch ziemlich anstrengend. (*Ich kann mich noch gut an meine Wachstumsschmerzen in der Jugend erinnern. Wie das dann wohl erst für so ein Ungeborenes sein muss? Armes Würmchen...*) Wir sollten die Bewegungen also einfach im Blick behalten und so lang es nicht über lange Zeiträume ungewohnt ruhig wäre, bräuchten wir auch noch keinen Alarm zu schlagen.

Aber was ich noch viel verrückter fand (*glaub es oder nicht*), jedes Mal, wenn sich einer von uns Sorgen machte, die Hand auf den Bauch legte und Knöpfchen fragte, ob alles in Ordnung sei und ob es sich nicht kurz mal bemerkbar machen könnte, kam ein Stupsen; ganz egal ob es gerade geschlafen hatte oder nicht. Auch als Kera das erste Mal weinte, stupste Knöpfchen an, nur ganz vorsichtig, als wollte es nachfragen, ob alles gut sei.

Ein echtes Wunder, wenn man mich fragt. Aber für mich traten in dieser Zeit sowieso fast jeden Tag neue Wunder auf.

So auch beim zweiten großen Screening, bei dem die Organe und das Gehirn auf Funktion und

Gesundheit gecheckt wurden. Gott sei Dank, war alles gut. Diese ganzen winzigen Dinger zu sehen, war schon echt beeindruckend. Und langsam hatte unser Knöpfchen auch nicht mehr viel Platz zum Herumspringen.

Bei diesem Screening bekamen wir auch mit, was für große Füßchen das kleine Mäuschen schon hatte. Insgesamt war es, der Ärztin zufolge, doch recht groß und würde nach aktueller Prognose wohl auch ein überdurchschnittlich großes Baby werden. (*Wer hätte das gedacht bei einer Mutter mit 1,87 m?*)

Leider hatten wir kaum Zeit, all die Wunder auf uns wirken zu lassen. Denn mit November kamen die Sondertouren, die wir geplant hatten, um uns einen finanziellen Puffer bis zum Geburtstermin zu verschaffen.

Warum Kera nicht in den Mutterschutz ging? Das wäre doch tatsächlich eine berechtigte Frage, oder nicht? Dachten wir auch. Aber der liebe Staat hat bei Selbständigen die Ansicht, dass sie bis zum Kreißsaal durcharbeiten können…

Dementsprechend machten wir Doppelschichten, um genügend Geld anzuhäufen. Denn wenn wir eines in der Schwangerschaft vermeiden wollten, dann was? Genau! Stress und Sorgen!

Stress war zwar mit den vielen Vorträgen kaum vermeidbar, aber da Kera mittlerweile ein Bilderbuchtrimester durchlebte, war das alles kein Problem. Was uns viel mehr Sorgen bereitete, war die

Grippeimpfung. Nachdem wir uns ein bisschen informiert hatten, kam die für uns eigentlich nicht in Frage. Was dem Ungeborenen dabei alles passieren konnte (*durch Fieber usw.*) war uns zu riskant.

Aber was, wenn wir uns bei diesen Menschenmassen in den Schulen eben doch 'ne Grippe fingen? Immerhin reichte es schon aus, dass ich eine bekam, denn dann würde Kera sie mit Sicherheit auch bekommen.

Da war guter Rat teuer. Wir ließen die letzten fünf Jahre unserer Selbständigkeit Revue passieren. Einerseits sind wir trotz Noro-Virus in manchen Schulen gesund geblieben, haben keinerlei Grippe bekommen und sind auch sonst selten krank geworden. Auf der anderen Seite hatte eine Schwangere ein deutlich schwächeres Immunsystem.

Also wogen wir ab, bis uns wir schließlich dazu entschieden, die Grippeimpfung trotz allem nicht zu machen und lieber bei dem kleinsten Anzeichen von Fieber ins Krankenhaus zu fahren. Glücklicherweise haben wir uns beide nicht einmal einen starken Infekt geholt im ganzen Winter.[41]

Du merkst also, plötzlich wird man mit Dingen konfrontiert, die einem Entscheidungen abverlangen, die echt nicht einfach zu treffen sind. Mir fällt es deutlich leichter, einen Fehler auszubaden, den ich

---

[41] *Papa*: Aber ich möchte hier nochmal betonen, dass dies auch völlig anders hätte ausgehen können und wir absolut keine Impfgegner sind. Das muss einfach jeder für sich abwägen. Beides kann ganz schön nach hinten losgehen.

mir selbst eingebrockt habe. Aber dass womöglich unserem Schützling*linchen wegen unserer Entscheidung etwas passieren konnte, zeigte einmal mehr, wie schwer es manchmal war, (werdende) Eltern zu sein.

Zum Glück hielten uns die Touren und meine erste digitale Leserunde bei *Lovelybooks* so auf Trab, dass kaum Zeit für Sorgen blieb. Ich kannte Lesezirkel bisher immer nur analog und halte sie auch heute noch für deutlich schöner und spannender, aber im Zeitalter der Digitalisierung gehören digitale Lesezirkel eben dazu. (*Ich bin wirklich noch nicht sechzig, Indianerehrenwort – du weißt ja...*).

Da wir beide uns aus den sozialen Medien fast vollständig zurückgezogen haben (*Ich weiß, voll der Steinzeit-Schorsch, aber stolz drauf*), war *Lovelybooks* für mich eine der wenigen vertretbaren Möglichkeiten, mein Buch digital zu vermarkten. Natürlich wollten wir das dann auch nicht nur so läppisch dahinschmieren und machten uns viele Gedanken über das, was die potenziellen Leser*innen während des Zirkels schreiben oder worauf sie achten sollten.

Dementsprechend war noch weniger Zeit für irgendetwas anderes. Also fix und fertig die Ausschreibung und Aufgaben verfasst und gehofft, dass sich überhaupt jemand darauf bewerben würde...

Sechs Hotels, elf Städte und 23 Vorträge – das alles in nur zwei Vortragswochen. In keinem Monat hatten wir so viele Termine wie im sechsten. Auch wenn die Woche in NRW kräftemäßig gut gelaufen war, hatte ich ordentlich Respekt davor, in der zweiten Vortragswoche im November acht Vorträge an fünf Tagen zu halten; von der vielen Fahrerei zwischen den einzelnen Terminen mal ganz zu schweigen.

Kleine Kostprobe gefälligst? Montagmorgen: Stuttgart, Montagabend: Lorch, Dienstagmorgen: Lorch, Dienstagabend: Dußlingen, Mittwochmorgen: Winnenden, Donnerstagmorgen: Neckartenzlingen, Donnerstagabend: Gaienhofen und zu guter Letzt Freitagvormittag: Biberach. Schwirrt dir der Kopf? Mir auch! Die Welttournee der *Stones* ist ja wohl ein feuchter Stuhlgang dagegen.

An sich war ich froh, dass wir dieses Jahr so gut gebucht waren, aber eine Vortragswoche verlangt einem schon 'ne ganze Menge ab, wenn man nicht schwanger ist. Aber was soll ich sagen? Wir waren schwanger und brauchten das Geld.

Da man als Selbstständige keinen Mutterschutz hat und unsere Buchungen höchstwahrscheinlich während meiner Elternzeit zurückgehen würden, weil wir normalerweise ja immer im Doppelpack arbeiteten, hatten wir uns das Jahr vorsorglich besonders vollgepackt mit Vorträgen. Jetzt mussten wir unsere vielen Buchungen nur noch durchstehen...

Auf was ich mich in solchen vollen Wochen immer am meisten freue? Na, was wohl? Das Hotelzimmer und das Frühstücksbüffet. (*Schlafen und Essen, nicht erst seit der Schwangerschaft meine Parade-disziplinen.*)

Mittlerweile bin ich zum echten Profi-Hotelbucher aufgestiegen.[42] (*Ich kann dir sagen, es war ein harter Kampf an die Spitze.*) Und in Sachen Hotels gibt es wahrscheinlich nichts, was wir nicht schon erlebt haben – von Check-Ins an Automaten in Bahnhofs-gebäuden über Gästezimmer in Privathäusern bis hin zu Mitternachts-deponierte-Schlüssel-unter-der-Fußmatte-holen-Aktionen in Landgasthäusern…

Die Zeit zwischen den beiden Vortragswochen nutzten wir für allerlei Termine. Wir mussten nicht nur Roberts erste Leserunde mit seinem Roman auf *Lovelybooks* vorbereiten. Wir hatten uns auch vor-genommen, ein paar Buchläden in der Umgebung abzuklappern, um seinen Roman und eines meiner Bücher dort vielleicht irgendwo platziert zu be-kommen. Gleich der erste Temin war ein voller Erfolg. (*Ironie off!*)

Nachdem uns die Ladenbesitzerin angeschaut hatte, als hätten wir versucht, ihr den *Wachturm* an-zudrehen, hatte sie sich zumindest dazu bereit erklärt,

---

[42] *Papa*: Also liebe Hotelbesitzer*in, wenn du mal echt auf Herz und Nieren getestet werden magst, dann frag Kera, denn die findet auch das kleinste Haar im dunkelsten Eck.

jeweils ein Exemplar in ihrem Laden auszustellen, wenn wir das Risiko selbst übernehmen würden.

Mit gemischten Gefühlen verließen wir das Geschäft, um die Bücher aus dem Auto zu holen. Wir hatten uns beide weder mit der Besitzerin noch mit dem Laden besonders wohlgefühlt.[43] Während wir zum Auto gingen, wurde uns bewusst, dass wir so was von gar keine Ahnung hatten, was wir da eigentlich taten. Bei genauerem Überlegen wurde uns klar, dass wir sogar noch Verlust machen würden, wenn wir das Buch in ihrem Laden verkauften.

Aber wieder zurück in das Geschäft zu gehen, um der Dame zu erklären, dass wir uns nicht wohlgefühlt hatten und das alles mit dem Verkauf gar keinen Sinn machte, erschien uns auch irgendwie, sagen wir mal, merkwürdig. (*Alles kann man dann vielleicht ja doch nicht auf die Schwangerschaftshormone schieben, oder doch?*) Also entschieden wir uns kurzerhand dafür, erwachsen wie wir waren, den Lindner zu machen (*Seit ich das zum ersten Mal gehört habe, habe ich nur darauf gewartet, wann ich es endlich mal irgendwo sagen oder schreiben kann. (Breaking news: Das eben war der lang ersehnte Moment!)*) und einfach zur nächsten Buchhandlung zu fahren.

Obwohl wir die nächsten beiden Buchläden mit einem deutlich besseren Gefühl verließen und auch keinen Lindner mehr machen mussten, brachen wir

---

[43] *Papa*: Was hier noch zu erwähnen ist: Die Besitzerin war Raucherin und der ganze Buchladen sowie die Bücher stanken nach kaltem Rauch.

unsere Tour vorzeitig ab. Wir waren nach nur drei Gesprächen sowas von erledigt, dass wir lieber auf die Couch wollten, als in die nächsten vier Buchhandlungen auf unserer Liste zu fahren. (*Meine Ausrede war der dicke Bauch. Welche Entschuldigung Robert hatte, musst du ihn schon selbst fragen.*)[44]

Aber wir hatten bis zu Knöpfchens Geburt ja auch noch ewig viel Zeit, um den Rest abzuklappern. Funfact am Rande: Wir haben bis zum heutigen Tag noch keinen weiteren Fuß in einen Buchladen gesetzt, um unsere Bücher zu bewerben...

Neben den, ich sage jetzt mal, beruflichen Terminen, stand aber auch wieder ein Besuch in der Hebammenpraxis in Rottenburg an. Robert begann schon Witze darüber zu reißen, dass ich mittlerweile in der Praxis dafür bekannt wäre, zu jedem Termin einen ganzen Katalog an Fragen mitzubringen, mit denen ich die arme Steffi löcherte. Von Fragen über Knöpfchens Entwicklung über Fragen zur Geburt bis hin zu Fragen über irgendwelche Dinge, die ich irgendwo gelesen hatte, ich wollte alles ganz genau wissen. Wahrscheinlich stellte ich bei einem einzigen Termin mehr Fragen als manch andere Schwangere während der gesamten Schwangerschaft. (*An dieser Stelle: Danke liebe Steffi für deine Geduld!*)

---

[44] *Papa*: Ein leichtes Ziepen im rechten kleinen Zeh.

So gern ich zu den Terminen in der Hebammenpraxis ging, so ungern mochte ich die beim Frauenarzt. Während ich bei Steffi ein rundum gutes Gefühl hatte, empfand ich die Untersuchungen beim Frauenarzt meist als recht anstrengend.

Und ich spreche nicht nur vom Blutabnehmen und Wiegen, was mir dieses Mal wieder extra viele Schweißperlen auf die Stirn trieb: Ich hatte doch tatsächlich die 100 kg-Marke geknackt. Hätte wohl doch auf das ein oder andre Stück Kuchen verzichten sollen.[45] Die Stimme unserer Ärztin kam mir in den Kopf: „Jedes Kilo vor dem siebten Monat ist ein unnötiges!"

Jetzt kam ich mir ganz offiziell wie ein Walross vor. Nie im Leben hätte ich geglaubt, jemals über 100 kg zu wiegen und nun stand es da schwarz auf grün. Was hätte ich dafür gegeben, diese verdammte Waage einfach aus dem Fenster zu werfen. Stattdessen warf ich ihr nur einen letzten vernichtenden Blick zu, bevor ich mich auf den Weg zur wohl anstrengendsten Untersuchung von allen machte: dem zweiten großen Screening.

Eine gute dreiviertel Stunde lag ich mit überstrecktem Kreuz auf dem Stuhl des Grauens. Zu diesem Zeitpunkt hatte ich auch ohne Überstreckung schon häufig Schmerzen im unteren Rücken. Wo ich das Geschehen zu Beginn noch aufmerksam über den Monitor verfolgt habe, wurde ich mit jeder Minute

---

[45] *Papa*: NEIN!

unruhiger, weil ich es kaum noch auf diesem Stuhl aushielt. Ich hatte das Gefühl, bald in der Mitte durchzubrechen.

Es gab wirklich nichts, was sie bei Knöpfchen nicht untersuchte. Unsere Ärztin hatte ein so gutes Gerät, dass sie selbst die Gehirnwindungen und das Rückenmark damit kontrollieren konnte. Knöpfchen sorgte mit seinem Rumgerangel nicht unbedingt dafür, dass der Ultraschall schneller vorbei war. Es hatte wohl genauso wenig Lust auf die doofe Untersuchung wie ich.

Als die Ärztin aber tatsächlich endlich alles bis ins Kleinste untersucht und alle wichtigen Maße genommen hatte (*Oh, welch große Überraschung, die Prognose, wir würden ein großes Baby bekommen, bestätigte sich!*), durfte ich endlich aufstehen.

Leichter gesagt als getan. Ich konnte mich einfach keinen Millimeter mehr bewegen. Nur mit vereinten Kräften konnten mich Robert und die Ärztin vom Stuhl hieven. In dem Moment kam ich mir noch offizieller vor wie ein Walross (*wie ein furchtbar altes noch dazu*).

***

Bis auf die Rückenschmerzen und die Übelkeit zu Beginn der Schwangerschaft hatte ich wirklich ausgesprochenes Glück. Ich habe weder übermäßige Stimmungsschwankungen noch Fressattacken gehabt, was mich im Hinblick auf meine überwundene

Bulimie doch ungemein beruhigte. Es konnte im Vorfeld ja niemand wissen, wie sich der veränderte Hormonhaushalt auf mein Empfinden ausüben würde.

Allein, wenn ich daran denke, dass meine Mutter während ihrer Schwangerschaft zum Teil sieben oder acht Milchbrötchen mit einem Liter Milch in sich hineingestopft hat, war ich mir sicher, dass es mir mit meiner Vergangenheit mindestens ebenso ergehen würde.

Festzustellen, dass ich die meiste Zeit so ausgeglichen war und mich so gesund ernährte, machte mir einmal mehr deutlich, wie sehr ich mich in den letzten Jahren verändert hatte. Wenn ich überhaupt Gelüste hatte, dann auf Salat oder Obst.

Ich habe wahrscheinlich noch nie in meinem Leben so gesund gegessen wie während der Schwangerschaft. Nein, ich habe ganz sicher sogar noch nie in meinem Leben so gesund gegessen wie während der Schwangerschaft. Selbst auf künstliche Zusatzstoffe habe ich verzichtet, so gut es mir eben möglich war.

Ich war meinem Körper unendlich dankbar dafür, dass er trotz allem, was ich ihm über Jahre hinweg angetan habe, in der Lage war, ein solches Wunder zu vollbringen. Und so groß meine Nervosität auch jedes Mal vor dem Wiegen war, war ich doch insgeheim ein bisschen stolz darauf, dass ich bisher erst 5,6 kg zugenommen hatte.

Auch wenn ich mir das zu dem Zeitpunkt noch nicht wirklich eingestanden habe. Ich redete mir ein, dass ich mit meinem Gewicht ganz entspannt war und ich mir darüber ja gar nicht groß Gedanken machte.

Im Großen und Ganzen hatte ich ein gutes Gefühl für meinen Körper, wenn auch ein wenig ein anderes. Ich spürte nämlich nicht mehr mich, sondern ‚uns'. Es gab kein ‚ich' mehr, sondern nur noch ein ‚wir'. All meine Gedanken und meine Gefühle waren in erster Linie auf meine Körpermitte konzentriert. Wenn ich Schwangerschaftsyoga machte, hatte ich Schwierigkeiten in den Rest meines Körpers reinzuspüren. Ich war irgendwie nur noch ein Bauch, ein Baby und ein Kopf. Aber wer braucht auch schon Beine und Arme, wenn er Bauch, Baby und Kopf hat?

Knöpfchen in meinem Bauch zu spüren war eine der schönsten Erfahrungen, die ich je machen durfte. Wenn wir vor dem Schlafengehen ein letztes Gebet sprachen, stupste Knöpfchen kräftig an. Wenn mir doch mal die Tränen kamen, regte es sich, ganz als würde es mich trösten wollen. Wenn Robert seinen Kopf an meinem Bauch hatte und mit ihm redete, strampelte es eifrig zurück. Auch als Robert an einem Abend nach einigen Stunden aus dem Kino zurückkam und mich begrüßte, meldete sich Knöpfchen zu Wort, obwohl es die ganze Zeit davor geschlafen hatte.

Die beeindruckendste Erfahrung blieb für mich aber, wenn Knöpfchen mir mit einem Zeh oder einem Knie irgendwo ganz unangenehm hindrückte. Wenn ich dann sanft über die Stelle streichelte und es bat, doch bitte sein Knie oder seinen Zeh (*oder was auch immer da gerade drückte*) wegzunehmen, dauerte es keine halbe Minute, dann ließ das Drücken nach. Ob das der reine Zufall war oder ob Knöpfchen mich doch irgendwie verstand, ich hatte das Gefühl, es mit jeder Reaktion ein bisschen besser kennenzulernen.

Und auch wenn wir ja nicht wissen wollten, ob Knöpfchen ein Mädchen oder ein Junge war, sagte mir mein Bauchgefühl doch irgendwie deutlich öfter, dass es bestimmt ein Mädchen sein musste, so sensibel wie es auf alles reagierte. Sobald ich den Gedanken zu Ende gedacht hatte, schämte ich mich ein bisschen für mich selbst, weil ich solche Vorurteile hatte. Wer sagte denn, dass Jungs nicht auch total sensibel reagieren konnten? Warum war ich bloß so schnell dabei, einem Jungen sensible Gefühlsregungen abzusprechen?

Aber so sehr ich auch das Gefühl genoss, Knöpfchen zu spüren, tat ich mich doch oft auch schwer mit dem fehlenden Gefühl für mich selbst. Ich wusste gar nicht mehr wirklich, wer ich eigentlich war – außer eben Bauch, Baby und Kopf. Manchmal kam ich mir doch mehr wie ein lebender Brutkasten vor denn wie ein Mensch mit einem eigenständigen Charakter. Mein neuer ständiger Begleiter, darf ich vorstellen: die bleierne Müdigkeit, die aus meinem Gehirn einen wassergetränkten Wattebausch machte und aus jedem Gedanken zähfließenden Honig, war da auch keine große Hilfe. *Schwangerschaftsdemenz hallo!*

Keiner hatte mich darauf vorbereitet, dass mein Gehirn auf einmal nicht mehr richtig funktionieren würde. Nicht so von wegen ‚oh, das habe ich vergessen, zum Glück erinnerst du mich daran‘, sondern eher im Sinne von ‚da war ich nie dabei, das kann gar nicht so gewesen sein‘.

Da gehst du zusammen einkaufen, weil allein geht's ja nicht mehr wegen max. fünf Kilo tragen und so, und liegst dem Robert die ganze Zeit in den Ohren, dass du unbedingt Salatkräuter brauchst. Eine Stunde später stehst du in der Küche und merkst ‚Mist, wir haben keine Salatkräuter eingekauft!‘ und Robert schaut dich ganz irritiert an.

„Hä!? Vorher ist im Laden ein Mann mit fünf Gläsern an uns vorbeigelaufen und ich frage dich, ob wir noch Salatkräuter brauchen und alles, was du tust, ist den Kopf zu schütteln. Also bin ich davon ausgegangen, dass wir keine mehr brauchen."

Ich schwöre bei meinen indianischen Vorfahren, dieses Gespräch zwischen Robert und mir im Laden hat nie stattgefunden. Das hat er sich einzig und allein ausgedacht, um mich zu verwirren. Sonst müsste ich davon ja noch was wissen.

Spätestens nach der dritten Situation dieser Art muss man sich dann doch eingestehen, dass das Gehirn wirklich einem Wattebausch gewichen ist. Da fängt man echt an, an seinem Verstand zu zweifeln.

Hätte es da nicht eine gewisse Hebamme gegeben, die uns erklärte, dass die Hormone dafür sorgten, dass das Gehirn nur noch auf das Wichtigste ausgerichtet ist, also Baby, und alles Unwichtige (*ich wünschte, ich hätte da ein bisschen mehr Mitspracherecht hinsichtlich der Priorisierung gehabt*) ausgeblendet wird, hätte ich mich womöglich noch selbst eingewiesen.

Ich war also nicht mal mehr Bauch, Baby und Kopf, sondern nur noch Baby und vielleicht noch ein bisschen Bauch; immerhin musste das Baby ja auch irgendwo wohnen.

- Knöpfchen -

Mama und ich, wir haben ein neues Spiel, das wir immer miteinander spielen, und das geht so: Ich drücke mit aaaaaller Kraft so fest ich kann mit einem meiner Zehen in Mamas Bauch, damit sie mich besser fühlen kann. Wenn Mama mich dann am Füßchen kitzelt, weiß ich, dass sie mich bemerkt hat.

Und Papa, der legt abends immer seinen Kopf auf Mamas Bauch und erzählt mir ganz wunderbare Geschichten von Hummeln und Bären und Blumen und dem Garten, den er mir zeigen möchte, sobald ich ein bisschen ausgeruhter bin.

Denn, was Mama und Papa ja nicht wissen können, ist, wie furchtbar anstrengend wachsen ist, und das auch noch nach so einer langen Reise bis in Mamas Bauch. Sie sprechen immer davon, wie gern sie mich kennenlernen wollen, dabei bin ich doch schon längst da. Sie rätseln auch die ganze Zeit darüber, ob ich ein Mädchen oder ein Junge bin. Dabei bin ich doch Knöpfchen...

Gestern Abend war ich allein mit Mama. Das war zwar sehr schön, aber Papa hat mir doch so sehr gefehlt. Der war, glaube ich im Knio um sich einen Flimms an-zuschauen. Ich hatte mir eigentlich fest vorgenommen, wach zu bleiben, bis er wieder da ist. Bin dann aber eingeschlafen, weil ich doch einen ganz besonders anstrengenden Tag gehabt habe. Heute habe ich nämlich meinen linken Daumen 2 mm wachsen lassen.

Aber irgendwann hab ich dann Papas Stimme gehört und vor lauter Freude so einen dollen Stepptanz aufgeführt, dass Mama und Papa lachen mussten. Aber ich habe mich doch einfach so sehr gefreut. Wenn wir alle zusammen sind, ist es nämlich am aller, aller schönsten.

07. Monat

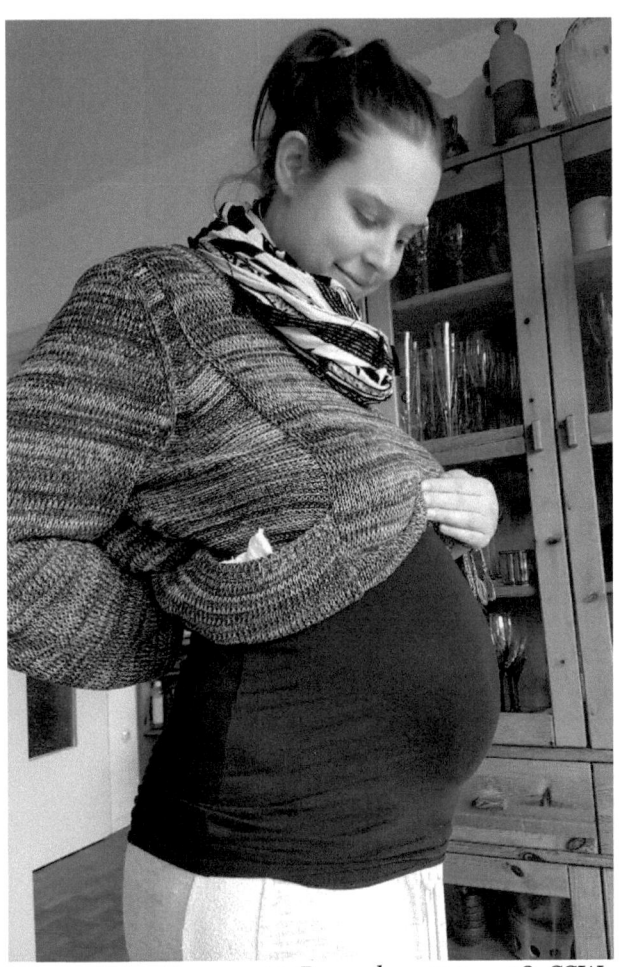

11. Dezember 2019 – 28. SSW

- Mama -

Mit Beginn des siebten Monats erreichten wir einen neuen Meilenstein in unserer Schwangerschaft. Wir ließen ein entspanntes zweites Trimester hinter uns, um in das alles entscheidende dritte Trimester einzusteigen. Langsam, aber sicher bewegten wir uns auf die Zielgerade zu, auch wenn man mir das noch gar nicht so sehr ansah. Bisher war mein Bauch manches Mal noch inkognito unterwegs (*je nachdem was ich für Kleider trug*) und ließ sich schon auch ganz gern mit einem Essbauch verwechseln (*je nach Position*).

Allmählich schlich sich aber immer deutlicher ein leichtes Watscheln in meinen sonst so anmutigen Gang, was nicht zuletzt an meinen stärker werdenden Rückenschmerzen lag. Oft genug fragte ich mich, wie ich das wohl anstellen sollte, wenn ich dann mal einen richtig großen Bauch haben würde, wenn ich bei so einem kleinen schon Rücken hatte. Umso froher war ich, dass wir in diesem Monat auch unsere letzte große Vortragswoche haben würden und ich außer einer Hand voll Einzelterminen an einer meiner Lieblingsschulen, einer Mädchenschule in Rottenburg, nicht mehr allzu viel zu tun hatte.

Zunächst mussten wir uns aber erstmal noch um Roberts Leserunde bei *Lovelybooks* kümmern. Nie im Leben hätten wir damit gerechnet, dass Roberts Buch auf so großes Interesse stoßen würde.

Als unbekannter Selfpublisher ohne Social Media-Präsenz ist es beinahe unmöglich, bei dem Wust an täglichen Neuerscheinungen irgendwie Aufmerksamkeit auf sich zu lenken. So toll es ist, dass man mittlerweile recht leicht ohne Verlagsvertrag Bücher veröffentlichen kann, so sehr wird der Buchmarkt überschwemmt. Und auf einmal zählt nicht mehr Qualität, sondern fast ausschließlich Quantität und Reichweite; was oft ganz schön frustrierend sein kann. Umso schöner war es, dass Robert so viele Bewerbungen bekommen hatte.

Während Robert die meiste Zeit mit seiner Leserunde beschäftigt war, standen für mich zwei Fernsehtermine an. Zum einen sollte ich in der Talkshow *Alpha & Omega* des evangelischen Kirchenfernsehens einen Auftritt haben und zum anderen stand noch ein Drehtag mit einem Kamerateam von *Sat.1 akte* an.

Das mit den Fernsehauftritten ist immer so eine Sache. Es gibt Phasen, da will niemand etwas wissen, und dann kommen die Anfragen auf einmal gebündelt, als hätten sich die Sender abgesprochen. Wenn wir so weitermachten, würde aus Knöpfchen noch ein echter Fernsehstar werden.

Während es bei *Sat.1* wieder mal um Modelbusiness und Essstörung ging (*Frage an mich selbst: Ob ich meine Geschichte wohl 1.000.000 oder doch schon 1.000.001 Mal erzählt habe?*), freute ich mich riesig auf die Talkshow. *Soziale Medien: Fluch oder Segen?* war ein super spannendes Thema für mich. Mit einem auf *Instagram* aktiven Pfarrer und einem Medienpsychologen über die Vor- und Nachteile von sozialen Medien zu diskutieren, war für mich ein echtes Novum.

So nervös ich im Vorfeld gewesen war, so entspannt war ich beim Dreh selbst. Nicht etwa wegen meiner ‚überragenden‘ Selbstsicherheit, sondern viel eher, weil ich so bleiern müde war, dass ich mich hätte in einer Ecke des Studios zusammenrollen und schlafen können. Hätte Knöpfchen nicht die gesamte halbe Stunde, die die Aufzeichnung dauerte, Party 2.0 gemacht, ich wäre wahrscheinlich mit dem Kopf auf dem Studiotisch eingeschlafen und hätte außer lauten Schnarchgeräuschen nicht mehr viel von mir gegeben.

Ich wünschte, ich könnte das laute Schnarchen jetzt auf die Schwangerschaft schieben, aber leider hatte ich das Schnarchen zu Roberts Missmut schon vor Beginn der Schwangerschaft kultiviert. Zum Glück war nicht ich diejenige gewesen, die Robert zu Beginn unserer Beziehung gefragt hatte, ob er schnarchen würde, weil ich dann nämlich nicht schlafen konnte. Und zum Glück war ich dann nicht auch diejenige gewesen, die im Laufe unserer Beziehung angefangen hatte zu schnarchen wie ein Wildschwein, wobei ich damit dem Wildschwein wahrscheinlich noch Unrecht tue.

Wusstest du, dass man auf dem Bauch liegend überhaupt schnarchen kann? Ich nämlich auch nicht[46]. Es gibt wahrscheinlich keine Position, in der ich nicht schnarchen kann. *Der arme Robert!* Um an dieser Stelle jetzt mal nicht zu teasern: Seit Knöpfchen auf der Welt ist, wird er auch noch von Knöpfchen vollgeschnarcht. Knöpfchen schnarcht nämlich tatsächlich auch manchmal.[47] *Ganz die Mama eben...*

***

Was mich diesen Monat aber auch noch erwartete, war eine weitere Untersuchung beim Frauenarzt, auf die ich gut und gern hätte verzichten können: Der Zuckertest... Der Zuckertest ist dazu da, eine Schwangerschaftsdiabetes auszuschließen und ich habe für diesen Test nur drei Worte: Bäh, bäh und nochmals bäh. Meine Schwägerin, die den Test bereits hinter sich gebracht hatte, hatte mir im Vorfeld schon richtig viel Lust darauf gemacht. Aber die eigenen Erfahrungen sind halt doch die schönsten.

Ich musste einen Becher von einer dunkelroten sirupartigen Flüssigkeit innerhalb weniger Minuten trinken. So schwierig konnte das ja nicht sein. Oder eben auch doch. Das Zeug war so süß, dass es schon

---

[46] *Mama*: Also ‚nicht' im Bezug jetzt auf das Wissen, weil schnarchen kann ich nämlich auf dem Bauch liegend super. Und, wie ich seit der Schwangerschaft weiß, weil da kann man ja nicht auf dem Bauch schlafen, kann ich es auch auf dem Rücken liegend (*darf man aber auch irgendwann nicht mehr*) und auf beiden Seiten.

[47] *Papa*: Wenn man ‚manchmal' als 80 Prozent der Schlafzeit definiert.

wieder sauer war. Ja, du hast mich richtig verstanden. Es war SO süß, dass es schon sauer war.

Ich wusste ja, dass, wenn man zu viel Zucker zu sich nahm, der Körper mit der Zeit übersäuern konnte. Dass aber etwas so süß war, dass man die Säure förmlich schmecken konnte, war mir neu. Ich habe noch nie in meinem Leben etwas so Süßes zu mir genommen; nicht mal in Amerika. Und wenn jemand etwas von süß versteht, dann wohl die Amerikaner.

Nicht nur, dass mir von dem Zeug der Hals brannte (*Wie ich später erfahren würde, waren das die ersten Anzeichen einer neuen Schwangerschafts-errungenschaft: Sodbrennen.*), ich wurde innerhalb kürzester Zeit furchtbar zittrig und mir wurde dermaßen schwindelig, dass ich mich wie berauscht fühlte. Dass ich nicht durch die Praxis getorkelt bin, war auch alles.

Der beste Zeitpunkt also, um ein erstes CTG zu schreiben. Für alle, die noch nie ein CTG haben machen müssen: Das ist dazu da, die Herztöne des Babys und später auch die Wehentätigkeit auf-zuzeichnen, um unter anderem herauszufinden, ob das Baby ‚angemessen' auf die Wehen reagiert. Dazu sitzt oder liegt man im besten Fall eine halbe Stunde mit zwei Nupsis[48] am Bauch rum. Außer das Baby schläft die meiste Zeit, dann dauert das Ganze gern auch mal eine Stunde.

---

[48] *Papa*: Für all diejenigen, die sich fragen, was ein Nupsi ist: knopfähnliches Ding. Für mich hat das früher immer wie ein troll-artiges Wesen aus einem Fantasyroman geklungen.

Aber nicht so beim CTG während des Zuckertests. Da war in meinem Bauch nicht mehr nur Party 2.0, sondern Party 2.0^{10} angesagt. Knöpfchen spürte den Zucker wohl ebenso stark wie ich und hüpfte wie wild in der Gegend rum. Da versucht man, Knöpfchen während der Schwangerschaft nicht mit zu viel Zucker vollzupumpen, und dann sowas. Was war ich froh, als die Wirkung des Zuckers allmählich wieder nachließ.

Und was war ich erst froh, als ich hörte, dass der Test gut ausgefallen war. Hätten sich nämlich irgendwelche Auffälligkeiten gezeigt, hätte ich zu einem weiteren Test kommen und noch einmal eine größere Menge von der Lösung trinken müssen. Mich schüttelt es jetzt noch bei dem Gedanken an dieses Zeug.

✳✳✳

Der Dezember stand vor der Tür und mit ihm meine liebste Zeit des Jahres: Die Weihnachtszeit. Die Weihnachtszeit bedeutet für mich eine Zeit der Entschleunigung und der Ruhe. Ich liebe den Geruch nach Zimt und Vanille, nach frisch gebackenen Plätzchen und Weihnachtstee. Ich liebe die schöne Deko und bei Kerzenschein unter der warmen Decke[49]

---

[49] *Papa*: Müsste es nicht ‚in die warme Decke gekuschelt' heißen oder so? ‚Unter der warmen Decke' bedeutet doch eigentlich, dass du sie über dich drüberziehst und darunter liest, als würdest du es heimlich tun. Oder nicht?
(*Mama*: #klugscheißenkannstdu)

ein Buch zu lesen, während es draußen kalt ist. Auch wenn ich sonst nur ganz selten mal Alkohol trinke, Glühwein ist voll mein Ding.

Also wenn ich nicht gerade schwanger bin und überall erfolglos versuche, einen alkoholfreien Rotwein zu finden, und immer wieder den Vorschlag zu hören bekomme ‚nimm doch einfach Traubensaft‘. (*Nein, Traubensaft schmeckt nicht wie alkoholfreier Rotwein.*)

Im vergangenen Jahr ist für mich Weihnachten praktisch ausgefallen. Weil ich wie eine Besessene rund um die Uhr daran gearbeitet hatte, mein Buch noch an Heiligabend rauszubringen, habe ich von der Vorweihnachtszeit eigentlich nichts mitbekommen. Und tatsächlich habe ich es geschafft, das Buch Heiligabend nachts um drei Uhr fertigzukriegen, nur um dann von der lieben Technik einen Strich durch die Rechnung gemacht zu bekommen. Letzten Endes war ich über die Feiertage dann total frustriert und das Buch kam erst im Januar raus.

Umso mehr freute ich mich dieses Jahr auf Weihnachten und hatte den festen Plan, mir von nichts und niemandem meine Weihnachtszeit ruinieren zu lassen. Schon Ende November kümmerten Knöpfchen und ich uns um die Weihnachtsdekoration und um den Adventskalender von Robert. (*Den mache ich nämlich immer selbst.*) Und mit

Knöpfchen als Einkaufsberatung musste er ja noch besser werden als sonst.[50]

Wir hatten die letzte Vortragswoche für dieses Jahr und damit auch die letzte vor Ende der Schwangerschaft so gelegt, dass wir in der ersten Dezemberwoche mit der Arbeit fertig waren (*zumindest Robert; ich hatte ja noch zwei weitere Einzeltermine*) und noch genug Zeit hätten, die Vorweihnachtszeit zu genießen. Um den Nikolaustag gebührend zu feiern, hatte ich ein besonders schönes Hotel ausgesucht, musste aber leider feststellen, dass der Nikolaus gar nicht in Hotels kommt.[51]

Als kleines Trostpflaster für den fehlenden Nikolausbesuch gönnten wir uns nach Ende unseres letzten Vortrags ein Nikolausmenü mit dem Nachtisch des Jahrtausends. (*Ich sage nur: „Wenn Schokolade nichts mehr hilft, hilft nur noch eins: noch mehr Schokolade!"*) Auch wenn ich ein bisschen neidisch auf Robert war, dass er sein Soll schon komplett erfüllt hatte, fühlte es sich für mich trotzdem schon ein bisschen wie Ferien an.

Noch zehn Tage und dann würde es auch für mich den ganzen Tag nichts anderes mehr geben außer Pyjama, Plätzchen und (Baby-)Plauze.

---

[50] *Papa*: Und dabei sollte sie Recht behalten.
[51] *Papa*: Dabei hatte sich jemand ganz arg auf sein Betthupferl gefreut. Und was war da? Nicht einmal ein Stück Schokolade! ☹

- *Papa* -

Kennst du das, wenn man das Gefühl hat, die Arbeit auf dem Schreibtisch häuft sich, das Emailfach quillt über und man hat auch sonst noch 'ne Menge zu tun? Und dem nicht genug, gibt es da ein Privatleben, in dem Verpflichtungen wie Putzen, Einkaufen und Kochen auf dem Plan stehen.

Ach ja, die familiären Kontakte möchte man pflegen, ganz zu schweigen von den Freunden, die einem fehlen und auch noch irgendwie in dem zum Bersten gefüllten Kalender unterkommen müssen. Die Passion, vielleicht sogar die Besessenheit, Geschichten zu schreiben, darf auch nicht vergessen werden. Und dann wäre da auch noch die Frau, die für einen immer an erster Stelle steht (*das Beste erwähnt man bekanntlich zum Schluss*) und die man ganz bestimmt nicht vernachlässigen möchte.

Wenn man dann aber noch zehn Taschenbücher für eine Leserunde signieren und mit etlichen Extras versenden muss sowie 15 Ebooks in unterschiedlichsten Formaten, dann weiß man nicht mehr, wo einem der Kopf steht. Ich muss zwar gestehen, dass Kera mir die Pakete verpackt hat (*ich bin ein furchtbarer Verpackungskünstler*), aber trotzdem war es mir zu viel. Kera ging es nicht anders. Da gab es dann schon mal die ein oder andere kleinere Auseinandersetzung, weil einfach die Nerven blank lagen. *Blöd!*

Immer deutlicher und häufiger trat ein Konflikt auf: Der Konflikt um meine Bücher. Normalerweise sollte man sich freuen, wenn die erste eigene Leserunde so gut aufgenommen wird und so viele Bewerbungen eingehen. Normalerweise sollte man sich freuen, wenn man schreibt und schreibt und immer noch mehr Ideen und Skripte zu Ende führt.

Aber was, wenn die eigene Frau, die nicht nur Lektorin, sondern auch ‚Produzentin' der Bücher ist, kaum noch hinterherkommt, man selbst aber blöderweise nicht immer der geduldigste Mensch ist und dadurch zusätzlicher Druck entsteht?

Was ein Buchproduzent ist, fragst du dich? Haben wir uns aus der Musikbranche abgeschaut. Jeden Tag, wenn ich meine ca. acht Seiten Skript geschrieben habe, lese ich Kera vor, die mir dann Feedback gibt (*woran ich mich erst gewöhnen musste; denn es tut tatsächlich mehr weh, als man vielleicht annehmen mag, auch mal etwas wie ‚das war nix, schreibst'e nochmal' zu hören (Kera hat es natürlich deutlich lieber ausgedrückt)*). Außerdem sind unser ständiger Austausch, ihre kritische Hinterfragung und die berüchtigte ‚Herz-und-Nieren-Prüfung' am Ende, die häufig länger braucht, als das Skript selbst zu schreiben, für meine Bücher unersetzlich.

Was macht man jetzt aber, wenn Frau plötzlich Besseres zu tun hat, als die Skripte zu korrigieren? Frechheit, oder nicht? Ich weiß... Ich schäme mich auch dafür, aber irgendwie kann ich die Gedanken eben doch nicht immer abstellen. Wenn ich meine unbearbeiteten Skriptstapel sehe, bin ich so neugierig, wie sie ankommen werden und vor allem freue ich mich darauf, sie als Druckversion in Händen zu halten.

Aber gut Ding will Weile haben. (D*ieser verdammte Spruch!!!*) Mir ist das alles bewusst, zumindest im Kopf, aber im Herz irgendwie nicht. Und dieser innere Konflikt in mir, vergleichbar mit dem Kampf zwischen Gandalf und dem Balrog, landete manchmal im Außen und entfachte ein unnötiges Feuer zwischen uns, das nicht immer leicht zu löschen war.

Und dieser berühmt-berüchtigte Kampf tobte nicht nur einmal während der Schwangerschaft zwischen uns. Trotzdem mussten wir uns zusammenreißen, allein Knöpfchen zuliebe. Außerdem standen in dieser Zeit einige Fernsehdrehungen[52] an. (*Es ist irgendwie immer dasselbe: Wenn die Milch eh schon am Überkochen ist, kommt irgendwo noch jemand her und stellt noch zwei weitere Töpfe auf den Herd, die man rühren muss.*)

Erst kam das Format *Alpha und Omega* auf Kera zu. Die Talkrunde handelte von Social Media und welchen Einfluss es auf uns und die Gesellschaft hat. Ein Thema, das endlich mal nach unserem Geschmack war. Du kannst dir nicht vorstellen, wie

---

[52] *Papa*: Warum darf ich das nicht ändern?! Hilfe!
(*Mama*: Weil es einfach viel zu schade wäre, das zu ändern. Hahaha!!! Hoffentlich bekommt der Fernseher keinen Drehwurm, der Arme. Hahaha!!!)

langweilig es ist, wenn jedes Jahr aufs Neue irgendein Fernsehformat und weiß Gott wie viele Journalisten über Keras Zeit bei *GNTM*, ihre internationale Plus-Size-Model-Karriere danach und, ganz nebenbei noch erwähnt, ihren Ausstieg aus der Essstörung berichten wollen.

Ich weiß, die Medien brauchen ihre Geschichte, aber nach über fünf Jahren ist das Thema langsam, aber sicher ausgelutscht. Es wäre einfach schön, endlich einmal mehr über unsere Projekte an Schulen, unsere Ansichten über die Entwicklung von Kindern und politische Themen zu sprechen und nicht immer nur über die Geschichte und die Kämpfe der Vergangenheit.

Nun war Kera endlich einmal als Expertin und nicht als ,Opfer' geladen und konnte von unseren Erfahrungen mit dem Thema 'Social Media' erzählen. Es war einfach eine schöne Erfahrung, einmal zu einer Diskussionsrunde eingeladen zu werden, in der es um Meinungen und nicht um Sensationen ging.

Aber damit nicht genug, (*denn nicht nur ein Unglück kommt selten allein...*) stand der nächste Dreh schon zehn Tage später an, dieses Mal für *Sat.1*. Und all das lief neben den Vortragswochen, dem Homeoffice, dem Haushalt und der Schwangerschaft, die langsam doch ein bisschen belastender wurde.

Das anfänglich zaghafte Klopfen war nun schon einem Trommelkonzert gewichen, das *Safri Duo* im Regen stehen lassen würde. Und Knöpfchen wurde ja auch nicht kleiner, ganz im Gegenteil. Überhaupt spielte seine Größe eine immer wichtigere Rolle. Die Prognosen tendierten langsam in Richtung 4,5 kg und 57 cm.

Aber im Gegensatz zu unserer leicht beunruhigten Frauenärztin, waren wir weiterhin entspannt. Oft genug hatten wir gelesen, dass die Prognosen gegen Ende der Schwangerschaft immer ungenauer wurden und bei großen Babys sowieso meist nach der Geburt deutlich nach unten und nur selten nach oben korrigiert werden mussten. Als Optimist ging ich davon aus, dass Knöpfchen eher dem Schnitt entsprach und nicht der Ausnahme. Es würde schon alles passen, oder etwa nicht? Ich würde es erst im März erfahren...

Mich hingegen beunruhigte etwas ganz anderes. Wir hatten uns so viele Vorträge zusätzlich auf-geladen, dass wir echt auf dem Zahnfleisch gingen. Ich fragte mich zunehmend, wie Kera das bis Mitte Dezember durchhalten wollte, wo ich selbst schon echt am Limit war. Verrückterweise steckte sie die Vorträge besser weg als ich... Sie ist eben einfach eine Kämpferin! (*Stolz sein kann ich.*)

Jetzt muss ich aber doch nochmal zurück zum Arzttermin Ende November, denn dieser Termin war für uns wahrscheinlich neben dem ersten der schwierigste. Grund 1: Zuckertest. Grund 2: CTG.

Wer schon einmal schwanger war, wird ihn kennen, den berüchtigten Zuckertest. Diese eklige übertrieben süße Glukosemischung, die man trinken muss, um eine Schwangerschaftsdiabetes auszuschließen.

Jetzt sagt vielleicht die ein oder andere Mutter unter euch: „Naja schon eklig, aber machbar...". Vielleicht gibt es auch einige, die sagen: „Wäääh! Ich kann so mit ihr mitfühlen." Aber die wenigsten haben den Test wahrscheinlich so erlebt wie Kera. Das klingt jetzt sicher völlig abwertend, aber das meine ich nicht so.

Kera ist ein hochsensibler Mensch und reagiert auf jegliche künstlichen Düfte und Geschmäcker und andere extreme Reize sehr stark (*Außenstehende könnten sogar von übertrieben sprechen*), weil sie es nicht nachvollziehen können. (*Diesen Menschen kann ich nur empfehlen, einmal ein Buch über das Thema Hochsensibilität zu lesen. Denn das, was manchmal aussieht, als wäre es das absolute Diva-Verhalten, ist tatsächlich eine Reizüberflutung*).

Kennst du noch *Mr. Bean*? Vielleicht kannst du dich auch noch an die Szene erinnern, in der *Mr. Bean* durch die Drogerieabteilung geht und keine Luft mehr von all den Damendüften bekommt, schließlich – *Achtung Spoileralarm!* – auf dem Boden in Richtung Ausgang robbt und sich dabei zusätzlich, wenn ich es noch richtig in Erinnerung habe, ein Taschentuch vor den Mund hält. So in etwa geht es Kera schon, wenn eine Person an ihr vorbeiläuft, die in Parfüm gebadet hat.

Vielleicht kannst du dir jetzt besser vorstellen, wie es ihr ging, als sie diese pappsüße Glukoselösung zu sich nehmen musste, die so ziemlich jeden Rahmen an Süße übertraf, den sie je zu sich genommen hatte. Übelkeit und Blässe waren noch das Geringste. Wir mussten sie hinsetzen, damit sie nicht umkippte – Zittern, Kreislaufprobleme, völliger Zuckerschock.

Als die Frauenärztin dann auch noch meinte, dass Kera bei ungenauem Ergebnis oder Verdacht auf Schwangerschaftsdiabetes nochmal einen deutlich größeren Behälter an Glukose würde trinken müssen, hätte ich im Nachhinein zu gern ein Foto von ihr gemacht und euch zur Verfügung gestellt, weil beschreiben kann man diesen Gesichtsausdruck nicht. (*Selbstverständlich hatte ich mir zu dem Zeitpunkt zu große Sorgen um sie gemacht, als dass ich auf so eine taktlose Idee gekommen wäre.*)

Wer nun denkt, sie hätte nach Hause gehen dürfen, hat sich sehr tief geschnitten. CTG schon vergessen? Für Schwangere, die langsam 'ne Kugel vor sich hertragen und für die die Rückenlage schon ziemlich schmerzhaft ist, eignet sich eine Liege fürs CTG schreiben nicht unbedingt. Nun also mit Zuckerschockbeschwerden und Rückenschmerzen eine halbe Stunde auf einer Liege ein CTG schreiben, war kein schöner Anblick.

Aber ich musste nicht nur meiner vor Beschwerden stöhnenden Frau beim Leiden zusehen (*was schon schwer genug war*), sondern auch noch miterleben, wie unser Knöpfchen anfing einen unerbittlichen Kampf mit den CTG-Knöpfen auszufechten. Durch den vielen Zucker war es sowieso völlig durch den Wind, aber dann noch das CTG... Über eine halbe Stunde war nun Highlife angesagt. Und auch wenn wir mittlerweile wissen, dass es wohl einfach nur am Zucker und dem ungewohnten Druck lag, machten wir uns zu dem Zeitpunkt wirklich Sorgen. Ich hätte am liebsten die Knöpfe abgeschnallt und wäre mit Kera aus der Folterkammer abgezischt.

Im Internet fanden wir dann seitenlange Foren- und Wissenschaftsdiskussionen über CTG's und Ultraschalle und über das neue Gesetz, das die Anzahl von Ultraschalluntersuchungen vermindern sollte, da sie das Fruchtwasser erhitzen können und deshalb eben doch nicht ganz so cool für das Ungeborene sind. Damit gab es wieder ein neues Thema, mit dem wir uns ständig würden auseinandersetzen müssen.

Wir wollten unserem Kind natürlich weder mit CTG's noch mit den Ultraschalluntersuchungen schaden. Nun sind wir keine Wissenschaftler und ich finde es selbst immer wieder super nervig, wenn irgendein Hobbyjurist meint, das Gesetz zu verstehen und mit gefährlichem Halbwissen öffentliche Petitionen starten zu müssen, also wollte ich mir auch nicht herausnehmen, beurteilen zu können, was stimmte und was nicht.

War es nun ungefährlich oder doch nicht ganz so ohne? Waren das nur wieder Theorien von Aluhut-trägern oder ernsthafte Argumente gegen Ultraschall-untersuchungen? Das ab 2021 geltende Gesetz zur Verringerung der Untersuchungen würde zumindest dafürsprechen, dass eben doch etwas dran war, an der Gefahr des ‚BABY-TV's'.

Für mich ist tatsächlich durch die Schwanger-schaft das Vertrauen in verschiedene wissenschaft-liche Themen, wie Medizin usw., erschüttert worden. Eigentlich war ich der naiven und vielleicht auch bequemen Meinung nachgegangen, dass man sich auf die Leute vom Fach verlassen könne. Doch irgendwie kamen ständig während der Schwangerschaft Fragen auf, die den Einstellungen der Wissenschaft oder ärztlichen Meinungen entgegenstanden.

Ich möchte mir nicht herausnehmen, zu be-urteilen, an was das liegen könnte, und das ist auch nicht die Aufgabe dieses Buchs. Aber was die Schwangerschaft mit sich brachte, war, nicht nur eine logische Überforderung mit all den lebens-verändernden Neuerungen, sondern auch die Überforderung mit Entscheidungen, bei denen man gedacht hatte, man könnte sie einfach den Fach-kräften überlassen.

Plötzlich musste man Entscheidungen abwägen, die möglicherweise gegen ärztliche oder fach-wissenschaftliche Empfehlungen liefen. Psychologen vs. Ärzte, Hebammen vs. Wissenschaft usw. Wem glaubt man? Irgendwo in der Mitte scheint die Antwort zu liegen. Aber wer bin ich, das zu entscheiden?

Zumindest eines ist klar: Hätten wir uns jedes Mal auf die vorherrschende Meinung verlassen, so hätten wir wohl in Woche 36 eingeleitet oder einen

Kaiserschnitt durchgeführt[53] und viele andere völlig verrückte Dinge getan.[54] (*Kurz am Rande, weil es mir unter den Fingernägeln brennt: In Deutschland bekommt jede dritte Frau ihr Kind per Kaiserschnitt (geplant oder ungeplant). Jede Dritte! Lass dir das mal auf der Zunge zergehen.*)

Du merkst schon, je länger die Schwangerschaft verlief, desto mehr verschwanden zwar die körperlichen Schwierigkeiten und die Angst um das Ungeborene, aber dafür fingen andere Probleme an: Entscheidungen mussten getroffen, Verantwortung in hohem Maße übernommen und ein riesiger Haufen Sch… Bürokratie erledigt werden.

Und wie fühlt sich ein sicherheitsbedürftiger Mensch, wenn er Entscheidungen abwägen muss, die er eigentlich gern den Experten überlassen will? Richtig! Überfordert wie ein Käfer auf dem Rücken.

---

[53] *Mama*: Vielleicht ja auch lieber ‚durchführen lassen'. Als Frau mit Schwangerschaftserfahrungen und als Mutter sehe ich mich ja mittlerweile schon ein bisschen als echte Expertin auf dem Gebiet, aber einen Kaiserschnitt durchzuführen, würde ich mir eher noch nicht zu trauen. Möglicherweise ja nach dem nächsten Kind…

[54] *Papa*: Um Missverständnissen vorzubeugen: Weder Einleitungen noch Kaiserschnitten sind verrückt und häufig ja auch auch notwendig. In unserem Fall wäre es aber tatsächlich verrückt gewesen. Aber dazu später mehr.

- Knöpfchen -

Diesen Monat haben Mama und Papa ganz schön viel gearbeitet. Wir sind furchtbar viel rumgefahren, damit Mama und Papa mit Kindern sprechen konnten. Ich finde es ja schön, dass Mama und Papa mit Kindern sprechen, aber warum müssen sie denn immer dasselbe erzählen? Ich bin zwar ganz doll stolz auf Mama und Papa, aber ich muss gestehen, dass ich auch immer wieder mal zwischendurch eingeschlafen bin. Hab das doch schon so oft gehört. Bitte verrate den beiden nichts. Ja? Engelehrenwort?

Was mir so gar nicht gefallen hat, war der Besuch bei der Frau, mit dem Dings. Du weißt schon, das mit dem Mama und Papa mich sehen können. Dieses Mal musste Mama nämlich so Zeug trinken, das war soooooooooooooo süß. Das mochte ich gar nicht. Es hat mich aus meinen Träumen gerissen und auf einmal konnte ich gar nicht mehr anders, als die ganze Zeit von einer Seite zu anderen zu springen und wieder zurück. Mein Körper hat furchtbar unangenehm gekribbelt, bis in die kleinen Zehenspitzen hinein.

Die ganze Zeit hat was gepiept und Mama hatte auch noch so merkwürdige Teile am Bauch, die haben gedrückt. Aber selbst meine Krav MaBla-Künste haben dieses Mal keinen Erfolg gezeigt. Ich war ganz schön froh, als wir wieder gehen konnten und das Kribbeln langsam nach-gelassen hat.

Habe dann erst mal ein Nickerchen gemacht und davon geträumt, wie ich mit Mama und Papa kuschel...

08. Monat

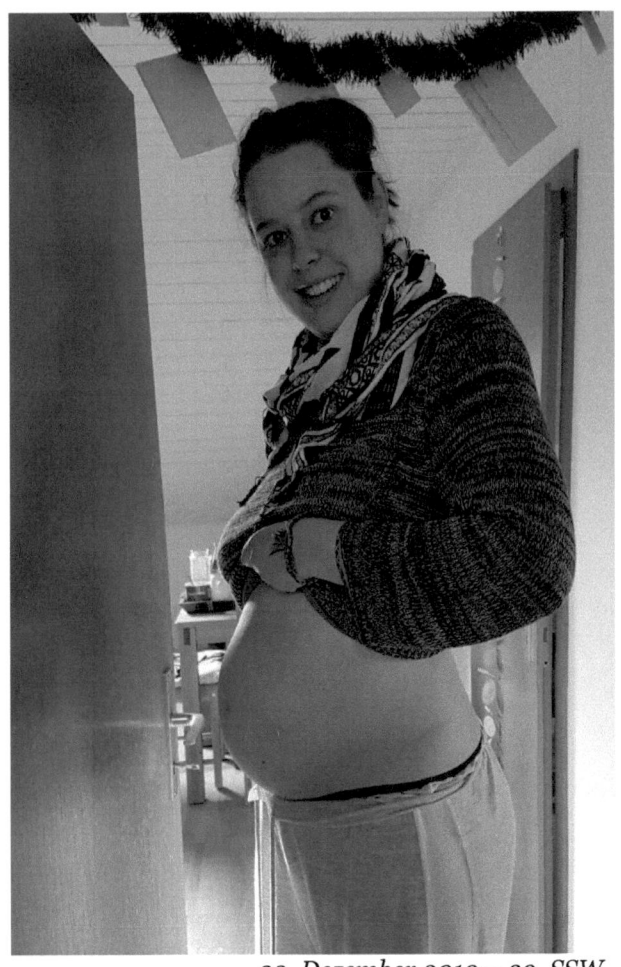

22. Dezember 2019 – 29. SSW

- Mama -

Der 16.12. kam und mit ihm mein letzter Vortrag. Ab jetzt würde ich zehn Monate lang keine Vorträge mehr haben. Ab jetzt hatte ich endlich Zeit, mich auf mich selbst und die Schwangerschaft zu konzentrieren, die letzten drei Monate richtig zu genießen.

Moment mal! Eine Schwangerschaft geht doch nur neun Monate. Wie kann es dann sein, dass noch drei Monate fehlten? Dir entgeht doch wirklich nichts, du altes Füchschen.

Wenn du schon mal schwanger warst, erzähle ich dir hier nichts Neues. Wenn du mit Schwangerschaften bisher noch nichts am Hut hattest, dann halte dich jetzt bitte fest: Eine Schwangerschaft geht gar keine neun, sondern zehn Monate, also zehn Schwangerschaftsmonate. Weil ein Schwangerschaftsmonat nämlich nur vier Wochen hat, ist er damit ein bisschen kürzer als ein regulärer Monat. Und weil dann auch noch ab dem ersten Tag der letzten Periode gerechnet wird, wo man ja genau genommen noch gar nicht schwanger ist, kommt man auf insgesamt 40 Wochen und damit auf zehn Monate. *Zumindest im besten Fall.*

Es soll ja auch Babys geben, denen der berechneten Entbindungstermin an ihrem minikleinen Allerwertesten vorbeigeht und die beschließen, an einem völlig anderen Tag zu kommen; ganz einfach nur weil sie können. (*Habe eben mal Ecosia befragt und herausgefunden, dass tatsächlich nur 4% aller*

Babys zum errechneten Entbindungstermin kommen. Ganz schön rebellisch die Kleinen. Da entwickelt man ewig lang Systeme, um den Entbindungstermin zu berechnen, und dann halten die sich einfach nicht dran. Ts...)

Aber was kümmerte uns das schon groß? Knöpfchen war bestimmt überpünktlich und würde sich genauestens an den errechneten Entbindungstermin halten. Und der war zum jetzigen Zeitpunkt noch drei Monate entfernt. Also noch jede Menge Zeit, das Schwangersein zu genießen.

Sobald ich mich über die Weihnachtsfeiertage ein bisschen erholt hatte, konnte ich mich endlich um die Baby-Sachen kümmern. Außerdem freute ich mich riesig darauf, dass ich ganz viel Zeit haben würde, um Roberts Bücher zu korrigieren[55] und andere Dinge zu erledigen, die bisher wegen der vielen Vorträge zu kurz gekommen waren.

In meiner grenzenlosen Naivität ging ich davon aus, dass ich mich noch bis zum Entbindungstermin täglich mit seinen Büchern würde befassen können. Wenn man Spaß bei einer Sache hatte, war das ja auch gar keine richtige Arbeit. Und meine Schwangerschaft war in den letzten Wochen und Monaten so unproblematisch und entspannt verlaufen, da würde das für mich doch alles ein Klacks sein. *Joar... fast.* Das kann auch nur jemand glauben, der selbst noch nie

---

[55] *Papa*: Spüre ich da eine Träne die Wange hinablaufen?!

schwanger war. Aber ich möchte nicht vorweg-greifen.

Jetzt war erstmal Weihnachten und Entspannung angesagt. Endlich hatten wir Zeit, um ganz in Ruhe unsere Lieblingsweihnachtsfilme anzuschauen, an-gefangen selbstverständlich mit *Kevin – Allein zu Haus*. Die Vorweihnachtszeit ohne Kevin ist wie Ostern ohne Hase. Ein Abend mit *Kevin*, Weihnachts-tee und Plätzchen und Weihnachten konnte kommen.

Jetzt brauchten wir nur noch Plätzchen. Robert und ich hatten uns seit vier Weihnachten vorge-nommen, Plätzchen zu backen, und nie hatten wir es richtig geschafft. Immer ist etwas dazwischen-gekommen, meistens die Arbeit. Aber dieses Jahr würden uns keine zehn Rentiere davon abhalten, Plätzchen zu backen. Sechs verschiedene Sorten standen auf unserer Liste.

Wir hatten uns einen Nachmittag freigehalten fürs Backen. Als geübter Plätzchenbäcker wirst du jetzt wahrscheinlich denken: „Sechs Sorten an einem Nachmittag? Sportlich!". Ungefähr dasselbe habe ich auch gedacht, aber Robert war fest davon überzeugt, dass wir das schon hinkriegen würden.

Vielleicht hätte ich mal besser auf mein Bauch-gefühl gehört, vor allem wo Knöpfchen mir doch die ganze Zeit versucht hatte zu sagen, was das für eine schlechte Idee war. Es war ja nicht so, dass ich seit jeher das Weihnachtsplätzchenbacken übernommen und schon das ein oder andere böse Plätzchenerwachen gehabt habe,[56] und Robert das letzte Mal wahrscheinlich als Kind Plätzchen gebacken hat.[57]

Aber nein, ich habe weder auf meinen Bauch noch auf Knöpfchen oder sonst irgendwelche längst vergangenen Weihnachtsplätzchenbacktraumata[58] gehört, sondern auf, du kannst es dir wahrscheinlich denken, Roberts Enthusiasmus.

Hochmotiviert, Nikolausmützen auf dem Kopf und Weihnachtsmusik in den Ohren, legten wir mit den Teigen los. Da ich Ausstechen so gar nicht leiden kann (*könnte vielleicht sein, dass mir dafür eventuell ein wenig die Geduld fehlte, aber nur eventuell*), hatte ich mir extra Plätzchen ohne Ausstechen ausgesucht.

Während Robert also immer noch mit seinen Ausstecherle beschäftigt war, war ich fast mit meiner dritten Sorte an Plätzchen fertig. Kurz hatte ich geglaubt, dass wir unsere Plätzchen vielleicht doch noch fertigkriegen würden, aber dann begannen die Ausstecherle ihren Tribut von Robert einzufordern.

Nicht nur das unbequeme Arbeiten an den viel zu niedrigen Arbeitsflächen (*Als Mensch über 1,80 m wird jede handelsübliche Küche spätestens nach einer Stunde zu einer echten Zerreißprobe für Rücken und Nacken.*), auch die Hitze vom Backofen setzten ihm zunehmend zu. Mit aller Kraft versuchte er, die

---

[56] *Mama*: Habe mir mal ein Weihnachten vor langer, langer Zeit vorgenommen, zehn Sorten zu backen, für die ich dann einen ganzen Tag und eine ganze Nacht in der Küche gestanden habe...
[57] *Papa*: Pah, denkste! Bin in echt voll der Plätzchen-Backprofi!
[58] *Mama*: #nurdiedeutschesprache #werkannderkann

sich anbahnende Migräne zu unterdrücken, aber es half alles nichts.

Spätestens als wir bei den Vanillekipferln angelangt waren und Robert die Kipferl brezelgroß rollte, wurde mir klar, dass es keinen Wert mehr hatte. ich schickte Robert ins Bett und übernahm die Herrschaft über das Plätzchen-Chaos. Die Schlacht konnte beginnen.

Beinahe hätten die Plätzchen mich klein bekommen, aber nur beinahe. Nur meinem eisernen Willen und meiner knallhart über die Jahre erworbenen Plätzchenerfahrung war es zu verdanken, dass Knöpfchen und ich das Feld als Sieger verließen. Naja, das... oder vielleicht auch die Tatsache, dass ich beschloss, Zimtsterne würde ich auch kaufen können, und die Hilfe meiner Schwiegermutter, die die letzten Reste der Schlacht beseitigte, nachdem ich vor lauter Rückenschmerzen kaum noch stehen konnte.

Mit aller letzter Kraft schleppte ich uns (*also Knöpfchen und mich*) die Treppen zu unserem Wohnzimmer (*also Roberts und meinem*) nach oben, wo der halb im Migränedelirium liegende Robert uns (*also Knöpfchen und mich*) in Empfang nahm und wir uns (*also wir alle drei*) über die Siegesbeute hermachten. Ich musste die Plätzchen fast in Robert reinzwängen, so groß war sein schlechtes Gewissen, uns (*also... du weißt schon*) im Stich gelassen zu haben.

***

171

Am nächsten Tag, ich spürte meinen Rücken immer noch in ungeahnter Stärke, hatten wir unseren ersten Termin im Hebammenkreißsaal. Eine Liste an Fragen, die von hier bis nach Berlin reichte, im Gepäck, machten wir uns auf den Weg zu dem langersehnten Gespräch. Ins Krankenhaus zu fahren und den Kreißsaal zu betreten, machte die Schwangerschaft noch ein gutes Stück realer.

Wir wurden von einer wahnsinnig netten Hebamme begrüßt, die uns im Besprechungszimmer Platz nehmen ließ. Während wir darauf warteten, dass sie noch ein paar Sachen besorgte, ertönte auf einmal, ganz als hätte es damit nur auf uns gewartet, der erste Schrei eines Neugeborenen. An meinem ganzen Körper breitete sich Gänsehaut aus. Mit Tränen in den Augen schauten Robert und ich uns an. So würde es also klingen, wenn unser Knöpfchen endlich bei uns wäre. Plötzlich kam mir die Zeit bis zur Entbindung noch wie eine ganze Ewigkeit vor.

Bevor ich überhaupt mit unseren gesammelten Fragen loslegen konnte, wurde ich erstmal gelöchert. Es gab nichts, was sie nicht von mir wisse wollte – angefangen von meinem Umgang mit Alkohol und Drogen über körperliche und psychische Vorerkrankungen bis hin zu dem Verlauf meiner Schwangerschaft.

„Sind Sie über 1,50 m groß?" Sie schaute kurz von ihrem Anamnese-Bogen auf und grinste: „Ganz knapp."

Um rechtlich abgesichert zu sein, mussten die Hebammen alle möglichen Risikofaktoren im Bezug auf die Geburt ausschließen. Sie durften nur die gesündesten Frauen im Hebammenkreißsaal betreuen.

Als wir das Krankenhaus nach dem Termin wieder verließen, fühlten wir uns beide mehr als nur wohl. Wir wussten, dass wir genau am richtigen Ort gelandet waren. Wenn ich jemals noch mit der Entscheidung gehadert hatte, nicht im Geburtshaus zu entbinden, spätestens jetzt waren sämtliche Restzweifel wie weggeblasen.

Kein einziger unserer Wünsche oder Vorstellungen, was die Geburt betraf, stieß auf verschlossene Ohren. Egal wie speziell sie vielleicht auch sein mochten. Entbindung im Vierfüßlerstand oder in der Badewanne? Gar kein Problem! Eigene Musik? Unbedingt! Ausschließlich pflanzliche und homöopathische Mittel? Sowieso! Das Baby nach der Entbindung in ein rotes Handtuch einwickeln? Sehr gern! Die Nabelschnur erst nach dem ersten Anlegen abbinden? Gut möglich!

Selbstverständlich war uns beiden klar, dass das nur Wünsche waren und man natürlich im Zweifelsfall anders handeln musste. Aber zu wissen, dass man soweit es eben möglich war, auf unsere Bedürfnisse einzugehen versuchte, fühlte sich einfach gut an. Wir freuten uns schon richtig auf unseren zweiten Termin im Februar.

***

Es wäre keine richtige Schwangerschaft gewesen, wenn nicht auch dieser Monat die ein oder andere Unannehmlichkeit mit sich gebracht hätte. Und dieser Monat hatte gleich drei Unannehmlichkeiten für mich parat.

Erste Unannehmlichkeit: Ich habe Rhesusfaktor negativ und Robert hat Rhesusfaktor positiv. Ich höre die betroffenen Schwangeren und Mütter unter euch schon aufstöhnen. Rhesusfaktor negativ in Kombination mit einem positiven Vater (*um das medizinisch mal korrekt abzukürzen*) bedeutet eine recht unangenehme Spritze um die 28. SSW rum.

Hat man als Schwangere Rhesusfaktor negativ und ist das Baby wegen des positiven Vaters möglicherweise auch positiv, könnte der Körper der Mutter beginnen, Antikörper gegen das Blut des Babys zu bilden. Spätestens wenn man dann nochmal mit einem positiven Baby schwanger ist, könnte das dazu führen, dass die Abwehr des eigenen Körpers beginnt, das Baby anzugreifen. Nicht ganz so geschickt. (*Die Mediziner unter euch werden mir jetzt wahrscheinlich zu meiner fachlich einwandfreien Ausführung gratulieren. Herzlichen Dank!*)

Um das zu vermeiden, bekommt man eben diese Spritze... diese sehr volle Spritze... in die Hüfte... wenn man eh schon sehr empfindlich in Sachen Nadeln ist... und in der Schwangerschaft noch einmal mehr... Ich sage dir: kein Spaß! Wirklich kein Spaß!

174

Unannehmlichkeit Numero due (*oder so*): Thrombosestrümpfe. Ich wusste, sie würden auf mich zukommen (*Was die Venen in meinen Beinen anbelangt, habe ich nicht unbedingt die besten Gene.*), und nun war der graue Tag gekommen, an dem ich nicht mehr drum rumkam. Ich höre die (ehemaligen oder zeitweiligen) Thrombosestrümpfe-Träger unter euch auch schon aufstöhnen. Thrombosestrümpfe: zu warm, zu eng und zu nervig! (*Wäre doch ein guter Werbeslogan. Vielleicht sollte ich mal bei der Thrombosestrümpfe-Mafia nachfragen, ob die Interesse daran hätten...*) Mehr muss man dazu gar nicht sagen.

Und die letzte der unangenehmen Drei: Das fehlende Magenvolumen. Kein Platz mehr für nichts im Bauch; außer Baby selbstverständlich. Hast du schon mal zu viel gegessen und dann das Gefühl gehabt, du würdest gleich platzen? Ja? Warst du schon mal schwanger? Nein? Dann (*ich nehme mir jetzt einfach mal raus, das zu sagen, frech wie ich bin*) hast du ja gar keine Ahnung!

Denn wenn man schwanger ist und zu viel gegessen hat, was gut und gern schon mal bei Portionen in Kindergröße[59] vorkommen kann, spannt die Haut am Bauch, als würde sie gleich aufreißen. Da helfen auch keine zwei Runden um den Block. Dieses Gefühl

---

[59] *Mama*: Um Missverständnissen vorzubeugen: Damit meine ich nicht, dass die Portionen die Größe von Kindern haben, sondern dass die Portionen so groß sind wie die Kinderportionen in Restaurants (*wenn überhaupt*).

hält auch mal den ganzen restlichen Abend an und man kann es noch nicht einmal richtig vermeiden, weil es sich unverschämter Weise einfach nicht vorher ankündigt. (*Lieblingsbeschäftigung Essen gar keine so liebe Beschäftigung mehr.*)

Trotzdem hatte ich es über die Weihnachtsfeiertage irgendwie hingekriegt, zu viel zu essen. Ich habe zwar weniger gegessen, aber dafür dann eben öfter. Du kannst dir wahrscheinlich gut vorstellen, mit welchem Gefühl ich am 02. Januar zum Frauenarzt gegangen bin. Warum fragst du? Na, wegen dem blöden Wiegen!

Kein vernünftiger Mensch wiegt sich am 02. Januar. Am 10. vielleicht, aber doch nicht am 02. Nach all den Plätzchen und den Raclette-Pfännchen stellt man sich nicht auf die Waage.

Aber genau dorthin musste ich. Ich war auf alles gefasst: 3 kg mehr, 5 kg mehr, 10 kg mehr. Fast hätte es mich von der Waage gehauen, als ich sogar ein bisschen weniger Gewicht hatte als noch Ende November. Wie konnte das denn sein?

Im ersten Moment war ich super erleichtert, fast sogar ein bisschen stolz. Ich hatte in nur acht Monaten Schwangerschaft gerade einmal 6,5 kg zugenommen. Im nächsten Moment kamen dann aber nicht nur die Scham, weil ich mir immer noch so viele Gedanken um mein Gewicht machte, sondern auch eine gewisse Sorge.

Ich hatte oft genug gehört, wie wichtig es war, in der Schwangerschaft nicht abzunehmen. Es waren zwar nur 200 g weniger als beim letzten Mal, aber trotzdem war ich ein wenig besorgt. Ich hatte so viel gegessen und trotzdem Gewicht verloren? Hoffentlich war mit Knöpfchen alles in Ordnung.

Aber zum Glück beruhigte nicht nur Robert mich, sondern auch die Ärztin. Knöpfchen hatte trotz allem sowohl an Größe als auch an Gewicht zugelegt und solange ich nur so minimal Gewicht verloren hatte, konnte man von gewöhnlichen Gewichtsschwankungen sprechen. Da müsste ich mir keine Sorgen machen.

Mir fiel ein Stein von der Größe des Erzgebirges vom Herzen. Zu wissen, dass Knöpfchen sich alles in meinem Körper holte, was es brauchte, beruhigte mich ungemein.

Jetzt, wo wir wussten, dass es dem kleinen Engel so gut ging, konnte das neue Jahr mit all seinen Abenteuern kommen. Knöpfchen volle Kraft voraus!

- Papa -

Mitte Dezember: die letzten Vorträge waren endlich abgehakt. *Was für ein Gefühl! Was für eine Leistung!*

Allmählich begann mein Brustkorb, bei dem Gedanken an die Geburt zu kribbeln, nicht unbedingt angenehm, eher so als Vorbote für ein darauf folgendes Magenkrampfen. Mir schossen sämtliche Horrorszenarien einer Entbindung durch den Kopf.

Der Stau zum Krankenhaus! Die Geburt im Auto! Die schreiende Frau! Der halb herausschauende Kopf des Säuglings zu Hause! Was tut man dann? Keine Ahnung... wahrscheinlich dumm in die Röhre kucken... (*Zu flach? Okay!*) Puh, ... besser gar nicht dran denken, es würde eh alles gut gehen.

Zum Glück gab es genug Ablenkung: Eine selbstgeschriebene Adventsgeschichte für Kera, ihre alljährliche Weihnachtsdeko, Weihnachtsmusik und Weihnachtsgebäck. Dieses Jahr wollten wir über fünf verschiedene Sorten Plätzchen an einem Tag backen, und zwar in großen Mengen.

Blöderweise bekam ich mitten beim Backen einen üblen Migräneanfall, sodass mein armer Spatz die ganzen Vanillekipferl, Kokosmakronen und Ausstecherle (*Jep, bin Schwabe! Keine Sorge, ist nicht ansteckend.*) bis spät in den Abend hinein allein machen durfte. Wieder einmal zeigte sich, wie gut doch eine WG war, die ihr dann aushelfen konnte, wenn sie einmal wieder ihr geliebter Ehemann im Stich ließ.

178

Aber auch das Plätzchenbacken konnte mich nicht gänzlich ablenken. Denn der Hebammenkreißsaaltermin rückte immer näher und die Geburt wurde damit irgendwie doch nochmal realer.

Eigentlich müsste man meinen, dass wir genug Zeit gehabt hatten, um uns an den Babygedanken zu gewöhnen. Trotzdem fragten wir uns fast täglich oder gar mehrmals am Tag: „Sag mal, kannst du es eigentlich schon glauben?" und kicherten aufgeregt, während wir die Köpfe schüttelten. (*Oh ja, wir sind sicher eines dieser Paare, die liebend gern von Singles im Park vergiftet werden.*)

***

Graue Wände, Desinfektionsgeruch, durcheinander wuselnde Weißkittel, freundlich grüßende Grünkittel, kleine Theke mit vermeintlich frisch belegten Brötchen[60], Stahlaufzüge, Piepgeräusche und verbrauchte Luft... Und? Wo befinden wir uns? Richtig, im Krankenhaus!

Und weißt du was? Ich hasse Krankenhäuser! Ich bin mir nicht sicher, wer mir das alles schon übelgenommen hat, denn ich bin ein miserabler Freund, wenn es um Klinikbesuche geht. Das liegt nicht daran, dass ich keine Anteilnahme zeigen mag, aber diese Teile lösen in mir ein Gefühl von Krankheit

---

[60] *Papa*: Also frisch vor zehn Tagen und teuer wie 'ne Cola in Monaco.

und Tod aus. Das klingt jetzt super dramatisch. Aber leider habe ich diese Siebzigerjahre-Betonklötze, deren Erscheinungsbild manchmal an diese riesigen Tourihotels mit All you can drink–Flatrates erinnern, schon zu oft von innen gesehen. Gott sei Dank, nur selten als Patient.

Versteh mich jetzt bitte nicht falsch: Ich bin wahnsinnig froh, dass es Kliniken gibt, aber ich habe sie bisher leider immer mit Tränen und Schmerz verbunden, weswegen sie für mich ähnlich beliebt sind wie der jährliche Zahnarztbesuch. (*Ich habe zwar 'n tollen Zahnarzt, aber bohren tut selbst beim nettesten Arzt weh.*)

Dieses Mal betrat ich den Ort des Grauens tatsächlich zum ersten Mal aus schönen Gründen. Ich würde Vater werden! *Hell yeah!* Also rein da, hoch in den zweiten Stock (*natürlich über die Treppen sportlich hochgesteppt*) und ab die Klingel des Kreißsaals gedrückt. Eine Frau steckte den Kopf aus der Tür.

„Öh...", stotterte ich, „wir sind wegen dem Hebammenkreißsaal hier." Ihr fragender Blick glitt musternd zu Keras Bauch.

„Also wir haben einen Besuchstermin." Ich hätte mir an den Kopf schlagen können.

Natürlich hätten wir auch wegen der Geburt selbst hergekommen sein können. Aber mir war einfach nicht ganz klar gewesen, dass unser Termin innerhalb des Kreißsaalbereichs stattfinden sollte, geradewegs durch den Flur der Kreißsäle durch, hinter deren verschlossenen Türen gerade frischgebackene Babys vom Storchen gebracht wurden. *Irre, oder?*

Und gerade als wir im Zimmer Platz nahmen, also nicht in einem der Kreißsäle selbst, sondern im Besprechungszimmer, und uns ein Kaffee / Tee angeboten wurde (*auch noch ‚Weleda-Tee' – direkt sympathisch!*), hörten wir das dumpfe Schreien eines Babys. Haben wir gerade den Moment erlebt, in dem ein Baby das Licht der Welt erblickte und zum ersten Mal ‚hallo' sagte?

(*Bevor es dann wahrscheinlich bemerkte, dass die Welt außerhalb der Gebärmutter nicht so wohlig warm ist, man sich selbst um Essen und Trinken kümmern muss und man auch gar nicht mehr so nah bei Mama ist. Ziemlich schlechter Deal!*

Was? Ich habe den Moment zerstört? Tut mir leid! Kerze an, ‚Berry White' rein und zurückspulen zu diesem einen Moment. Nimm dir am besten fünf Minuten Zeit, bevor du weiterliest. Wieder da? Schön! Weiter geht's...)

Der Termin war wirklich gut. Und dieses Gefühl, als der Stift der Hebamme über jedes Nein kreuzte, das eine Geburt im Hebammenkreißsaal vom Ausschluss bedrohte, war wie *Der Frühling* von Vivaldis *Vier Jahreszeiten*. Wir waren also save! *Woohoo!* Der Hebammenkreißsaal durfte nun offiziell von uns unsicher gemacht werden. (*„Das kleine Knöpfchen möchte aus dem Fruchtwasserparadies abgeholt werden."*) Wir waren ganz aus dem Häuschen.

Das einzige, was wir im Hinterkopf behalten sollten, war die Obergrenze von 4,3 kg, was uns anfangs etwas Sorgen machte, denn unsere Prognose schwankte zwischen 4 und 4,5 kg. (*Wie sollte so ein Bollen aus Kera rauskommen?*) Aber die Hebamme machte uns Mut.

Sie tastete nach dem Kleinen und meinte, dass da noch so viel Platz sei, dass sie nicht glaubte, dass das Baby so groß werden würde. Auch unsere Hebamme und eine Schülerin, die sie begleitete, stimmten bei einer späteren Untersuchung zu, dass Knöpfchen eigentlich recht normal von der Größe wirkte. (*Natürlich alles unter Vorbehalt, weil es nie eine Garantie gäbe, vor allem gegen Ende der Schwangerschaft nicht. Was? Habe ich schon erwähnt? Sorry, fünf Sekunden deiner Zeit rausgeworfen.*)

Mit so viel Rückenwind gingen wir bestens gelaunt zu unserer Frauenärztin zum dritten Screening. (*Ja, du hörst richtig! Ich hatte keine Angst mehr.*) Bei der Untersuchung fragte sie uns immer wieder, ob wir wegen des geschätzten Geburtsgewichts nicht doch einen Termin bei der Chefärztin der Klinik ausmachen wollten.

Wir lehnten dankend ab, denn wir hatten den Platz ja schon sicher. Warum also nochmal mit der Chefärztin sprechen?

Glücklicherweise war beim dritten und letzten großen Screening auch alles bestens und so langsam konnte ich es kaum noch erwarten, bis es endlich losgehen würde. Trotzdem kam auch immer wieder ein anderes Gefühl in mir auf, nämlich das Gefühl der Überforderung und auch irgendwie des Abschiedes.

Denn so sehr ich mich auf die Dreisamkeit freute, würde diese unsere Zweisamkeit für immer ersetzen. Kein ‚wir zwei gegen den Rest der Welt' mehr. Klar, irgendwann verlassen deine Kinder (*wenn alles gut geht*) auch wieder das Haus, aber selbst dann bist du immer noch mindestens ein Dreiergespann (*mindestens, weil wir noch mindestens ein weiteres Kind haben wollen*). Die nächsten Jahre würden also völlig auf den Kopf gestellt werden.

Hätten wir dann überhaupt noch Zeit zu zweit?[61] Was, wenn ich all dem nicht gewachsen wäre? Das hier war 'ne lebenslange Sache! Du merkst schon, die anfängliche Unsicherheit kam wieder zum Vorschein. Bald schon würde der kleine Mensch da sein und ich wusste gar nicht, ob ich das alles konnte. Bisschen spät, ich weiß. Aber schon ganz schön eisig, das Wasser, in das man da geworfen wird…

An diesem Punkt möchte ich eine Sache nochmal kurz erwähnen, die mich wirklich nachhaltig beschäftigte und auch ziemlich traurig machte. Kera

---

[61] *Papa*: Das kam hier etwas zu kurz, aber man bekommt ja schon auch immer wieder mit, wie sehr der Nachwuchs auf die Beziehung drücken kann. Und auch wenn ich unsere Beziehung für unzerstörbar halte, können solche Prophezeiungen schon mal verunsichern, insbesondere, wenn man sowieso nicht richtig weiß, was auf einen zukommt.

hatte ja auch einige Bücher über die Zeit danach[62] besorgt und darüber, wie man in die Rolle der Mutter wächst. Ich war begeistert von all dem Wissen. Nur, wo war der Vater dabei?

Klar, war ja ein Mamabuch, also kein Problem. Dann mussten eben Papabücher her. Wie jetzt, Internet? Das sind alle? *Hä?* Hab ich mich vertippt? Buchläden meines Vertrauens? Ihr lasst mich auch im Stich? Tatsächlich gibt es kaum Bücher zum Thema Papa.[63]

Überall wird über die Frau und das Kind gesprochen und meist wird der Mann erwähnt, wenn es um ein No-Go oder triviale Hausarbeiten geht, was er bitte unterlassen oder tun soll. Oder wie er eine Bindung zum Baby aufbaut.

Was dann in etwa so klingt: „Trauen Sie sich auch ab und an einmal, mit Ihrem Kind zu kuscheln oder ihm etwas vorzusingen. Fühlen Sie sich dabei nicht in Ihrem Mannsein verletzt!"

Oder: „Stehen Sie über die Sprüche Ihrer Freunde, wenn Sie den Kinderwagen schieben."

Ja, sind wir denn noch in den Fünfzigern?! Und warum wird die Sprache bei den Tipps für Männer oft so stark vereinfacht, als spräche man mit einem Kind?

---

[62] *Mama*: Für alle, die sich fragen: danach? wonach? Na, nach der Geburt.

[63] *Papa*: Natürlich gibt es eine ganze Bandbreite an Papabüchern, aber diese Bücher sind eher wie eine Betriebsanleitung o.ä. aufgebaut. So richtig ernsthaft setzen sich meines Erachtens nur wenige damit auseinander, vor allem, wenn man auch mal etwas Sachlicheres darüber lesen möchte…

Auch der Mann sollte sein Kind liebhaben, um eine Bindung aufzubauen... Und ich dachte immer die Bindung zwischen Vater und Kind entstehe erst, wenn MANN es zusammenschreit! *Whoosa... Ich bin ein Gänseblümchen im Wind...*

Na, ist doch wahr! Da könnte ich mich schon aufregen. Okay gut, Männer waren lange nicht für ihre Kinder da und viele Väter, wenn nicht gar die meisten, haben mehr oder weniger die Kindheit ihrer Kleinen verpasst, weil sie nur am Ackern waren. (*Ja, das traditionelle Männerbild ist zwar offiziell abgeschafft, aber leider noch voll verankert in den Köpfen vieler Männer. Ist auch logisch. Was so lang Bestand hatte, ist nicht mal eben in ein paar Jahren ausradiert.*)

Aber dann, gerade dann ist es doch umso wichtiger, dass auch Männerbücher geschrieben werden, die tiefgreifender als eine Anleitung zum Zärtlichkeitsaustausch sind und über die Erklärung des Haushalts-Einmaleins hinausgehen (*ist natürlich etwas überspitzt ausgedrückt, aber in die Richtung geht es eben schon*).

Liebe Schriftsteller*innen, Psycholog*innen, Hebammen und Hebammerichse (*gibt's glaube ich nur einen einzigen in ganz Deutschland. Find ich stark! Hallo, falls du das liest!*) und lieber Lieblingsmännerbuchautor Björn Süfke: Bitte, bitte schreibt solch ein Buch!

***

185

Wir waren zwar, wie ich ja bereits erwähnt habe, bis einschließlich März mit Geld versorgt, allerdings wollten wir im Sommer für vier Wochen in ein Ferienhaus nach Italien fahren. Um also ein bisschen etwas dazuzuverdienen, würde ich dieses Jahr einige Vorträge ohne Kera halten. Und eigentlich dürfte das restliche Schuljahr auch genug Vorträge mit sich bringen, dass es theoretisch reichen müsste.

Aber man konnte ja nie wissen und wir haben schon immer versucht, mit dem WC (*also nicht der Toilette (wobei das eigentlich ganz gut passen würde), sondern mit dem Worst Case (wenn ebenfalls das Braune am Dampfen ist)*) zu rechnen. Lange Rede, kurzer Sinn: Es musste ein Nebenjob her.

Jetzt konnte ich mit einem Master in Wirtschaftsrecht schlecht einen 450-Euro-Job in einer Anwaltskanzlei antreten. Sonst müsste ich wahrscheinlich zwei Tage im Monat arbeiten und hätte das Geld zusammen. Aber das würde sich für eine Kanzlei nicht wirklich lohnen. Also musste es eben ein anderer Minijob meiner Wahl sein.

Ich war total aufgeregt, denn endlich konnte ich mal in irgendein für mich völlig fremdes Arbeitsfeld reinschauen. Da ich eigentlich nur in Ruhe arbeiten wollte, bewarb ich mich auf Regalauffülljobs, für Bioläden und Bäckereien. Für Letzteres bekam ich prompt einen Probetag angeboten.

'Ne Dorfbäckerei wäre bestimmt irgendwie 'ne nette Sache, oder? So naiv wie ich war, stellte ich mir das etwas romantisch vor wie im Film *Chocolat* damals in der Chocolaterie. In eine Bäckerei mit Café würden doch vor allem entspannte Leute kommen (*immerhin würde ich meist Wochenends arbeiten müssen, wenn ich den Job annahm*), denn wer bitte kam nicht in bester Laune mit breitem Grinsen am Wochenende in eine Bäckerei, um selbstgebackene, noch warme Brötchen abzuholen oder eines dieser wunderschön angerichteten Frühstücke zu essen und dabei den neuesten Tratsch auszutauschen?!

Ich musste nur daran denken, als ich in der Studentenzeit Pizza ausgefahren habe (*ein Minijob, der mir besser als jeder andere gefallen hat*) und ich schon mit einem Strahlen und viel Trinkgeld an der Tür begrüßt wurde. Jeder liebt Pizza, und warme Brötchen doch auch, also würde der neue Job sicher eine ähnliche Erfüllung mit sich bringen. (*Mann, was sollte ich mich mal wieder täuschen...*)

Auch das Gespräch mit der Chefin war großartig. Sie backten dort, ganz nach meinem Geschmack, fast alles noch selbst und achteten beim Mehl darauf, dass es auch wirklich natürlich gereift war, bevor es weiterverarbeitet wurde.

Als ich beim Probetag um fünf Uhr morgens müde, aber zufrieden zum Arbeiten kam, war ich begeistert. Allein der Hefegeruch ließ meinen Magen schnurren. Die Bäckerin, die für mich zuständig war, zeigte mir mit viel Geduld, wie man was backen sollte und auf was man achten musste. *Ganz schön spannend!* Wie der Streber aus der ersten Reihe sog ich alles in mich auf, was mir gezeigt wurde und staunte über die winzigen Rohlinge, die im Ofen um ein Vielfaches aufgingen.

Für mich war die Sache so gut wie geritzt. Natürlich schlief ich noch eine Nacht darüber und sprach mit Kera, aber der Gedanke in meinem Kopf, als fröhlicher Bäckerjunge den Laden zu rocken, hatte sich fest eingebrannt. Und so war der Entschluss gefasst: Ich würde als Aushilfskraft im Bäcker arbeiten.

Somit konnte ich wieder einen großen Punkt auf unserer To-do-Liste abhaken. Noch etwas mehr als zwei Monate und wir würden endlich unser Knöpfchen erwarten. Und das Wichtigste war doch nun wirklich erledigt, oder?

- Knöpfchen -

Ich habe es noch gar nicht erwähnt, aber seit diesem Monat bin ich Sernfeh-Superstern. Weil Mama und Papa und ich waren nämlich im Sernfehn zu sehen. Wozu das auch immer gut sein soll. Aber wenn Mama und Papa das gern wollen, dann mache ich natürlich mit.

Was ich aber viel schöner als Sernfehen finde, ist Weihnachten. Ich weiß nicht, ob du weißt, was Weihnachten ist. Aber ich kann dir nur sagen, dass es ja soooo eine schöne Zeit ist mit ganz viel Plätzchen und Kerzen und Kuschlei mit Mama und Papa. Ich glaube, Weihnachten ist meine Lieblingszeit. Das musst du unbedingt mal ausprobieren mit diesem Weihnachten, wenn du magst.

09. Monat

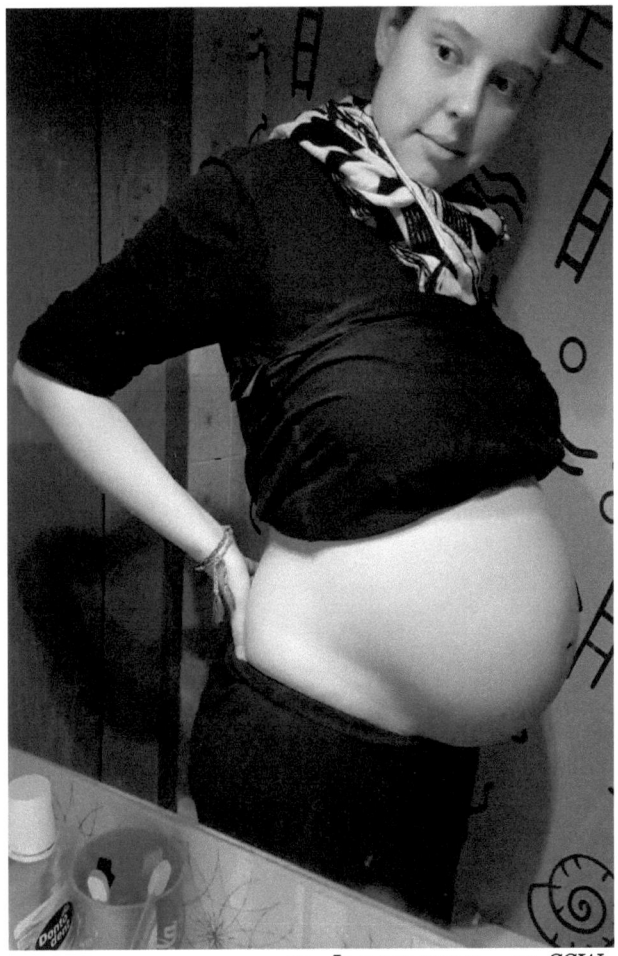

29. Januar 2020 – 35. SSW

- Papa -

Frischer Duft nach Hefe, hohe Luftfeuchtigkeit, von draußen scheint der Mond durch die gläserne Fassade des... na, na? Richtig, des Bäckers! Denn Mitte Januar begann mein erster offizieller Tag als Bäckeraushilfskraft. Ich, natürlich voll motiviert, aufgeregt und doch auch etwas angespannt, ob ich dem Ganzen gewachsen wäre, aber vor allem eins: todmüde.

Denn Kera hatte nicht nur zunehmende Beschwerden beim Schlafen, sondern noch ein etwas anderes Problem: Schnarchen! Während der Schwangerschaft pumpen vier weitere Liter Blut durch den Körper (*Das muss man sich echt mal auf der Zunge zergehen lassen.*),[64] wodurch die Schleimhäute anschwellen und bei einigen Frauen mit ihnen auch die Nasenlöcher.

(*Ich stell mir das immer 'n bisschen vor wie bei einem Luftballon. Kennst du auch, oder? Wenn man einen Luftballon aufbläst und dann am Ventil in die Breite zieht, quietscht das so schön. Als Kinder hat uns das riesig Spaß gemacht, unseren Eltern damit Kopfschmerzen zu bereiten (Arschkeks-Alarm!).*)

Da Kera nur durch die Nase atmet beim Schlafen, erreichte sie in der Schwangerschaft eine ganz neue Art von Lautstärke, die es mir nicht immer leicht gemacht hat, einzuschlafen. Man gewöhnt sich dran, aber weißte selbst: Wenn du schlafen willst und dann

---

[64] *Mama*: Also hoffentlich nur die Vorstellung und nicht das Blut. Wääääähhhh!!!

trötet es die ganze Zeit neben dir, dann hilft auch kein ‚Whoosa' oder meditieren mehr. Dann flippt man irgendwann einfach aus. Und ich will dich mal schlafen sehen, wenn du aufgebracht bist...

Was also tun? Vorbeugen! Erstmal raus aus dem Zimmer und durchatmen. Doch jedes Mal, wenn ich versuchte, gefasst das Zimmer zu verlassen, wachte sie auf und wusste, was los war. Natürlich war die arme Maus dann total niedergeschlagen, denn es fühlt sich einfach nicht gut an, wenn man seinen Partner wachhält. Also gabs erstmal Trostknuddeln bis alles wieder gut war, was schon mal 'ne Stunde in der Nacht kostete (*zusätzlich zum vorangegangenen stunden- langen Hin- und Herwerfen*).

Du weißt, worauf ich hinauswill? Ganz genau, vom Schlaf vor der Frühschicht beim Bäcker war am Ende eben nicht mehr viel übrig. Denn vor 23 Uhr fiel es mir schwer zu schlafen und um 4 Uhr spätestens klingelte der Wecker – minus eine Stunde Herum- werfen, eine viertel Stunde, bis der Entschluss kam, den Raum zu verlassen, und noch eine Stunde Trostknuddeln und dann war es fast schon wieder Zeit, aufzustehen. Da half nur noch 'ne extra Dosis Guarana (*Kaffee kann ich nur selten trinken (Sod- brennen und so)*).

Nach meinem ersten Arbeitstag war ich fix und fertig. So ganz wie in meiner Vorstellung ist es dann eben doch nicht abgelaufen. Die Mitarbeiterinnen waren super nett und zuvorkommend, aber die Kund*innen...

Egal ob Wochenende oder nicht, die meisten Kund*innen waren einfach nur schlecht gelaunt. Entweder war die Tüte zu knittrig, das Brot nicht heiß genug, ein Körnchen am falschen Platz oder aber die Brötchen zu wenig gleichförmig. (*Joar... war halt handgemacht und keine Fertigware...*)

„Ja gut, aber das ist ja eher die Ausnahme.", denkst du jetzt? Von wegen! Solche Kund*innen gab es nicht selten. Und laut meinen Kolleginnen wurden die Kund*innen immer anspruchsvoller, immer kurzangebundener und immer motziger. (*Du musst nur einmal auf die Autobahn im Berufsverkehr gehen,[65] dann siehst du das Abbild unserer Gesellschaft...*)

Wie man mit den armen Verkäuferinnen umging, war echt hart. Auch ich wurde nicht selten behandelt, als wäre ich geistig beschränkt. Ganz zu schweigen vom Thema Sexismus. Wie oft die Verkäuferinnen angebaggert wurden, da ist mir schon manchmal die Kinnlade runter.

Aber apropos Sexismus: Viele wissen es nicht, aber auch Männer können Sexismus unterliegen. Tatsächlich wollten sich manche Kund*innen nicht von mir bedienen lassen, da Männer sowas nicht könnten. Nicht nur einmal musste ich mir auch so Sprüche wie „Das muss man mit Gefühl machen, also das, was ihr Männer nicht könnt..." anhören. (*Hui... Hat mich zwar nicht getroffen, aber nachdenklich hat es mich schon gemacht.*)

---

[65] *Papa*: Vielleicht doch lieber fahren als gehen...

Natürlich bleiben einem vor allem solche Geschichten im Kopf. Viele Kund*innen waren auch nett und haben sich sehr gefreut, einmal einen Mann im weiblich dominierten Bäcker zu sehen. Aber trotzdem war eine hohe Anzahl an Kund*innen sehr, sehr unfreundlich und das auch samstags und sonntags, ob beim Frühstück im Bäckercafé oder aber, um Brötchen für zu Hause zu holen... (*Ob das wohl mittlerweile beim Pizzaausfahren auch so ist?*)

Schnell wieder ins Gedächtnis rufen, warum ich noch gleich den Nebenjob machte. Richtig, um anfallende WC-Kosten (*du weißt ja noch...*) zu decken, die ungeplant anfallen könnten, wie zum Beispiel bei den Babysachen. Irgendwie hatten wir die noch immer nicht komplett zusammen.

Ich sag's dir: ein Baby ist das Schönste, was einem passieren kann (*wenn man es denn will*), aber die Vorbereitungen sind ein Fass ohne Boden. Immer wieder neu den Überblick verschaffen, Babysachen einkaufen oder weitere Dinge planen. Wenn Kera schon mit Zettel und Stift ankam, stülpte ich meine Hosentaschen nach außen, denn ich wusste, jetzt geht's wieder ans Geld. Unser Geldbeutel wurde langsam dünner als so manches Model...

Aaaaaber dann kam tatsächlich doch mal eine andere Sache ins Spiel. Wie keine Babysachen? (*Ich hörte die Engelschöre im Kopf.*) Es gab doch noch andere Dinge als Babysachen in unserem Leben. Mit ihrem wunderschönen weißen Lächeln verkündete

Kera, dass die Urlaubsplanung anstand. (*Da waren sie wieder, die Engelschöre*.) Urlaubsplanung! *Wohooo!*

Wir hatten vor, ein kleines Ferienhäuschen für vier Wochen in der Toskana zu buchen, zusammen mit meiner Schwiegermama. Campen mit einem nicht einmal ein Jahr alten Kind war uns dann doch etwas zu krass. Allein schon, weil wir mit Stoffwindeln wickeln wollten und eine Waschmaschine für uns dabei Pflicht war.

Ein freudiges Thema eigentlich, aber dann traf uns Thors Hammer direkt ins Gesicht: Die schönsten Ferienwohnungen, die wir uns zwischen den Jahren angesehen hatten, waren alle weg oder um ein Vielfaches teurer geworden. Mein Herz blutete. Kera meinte, wir könnten doch auch nach Kroatien oder so, wo es immer noch so günstig sei. Doch all die Wohnungen und Häuser, die wir sahen, waren einfach nicht im Nirgendwo zwischen Zypressen und mit Wein berankten Hügeln.

Ich hatte mir schon vorgestellt, wie wir auf dem Balkon säßen, während Knöpfchen schlief. Wie wir auf die Weiten der wunderschönen Landschaft blickten und einen einzelnen Bauern über die Wege schreiten sahen. Wie die Abendsonne sich in meinem vollbauchigen Glas und dem wunderschönen Rot des fruchtigen Weines spiegelte... Während ich Kera verträumte Blicke zuwarf, würde man die Zikaden leise den aufgehenden Mond anbeten und einen einsamen Akkordeonspieler das Titellied von *Der Pate* spielen hören. *Hach...*

Oh, du bist noch da... Sorry! Zurück zum Thema: Es war eben alles nicht die Toskana.

Doch dann... dann entdeckten wir ein Ferienhaus am Mittelmeer in Italien, inmitten eines kleinen Bauerndorfes. Und da war der Traum zurück, der Mond ging langsam wieder auf und... Ja, ich hör schon auf!

Wir waren Feuer und Flamme. Unser Italienurlaub für vier Wochen war gebucht. *Juchu!* Im September würde es nach bella Italia gehen. Mamma mia, wir würden kommen mit kleine Bambini. Sonnenbrille auf, italienische Musik rein (*Mama Leooooooneeeeee...*) und Urlaubsstimmung im Januar.

∗∗∗

Aber die Urlaubsstimmung-im-Januar-Party war bei Weitem nicht die einzige Party, die in nächster Zeit gefeiert werden sollte. (B*oah, bin ich ein schlechter Übergangstäter!*) Wie erwähnt, wollten wir mit Stoffwindeln wickeln, aber dazu brauchten wir erstmal ein paar Infos. Und woher kriegt man seine Infos über Stoffwindeln am besten? Achtung, Hände vor sich halten und wild vor sich her fuchteln,[66] dabei kreischen: „Stoffwindelparty!!!" (*Na, super... Schon*

---

[66] *Mama*: Soll das ein neuer Partytanz sein? Das muss ich sehen, ums zu verstehen...
(*Papa*: Und? Salonfähig?)

wieder sowas, worauf ich überhaupt keinen Bock hatte.)

Die Neunzigerjahrekinder unter euch kennen vielleicht noch diesen *Tupperware*-Hype mit all den Partys, die da gefeiert wurden. Das uferte immer weiter aus, bis die Vibratorpartys anliefen... (*‚Fifty Shades of Grey‘ würde einpacken können, wenn man sich ab sofort seinen neusten Vibrator im ‚Tupperware‘-Set kaufen könnte, mit lebenslanger Garantie und Spülmaschinentauglichkeit. (Sorry, muss dich enttäuschen, bisher ist mir keine Kooperation in diesem Sektor bekannt...*)

Ähm... Stoffwindelparty! Ja... Puppen mit Stoffwindeln anziehen, verschiedene Stoffe streicheln und „Aaaw, fühlt sich aber gut an", sagen, die Muster und Farben bewundern und natürlich viel small talken... Hach, ich liebe solche Veranstaltungen...

Glücklicherweise ging das alles nur eine Stunde, um alle Infos zu kriegen, die wir brauchten (*eigentlich hatten wir die ja schon nach fünfzehn Minuten, aber was solls... Zeit ist ja kein Geld als Ökohippie, aber verpasste Zeit in der Natur... Ich hör schon auf*). Nee, mal im Ernst: die Frau war super nett und es war sehr informativ.

Ich bin nur eher der Typ, der die Teile im Netz vergleicht, im Notfall wo anruft und nachfragt und dann die Dinger kauft. *Fertig!* Solche Partys erinnern mich immer leicht an so einen Werbefernsehsender, der mit Q anfängt und VC aufhört, auf dem eine bestens gelaunte Frau (*nennen wir sie mal Dünster-*

Dörte) einem muskulösen, Solarium gebräunten Mann (*bekannt als Kartoffelschäler-Kilian*) eine Teflonpfanne Modell *Schaschlik-Schorsch 500* zum sagenhaften Preis von nur 199 € statt 200 € abkauft.

Aber hey, wo ich doch so gern einkaufe, standen noch so ein schwedischer Möbelladen an, den wir gefühlt leerkauften, und noch die Secondhand-Läden in Tübingen. Denn dort dachten wir, würden wir am ehesten gebrauchte Bioklamotten usw. finden. *Denkste!* Was für ein Reinfall... Wir waren echt ein bisschen enttäuscht. Tübingen hatte uns noch nie in Sachen Ökoware im Stich gelassen...

Neben all dem Einkaufsstress und der Planerei vor der Geburt, gingen meine Wochenenden beim Bäcker flöten. Leider musste ich immer mehr feststellen, dass die Arbeit dort so gar nicht meins war.

Vieles war mir zu unorganisiert, zu durcheinander und einfach von der Arbeitsweise her anders, als ich es mir gewünscht hätte. (*No hate!*) Der Laden war super, vor allem die Backwaren, die Angestellten und die Chefin, keine Frage.[67] Aber auch die super lieben Gesten der Chefin (*Ich durfte fast jedes Mal Torten, Brote und andere Sachen mitnehmen, was echt toll war.*) machten einen nichtpassenden Job eben nicht passender.

---

[67] *Mama*: Durchaus eine interessante Priorisierung in der Reihenfolge der Aufzählung.

Das war natürlich wunderbares Timing. Wir waren auf den Job angewiesen und nun bereitete ausgerechnet der mir jetzt Kopfschmerzen. Hätte mir das nicht von Anfang an auffallen können? Dann hätte ich ihn gar nicht erst angenommen.

Die Nächte zehrten an mir und ich bekam zunehmend Bauchschmerzen. Das klingt jetzt vielleicht etwas peinlich (*und ja, das war es mir auch*). Ich kam mir vor, als wäre ich unfähig, einen anderen Job auszuführen als den des Selbständigen. Aber es war einfach Fakt: Der Bäcker und ich wurden nicht warm miteinander.

Und nun? Was stellte man mit solchen Fakten an? Mal einen auf Trump machen, „Fake News!" rufen und ignorieren? Manche können das einfach in sich reinfressen, da bin ich aber leider nicht der Typ für. Ich konnte mir nicht „Ist ja nur bis Oktober, bis Kera auch wieder Vorträge hält…" einreden.

Ich hatte es probiert, aber ich konnte es nicht. Und trotzdem kämpfte ich weiter dagegen an, versuchte, es mit mir allein auszumachen. Denn Kera hatte immer mehr mit eigenen Schwangerschaftsübeln zu tun und da wollte ich nicht noch mit sowas kommen.

Ein weiser Freund hatte mir gesagt, ich solle mir besser einen anderen Job suchen, aber dann hätte ich Kera eine Sorge mehr verschafft. Ich fühlte mich in der Zwickmühle. Aber vor allem hatte ich das Gefühl, der schlechteste Vater zu sein, den man sich nur denken konnte. Ich tat das ja auch für unser Kleines, hatte doch eine Verantwortung. *Was für ein Sch...* *Schockshit!*

Nicht zuletzt wegen des zunehmenden Unwohlseins im Nebenjob freute ich mich besonders auf das eine freie Wochenende im Monat, das sich einem sehr schönen Thema widmete: Dem Geburtsvorbereitungskurs, den unsere Lieblingshebamme leitete.

Ich kann nur jedem empfehlen, so einen Kurs zu machen. Mal abgesehen davon, dass wir uns in super entspannter Runde mit einer Handvoll werdender Eltern über Sorgen, Ängste und schöne Dinge austauschen konnten, hatte unsere Hebamme uns auch gute Tipps für die Geburt mitgegeben. Ich muss zwar gestehen, dass ich viele der Tipps schon gekannt habe. Da Kera unsere Hebamme, wie du ja weißt, jedes Mal mit einem Kugelfeuer an Fragen bombardiert hatte, wiederholte sich vieles davon nun. Trotzdem war der Kurs sehr einprägsam.

Dank ihm konnten wir uns einen wasserdichten Geburtsplan zusammenschustern und auch langsam die Geburtstasche vorbereiten. Was für eine Geburtstasche?

Aaaalso: Da kamen Klamotten für Knöpfchen rein, natürlich vorsorglich in unterschiedlichen Größen, Ersatzklamotten für Kera (*auch wenn sie ambulant entbinden wollte, wusste man ja nie, was passierte*), Snacks, Limos und viel Koffein für Papa, falls es länger dauern würde, und als Topping[68] natürlich auch was zu Lesen, falls die Wehen mal einschlafen sollten.

Was bei mir vom Kurs mit am meisten hängen geblieben ist, waren die unterschiedlichen Themen, die wir Männer unter uns und die Frauen unter sich besprochen haben. Bei den Frauen ging es überwiegend um körperliche Beschwerden. Bei uns Männern um all die Sorgen, ob alles gut mit dem Kind sei, um den Austausch über irgendwelche zusätzlichen Gesundheitstests, um Geldsorgen und und und.

Als der Kurs vorüber war, fühlte sich die Geburt deutlich näher und realer an. Trotzdem stellten wir uns immer noch dieselbe Frage (*du ahnst es schon, oder?!*): „Kannst du's eigentlich schon glauben?"

Wir vermuteten, dass es sich wohl erst wirklich anfühlen würde, wenn wir in die tiefen Augen unseres kleinen Wunders sehen würden. Dann würden wir sicher endlich glauben können, dass wir Eltern waren.

***

Wieder bekamen wir einen kleinen Dämpfer verpasst, als unsere Frauenärztin uns dazu riet, doch mal mit

---

[68] *Mama*: Um es mal auf Schwäbisch auszudrücken: Wie isch na des gemoint mim Tobbing? Wenn ich Topping höre, muss ich an Kuchen denken. Ich hätte jetzt gern einen Kuchen. *Verdammte Axt!* (*Papa*: Ob jetzt Sahnehäubchen oder Topping ist doch Kuchen wie Torte.)

der Chefärztin des Kreißsaals einen Termin auszu-machen, denn die Geburtsprognose lag weiterhin zwischen 4 bis 4,5 kg und 57 cm. Und wieder lehnten wir dankend ab. Wir hatten ja noch einen zweiten Besuch im Hebammenkreißsaal vor uns und die würden uns schon sagen, ob wir einen zusätzlichen Aufklärungstermin noch bräuchten.

Eigentlich wollten wir so einen Termin gar nicht, da Ärzte wohl gern dazu neigen, in einem solchen Fall einen Kaiserschnitt zu empfehlen. Denn wie wir im Geburtsvorbereitungskurs gelernt hatten, lag die Spanne für ein ‚normales‘ Geburtsgewicht zwischen 3.000 und 3.500 Gramm. Das mochte bei einer kleinen zierlichen Frau vielleicht so sein. Aber bei Kera mit ihren 1,87 m?

Und wer will sich schon vor der Geburt mit Dingen wie Schulterdystokie und ähnlichem auseinander-setzen? Vor allem, wenn die Wahrscheinlichkeit trotz allem recht gering war. Das wäre, als würde man sich in der Schwangerschaft ständig damit beschäftigen, wie viele Möglichkeiten es gäbe, eine Fehlgeburt zu erleiden.

Und zu einem geplanten Kaiserschnitt waren wir nicht bereit, denn probieren konnte man es ja immer erst mal. Wie man heute weiß, ist es für die Entwicklung des Säuglings wahnsinnig wichtig, dass er es aus eigenen Kräften durch den Geburtskanal schafft (*auch hinsichtlich des Urvertrauens usw.*).

Das Risiko, das etwas schieflaufen könnte, ist immer da. Man hört es nicht gern, aber das lässt sich leider Gottes nicht vermeiden. (*Sicherheit ist eine Illusion… Mein Mantra. Gerade ich hatte damit ja schon während der ganzen Schwangerschaft zu kämpfen.*) Elternsein bedeutete eben nicht nur schöne Erlebnisse zu haben, sondern auch Sorgen.

Nun mussten wir uns also auch noch über solche Dinge Gedanken machen. Zu großes Baby? Was, wenn wir die Grenze für dem Hebammenkreißsaal überschritten? Denn wie die Hebammen uns dort ja schon gesagt hatte, pickten sie sich natürlich nur die Rosinen heraus. Nur gesunde und gut handlebare Geburten durften in der Klinik rein von Hebammen durchgeführt werden. Die schwierigeren Geburten wurden schnell an den normalen Kreißsaal weitergeleitet, um kein unnötiges Risiko für die kleinen Erdenbürger einzugehen.

Unser Traum war es aber doch mit einer Wassergeburt, ohne Schmerzmittel oberhalb von Paracetamol zu entbinden. (*Nein, das war nicht meine Idee, das hat Kera schon selbst gewollt. Ich habe mich da wirklich ganz rausgehalten! Niemals hätte ich mich eingemischt, wenn es um Schmerzmittel geht, wo ich doch selbst schon bei einer kleinen Wunde, für die ein Dinopflaster ausreicht, Krokodilstränen weine.*)

Nun wussten wir aber aus dem Geburtsvorbereitungskurs, dass in herkömmlichen Kreißsälen gern auch mal zur PDA und präventiven Mittelchen gegriffen wird. Und wenn man nun mal in den Wehen liegt, ist das so, als würde man beim spannenden Film eine Auswahl an Popcorn, Chips und Gummibären haben. Da greift man schnell mal zu. Das wollte Kera auf keinen Fall. Mal ganz abgesehen davon, dass die meisten Schmerzmittel den natürlichen Wehenvorgang durcheinanderbringen.

Ein kurzer Exkurs: Bei den Wehen kommen vier Hormone ins Spiel (*Oxytocin, Endorphin, Adrenalin und das vierte weiß ich nicht mehr*[69]). Jedenfalls sorgen die Glücks- und Bindungshormone wie Endo und Oxy dafür, dass man den Schmerz aushält, der ja immer mehr zunimmt. Adrenalin hingegen wird bei viel Stress und Schmerzen ausgelöst. Diese Hormone bedingen sich gegenseitig, sodass die Frau später bei den deutlich heftigeren Wehen kaum stärkeren Schmerz empfindet als bei den Anfangswehen.[70]

Also eigentlich eine ziemlich coole Sache, die der Frauenkörper da kann. Außerdem werden die Glücks- und Bindungshormone auch an das Baby weitergegeben, sodass auch der Säugling so wenig Stress wie möglich empfindet, was ebenfalls wichtig für seine Bindung ist. Es heißt sogar, dass man nach der Geburt den höchsten Endorphinpegel hat, den man je erreichen kann. Ganz geiler Shit, der dafür sorgt, dass Frau richtige Hochgefühle erlebt. Es ist übrigens oft der Fall, dass die Frau nach der Geburt schon wieder

---

[69] *Papa*: ÖSTROGEN!
[70] *Papa*: Da die Glückshormone mit dem Anstieg des Adrenalins ebenfalls ansteigen.
(*Kera*: Darf nicht vergessen werden!)

rumalbert und Witze reißt, wo sie kurz davor noch am Durchdrehen war vor Schmerz.

So, und wenn man nun die Schmerzmittel gibt, was passiert dann? Richtig, weniger Adrenalin wird ausgeschüttet und dadurch auch weniger Endorphin und Oxytocin. Und dann hat es nicht nur das Baby deutlich schwerer, weil es eben nicht all die wichtigen Hormone bekommt. Durch die Schmerzmittel kann es sogar dazu kommen, dass die Wehen einschlafen.

Was braucht man dann also in der Folge? Richtig, einen Wehencocktail, der die Wehen wieder in Gang bringt. Der ist meist so krass, dass häufig weder Frau noch Baby mit der Heftigkeit klarkommen und das Baby entweder stecken bleibt oder sonst nicht mehr weiterkommt.

Was ist dann das Ende vom Lied? Richtig, ein Kaiserschnitt! (*Das war jetzt sehr vereinfacht dargestellt. Aber in etwa so läuft es oft ab und das wollte Kera in jedem Fall verhindern.*)

Nun hieß es: „Robert, du bekommst den Plan und musst dann in jedem Fall verhindern, dass ich irgend-ein Zeug bekomme, das ich nicht will."

„Und was, wenn du vor Schmerz schreist und es doch willst?"

Gute Frage… Die Hebamme hatte gemeint, dass irgendwann der Punkt käme, an dem Gebärende alles nehmen würden, Hauptsache es ginge vorbei.

„Naja, dann einfach weiterhin verweigern!", war Keras Antwort.

Und das sollte ich tun? Wo es mir schon das Herz bricht, wenn Kera sich den kleinen Zeh anstößt? *Na, wunderbar...* Schon gab es eine Sorge mehr auf meiner Liste. Und weißt du was? Mein Bäckerjob war ja auch noch da. Die Zeit der Sorgen war nun also offiziell angebrochen. (*Nein, nicht ‚winter is coming‘, sondern die Sorge...*)

- Mama -

Während Robert mit seinem Minijob bei einem Bäcker im Nachbarort damit beschäftigt war, mühsam ein paar Kröten für unseren Sommerurlaub zu verdienen, hatte ich nichts Besseres zu tun, als unser Bankkonto auf Diät zu setzen. Man konnte den Zahlen förmlich beim Dahinschmelzen zusehen.

Denn allmählich setzte bei mir ein, was werdende Väter auf der ganzen Welt fürchten: der berühmt-berüchtigte Nestbautrieb. Mit einem Mal drehte sich alles in meinem Kopf nur noch um die Vorbereitungen für Knöpfchens Ankunft.

Wenn ich die Sachen sah, die wir bereits für Knöpfchen gekauft (*5-6 Bodys und 4 Schlafsäcke*) oder geschenkt bekommen hatten (*Beistellbett, Tragetuch und Wickelunterlage*), fielen mir all die Dinge ein, die uns noch fehlten (*aus Platzgründen lasse ich die hier jetzt mal lieber weg*).

Wenn ich aus dem Fenster sah, sah ich nur noch die Dringlichkeit die Fenster vor der Geburt unbedingt zu putzen. Was sollte denn Knöpfchen denken, wenn es die ungeputzten Fenster sah? Zu meiner Schande muss ich gestehen, dass ich bisher noch nicht ein Mal dazu gekommen bin, die Fenster im ersten Stock zu putzen. (*Aber gut, wir wohnen ja auch erst seit einelhalb Jahren in dem Haus, da war eben auch noch keine Zeit dafür gewesen.*)

Ich schwor mir bei meinen indianischen Wurzeln, dass sich das ab sofort ändern würde. Und wenn ich nachts um 3 Uhr die Fenster putzen müsste, Knöpfchen hatte saubere Fenster verdient. (*Kleiner Funfact am Rande: Die Fenster sind immer noch ungeputzt und überhäufen mich jeden Tag aufs Neue mit ihren vorwurfsvollen Blicken.*)

Und wenn ich in unser Schlafzimmer kam, sah ich nur noch Möbel- und Zimmermaße, die perfekte Harmonie von Raum und Möbeln und die Dringlichkeit alles babytauglich umzuräumen. Denn ob du es glaubst oder nicht, Robert und ich haben uns seit Beginn unserer Beziehung ein 1m x 2 m-Bett geteilt. Es hat noch keinen Menschen gegeben, der einen Blick auf unser schmales Bett geworfen und uns nicht völlig entgeistert gefragt hat, ob wir in dem Bett gemeinsam schliefen.

Bevor ich mit Robert in einer Beziehung war, wäre es für mich undenkbar gewesen, mir mit irgendwem ein so winziges Bett zu teilen. Aber als wir uns kennenlernten, wohnte ich noch in einem 10 m²-Zimmer in einem Studentenwohnheim. Da war eben nur Platz für ein kleines 90 cm-Bett. Und da wir praktisch vom ersten Tag an zusammen in meinem kleinen Zimmer gewohnt haben, mussten wir eben mit diesem Bett klarkommen.

Aber selbst wenn wir die Möglichkeit dazu hatten, mal in einem größeren Bett zu schlafen, beispielsweise in Hotels, nutzten wir nur eine der beiden Matratzen gemeinsam. Jeder Zentimeter zwischen uns, fühlte sich wie ein Zentimeter zu viel an. Ich weiß, das hört sich richtig ätzend kitschig an und höchstwahrscheinlich hat der ein oder andere Leser jetzt das Bedürfnis, uns im Schlaf in unserem 1 m-Bett zu erdrosseln. Aber hey, mittlerweile haben wir gar kein 1 m-Bett mehr, also benimm dich gefälligst!

Denn mit zunehmendem Bauchumfang (*also Schwangerschaftsbauchumfang, nicht einem Ich-bin-verheiratet-also-kann-ich-mich-jetzt-ja-gehen-lassen angefressenen Bauchumfang*), wurde unser 1 m-Bett zu einem Ding der Unmöglichkeit. Außerdem war uns eh klar, dass wir Knöpfchen bei uns im Bett schlafen lassen wollten, solang es noch Lust dazu hätte. (*Gut, spätestens mit 18 würden wir es dann schon rauswerfen, wenn es bis dahin noch nicht von selbst gegangen wäre.*)

Unsere chinesische Ärztin hatte uns den Rat gegeben, uns das größtmögliche Bett anzuschaffen, das wir kriegen könnten und das noch in unser Schlafzimmer reinpassen würde.

Das Bett, auf dem wir bisher geschlafen hatten, war die eine Hälfte eines Doppelehebetts, das Roberts Opa seiner Frau vor langer, langer Zeit als Hochzeitsgeschenk gebaut hat. In dem haben schon Roberts Eltern und Roberts Bruder mit Frau geschlafen. (*Keine Angst. Die haben nicht alle auf einmal darin geschlafen, sondern nacheinander und jeder immer nur mit eigener Matratze.*) Mittlerweile war der eine Teil des Bettes in unserem Besitz und da war es doch das Naheliegendste, dass wir uns einfach den zweiten Teil des Bettes vom Dachboden bei Roberts Oma holen würden.

Aber was tun, gegen das, wie man im Schwäbischen sagt, Gräbele in der Mitte zwischen den beiden Matratzen. *Ecosia* befragt und einen Matratzentopper sowie eine Liebesbrücke, auch Ritzenfüller genannt, ausfindig gemacht. Hört sich jetzt irgendwie schweinischer an, als es ist. Also der Matratzentopper… *((*muhaha*) Wie eine Schulfreundin immer zu sagen pflegte: „Alles schweigt, keiner lacht, Kera hat einen Witz gemacht.")* Ein bisschen mehr Ernst, Kinder.

Also… Eine Liebesbrücke bzw. ein Ritzenfüller ist ein zwei Meter langer Keil, den man ins Gräbele legen kann und der das Gräbele damit schließt. Nun noch einen Matratzentopper oben drauf, eine etwa sieben Zentimeter dicke Matratze von der Größe beider Einzelmatratzen zusammen, und fertig ist das 2 x 2 m große Bett.

Ich kann dir sagen, wenn man Jahrelang zusammen auf einem Meter geschlafen hat, dann fühlen sich zwei Meter an wie ein ganzes Fußballfeld. Egal wie rum man sich legt, man hat in alle Richtungen noch Platz. Unser Schlafzimmer bestand mit einem Mal nur noch aus Bett.

Getrieben vom Nestbau durchforstete ich das Internet nach all den Dingen, die wir für Knöpfchen noch brauchten. Uns war es wichtig, dass die Sachen, egal ob Kleidung oder Spielzeug oder was auch immer, aus Naturmaterialien und am besten ökologisch nachhaltig produziert und/oder gebraucht waren.

Glücklicherweise hatte ich einen Kindersitz und zwei Kisten voller Babykleidung in Größe 56 – 68 von einer Freundin bekommen, die einen zweijährigen Sohn hat. Wir störten uns nicht daran, dass viele der Sachen eher nach Jungenklamotten aussahen. Falls wir ein Mädchen bekommen sollten, was mir mein Gefühl ja immer wieder einflüsterte, hatte ich überhaupt kein Problem damit, ihm Jungenklamotten anzuziehen. Unsere Tochter würde es mit Sicherheit nicht stören.

Und auch wenn wir den Kindersitz und die Klamotten von der Liste streichen konnten, blieben immer noch einige andere Sachen offen. Aber *Ebay Kleinanzeigen* und *Mamikreisel* wurden zu einer zunehmenden Quelle des Frusts.

Den Wenigstens schien es so wichtig zu sein wie uns, aus welchen Materialien die Babysachen waren. Für Strampelsäcke und Wollwalkanzügen interessierte man sich auf solchen Seiten nur bedingt und die meisten gebrauchten Kinderwägen, die unseren Vorstellungen entsprachen, waren zur Selbstabholung am anderen Ende von Deutschland gelistet.

Also klapperten wir verschiedene Baby-Secondhand-Läden in Tübingen ab. Wir dachten, wenn man in der Grünen-Metropole Tübingen keine Strampelsäcke und Wollwalkanzüge bekommen würde, wo denn dann. Ob du es glaubst oder nicht, wir kamen unverrichteter Dinge wieder nach Hause. Langsam, aber sicher hatte ich keine Lust mehr auf ‚gebraucht‘.

Zum Glück gab es da aber auch noch Seiten wie *Hans Natur* und *Greenstories*. Auch wenn wir nicht ganz um ein gewisses schwedisches Möbelhaus herumkamen, wenn wir uns nicht in den finanziellen Ruin stürzen wollten, kauften wir die meisten Sachen bei einem der beiden Onlineshops. Unseren Kinderwagen fanden wir schließlich bei dem nachhaltigen deutschen Startup-Unternehmen *Beqooni*, das ihre Kinderwägen aus ‚Social Plastic‘ (u.a. Plastik, das aus dem Ozean gefischt wird) herstellt.

Unsere hohen Ansprüche an die Qualität der Babysachen machten sich, wie gesagt, auf dem Bankkonto bemerkbar. Ich traute mich oft gar nicht mehr, Robert zu sagen, dass mir schon wieder etwas eingefallen war, was wir noch brauchten. Da rackerte er sich jedes Wochenende beim Bäcker ab und das Bankkonto wurde trotzdem immer leerer. So schnell konnte er gar nicht arbeiten, wie ich das Geld ausgab.

Es fehlten aber immer noch die Windeln. Ich nehme mal an, du bist jetzt nicht furchtbar überrascht, wenn ich dir sage, dass wir nicht einfach zum nächsten Drogeriemarkt gefahren sind, um Windeln zu kaufen. Wir wollten natürlich ganz altmodisch mit Stoffwindeln wickeln. Und wenn du jetzt denkst, Stoffwindeln wären irgendwelche vergilbten Wollhöschen, hast du dich voll getäuscht.

Inzwischen machen Stoffwindeln sogar richtig was her. Mittlerweile gibt es sogar richtige Stoffwindelpartys, bei denen man sich über die verschiedenen Konzepte informieren kann. Wenn du jetzt wiederum denkst, „Oh, eine Party, so richtig mit Häppchen und Sekt", dann hast du dich allerdings auch da voll getäuscht. Ganz so nobel sind Stoffwindelpartys dann doch nicht. Tatsächlich fand die Party, auf der wir waren, im Wohnzimmer einer jungen Mutter statt, die ein weiteres Paar und uns bei einem Glas Wasser auf den neusten Stand in Sachen Stoffwindeln brachte.

Ich höre mich jetzt vielleicht wie ein absoluter Obernerd an, aber ich war sowas von begeistert von den zuckersüßen mit niedlichen Tieren bedruckten Schurwolle-Überhöschen. Soll ich dir auch verraten warum? Nein? Ich mach es trotzdem. Wenn die Windelhöschen nass werden, riechen die zwar ein bisschen nach Bahnhofsklo, aber sobald die wieder trocken sind, haben die sich selbst gereinigt und riechen wieder völlig neutral. Ist die Natur nicht einfach der Hammer?

Anstatt also über 3.000 Einmalwindeln zu verbrauchen, die ein Baby im Durchschnitt bis zu seinem dritten Lebensjahr benötigt (*Stell dir bitte mal die Berge an Müll vor!*), wäscht man alle zwei bis drei Tage die Windeltücher, die man unter dem Überhöschen hat, und nur alle zwei bis drei Wochen die Überhöschen. Und das Beste: Das Geschwisterchen kann die Windeln auch noch tragen. Nochmal 3.000 Windeln gespart und jede Menge Geld.

Die meisten Erledigungen zur Vorbereitung auf Knöpfchens Geburt waren damit abgehakt. Fehlte nur noch der Geburtsvorbereitungskurs. Die Hebammenpraxis hatte in dem für uns interessanten Zeitraum sowohl Kurse ohne Väter als auch mit Vätern angeboten. Für uns war klar, dass wir den Kurs auf jeden Fall gemeinsam machen wollten, war ja immerhin auch unser Baby und nicht meines.

Wie ein Schnitzel, also ein vegetarisches Schnitzel (*Falls ich es noch nicht erwähnt habe: Wir sind nämlich Vegetarier bzw. Pescetarier (essen nämlich ab und zu auch mal Fisch) und als echter Vegetarier bzw. Pescetarier, habe ich mir sagen lassen, muss man das nämlich allen mitteilen, vor allem den Fleischessern, um denen ein richtig schlechtes Gewissen zu machen, weil sie so herzlos sind und Tiere essen, also Landtiere. Weil Wassertiere essen wir ja auch manchmal und das ist doch mit Sicherheit nicht ganz so herzlos, weil die ja nicht sprechen können.*[71]), habe ich mich gefreut, als wir tatsächlich einen Platz beim Wochenendkurs für Paare bekamen. Ich hatte schon Sorge gehabt, dass die Plätze vergeben waren, noch bevor wir uns dafür anmelden konnten. Aber wie Steffi uns später erzählte, wollten die Wenigstens den Paarkurs machen. Umso besser also für uns.

---

[71] *Papa*: Nehmt das ihr herzlosen Landtierfresser :D #doppelmoralkönnenwir

Freitagabend und den gesamten Samstag über wurden wir gemeinsam mit fünf weiteren Paaren auf die Geburt vorbereitet, soweit man darauf eben vorbereitet werden kann. Mit 31 Jahren war ich mir sicher, als Erstgebärende mit Abstand die Älteste zu sein. Ich bin fast aus allen Wolken gefallen, als ich feststellte, dass ich mit 31 die jüngste Teilnehmerin war. Der Einzige, der jünger war als ich, war mal wieder Robert. (*Das hat man davon, wenn man sich einen jüngeren Mann aussucht...*)

Was mich aber noch mehr überraschte, war, dass ausnahmslos alle Paare außer uns den *Harmony Test* gemacht hatten, um das Down-Syndrom bei ihren Babys auszuschließen. Ich war deshalb so überrascht, weil der Test für uns ganz selbstverständlich nie in Frage gekommen war.

Möglicherweise war es beruhigend zu wissen, dass das Baby kein Down-Syndrom hatte. Aber was, wenn doch? Bei leichteren Formen haben die Babys die Chance auf ein erfülltes Leben, bei schwereren Formen haben sie aber unter Umständen überhaupt nur wenige Wochen Leben vor sich. Was tut man mit so einem Wissen?

Irgendwie steht da schnell das Thema Abtreibung im Raum. Für uns undenkbar. Wozu dann aber den Test machen? Um sich besser darauf vorbereiten zu können? Aber kann man sich überhaupt darauf vorbereiten? Oder ist man dann die gesamte Schwangerschaft nur noch mit den Gedanken beim Down-Syndrom?

Wir wollten die Schwangerschaft so unbeschwert wie möglich verbringen und deshalb wollten wir uns auch nicht mit solchen Untersuchungen und ihren möglichen Ergebnissen belasten.

Wie uns eine Ärztin während der Schwangerschaft gesagt hatte: „Wenn man eine hundertprozentige Sicherheit braucht, dann darf man nicht schwanger werden."

Auch wenn wir vieles im Vorfeld schon gewusst haben, fühlten wir uns beide sehr wohl im Kurs. Es war schön, sich mit anderen Schwangeren auszutauschen und zu sehen, mit welchen Problemen jeder individuell konfrontiert war. Allein für die Übung, bei der Frauen und Männer getrennt voneinander ihre Schwangerschaftserfahrungen notieren sollten, hatte sich der Kurs gelohnt.

Während nämlich die Männer tiefgründige Probleme zusammengetragen hatten wie Ängste um die Babys und die Frauen, Sorge um ihre Fähigkeiten als Väter und mögliche psychische Belastungen während der Schwangerschaft und der Geburt, bestand unsere Liste ausnahmslos aus Schwangerschaftsleiden – angefangen bei der Schwangerschaftsübelkeit über Stimmungsschwankungen bis hin zu Sodbrennen und Rückenschmerzen. (*Da soll nochmal einer sagen, Männer würden sich keine Gedanken um Gefühle machen...*)

Das Schönste am Geburtsvorbereitungskurs war für mich allerdings, dass die Schwangerschaft und die herannahende Geburt wieder ein bisschen echter wurden. Ich freute mich regelrecht auf die Geburt. Ich weiß nicht, woher ich diese Sicherheit nahm, aber ich hatte so ein großes Urvertrauen in das Leben, meinen Körper und mich, dass ich wusste, ich würde die Geburt gut schaffen.

Wenn da nur nicht immer das Thema mit dem errechneten Geburtsgewicht unseres Babys gewesen wäre, ich hätte mir keinerlei Gedanken um mögliche Komplikationen gemacht.

Obwohl die Berechnungen gegen Ende der Schwangerschaft immer ungenauer werden, schwankte das Gerät unserer Frauenärztin in seiner Prognose zwischen 4 – 4,5 kg. (*Mittlerweile gilt nur noch ein Geburtsgewicht von 3 – 3,5 kg als normal. Da war Knöpfchen wohl ein klein wenig drüber.*)

Wo jede Hebamme einem aber immer wieder versichert, dass man erst im Geburtsverlauf sehen konnte, ob es ein Baby durch den Geburtskanal schaffte oder nicht, beginnen Ärzte in der Regel ab vier Kilo Alarm zu schlagen. So auch unsere Ärztin.

Immer wieder fragte sie uns, ob wir denn schon einen Termin bei der Chefärztin des Kreißsaals gehabt hätten. Immer wieder verneinten wir. Wozu sollten wir auch zur Chefärztin? Wir hatten unseren Platz doch schon sicher.

Ich machte mir wegen Knöpfchens Gewicht auch keinerlei Sorgen. Ich war eine überdurchschnittlich große Frau. Warum sollte Knöpfchen dann nicht auch überdurchschnittlich groß sein? Ich selbst hatte bei meiner Geburt 4,6 kg gewogen, da war es doch nur logisch, dass auch Knöpfchen nicht ganz leicht sein würde.

Außerdem hatte ich gelesen, wie stark die Prognosen abweichen konnten: um bis zu 600 g. Knöpfchen konnte also zwischen 3,4 kg – 5,1 kg alles und nichts wiegen. So wenig wie ich bisher zugenommen hatte und so verhältnismäßig klein wie mein Bauch immer noch war, glaubte ich auch nicht daran, dass Knöpfchen so übertrieben schwer sein konnte.

Dementsprechend wollte ich von dem ganzen Gerede über das mögliche Geburtsgewicht gar nichts hören. Ich wollte einfach in Ruhe Knöpfchen austragen und auf die Welt bringen. Aber nur weil ich meine Ruhe davor haben wollte, hieß das noch lange nicht, dass ich sie auch bekommen würde.

- Knöpfchen -

Es war so viel los, kann ich dir sagen. *Puhhhh...* Ganz schön anstrengend gewesen. Mama und ich waren die meiste Zeit furchtbar müde deswegen.

Ich habe wunderwölkchen viele schöne Sachen bekommen. Dobys, Schnullis, eine Puppe und ein eigenes Bettchen. Aber ich werde doch nicht in einem eigenen Bettchen schlafen. Ich werde doch an Mama und Papa gekuschelt schlafen. Oh, da freue ich mich ja schon drauf. Mama und Papa sind bestimmt ganz arg schmusig.

Wir waren übrigens auch auf einer Stoffindel-Patie. Da haben Mama und Papa sich Indeln angeschaut. Jetzt habe ich Indeln mit Füchsen und Fischen drauf. Ist das nicht schön?

Außerdem waren wir in so einem Kurs. Da waren ganz arg viele andere Mamas und Papas und Babys in Mamabäuchen und auch die Mehamme, die mag ich sehr gern, die schaut immer nach Mama und mir. Aber leider haben die Mamas und Papas so viel bei dem Kurs geredet und die Mehamme auch, dass ich kaum verstehen konnte, was die anderen Babys erzählt haben. Das war ein bisschen schade.

Für Mama und Papa war der Kurs aber sehr wichtig. Sie haben gesagt, dass sie jetzt noch mehr glauben können, dass ich da bin. Hihihi! Wo soll ich denn auch sonst sein? Hihihi!

10. Monat

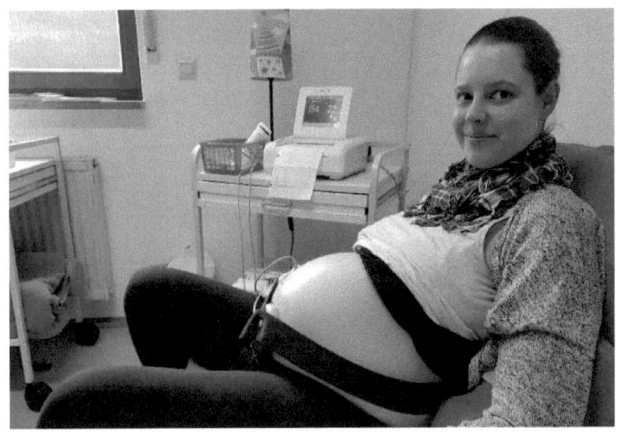

02. März 2020 – 40. SSW

- Mama -

Ob du es glaubst oder nicht, da waren wir doch tatsächlich im zehnten Monat angekommen. Wo waren die letzten Monate nur geblieben? Gerade hatten wir noch den Schwangerschaftstest gemacht und jetzt waren wir ganz plötzlich im zehnten Monat. Im zehnten Monat! Wir waren auf der Zielgeraden angekommen.

Nur noch eine Woche und wir dürften im Hebammenkreißsaal entbinden, denn ab der 38. Woche galt eine Entbindung dort nicht mehr als ‚Risikogeburt'. Nachdem unser erster Termin schon so gut verlaufen war, freuten wir uns riesig auf den zweiten. Wieder wurden wir von einer sehr freundlichen Hebamme in Empfang genommen.

Und wieder ging sie sehr verständnisvoll auf all unsere Fragen und Wünsche ein. Ich hätte es nach den vielen Fragen, die wir zum ersten Termin mitgebracht hatten, auch nicht für möglich gehalten, aber ich hatte auch dieses Mal wieder einen ganzen Katalog an Fragen dabei.

Vermutlich hätten wir das zweite Gespräch ebenso zuversichtlich verlassen, wäre da nicht wieder die Sache mit dem errechneten Geburtsgewicht aufgekommen. Steffi und eine sie begleitende Hebammenschülerin hatten bereits nach Knöpfchen getastet und waren sich sicher, dass Knöpfchen zwar groß, aber schlank war. Auch die Hebamme im Kreißsaal war zu demselben Schluss gekommen. Alle drei (angehenden) Hebammen schätzten Knöpfchen 500 g leichter als das Ultraschallgerät unserer Ärztin.

Die Berechnungen der Ultraschallgeräte haben einen entscheidenden Fehler: alles außerhalb der Norm. Das Gewicht eines Ungeborenen wird aus dem Umfang des Kopfes und des Bauches sowie der Länge der Oberschenkel berechnet. Hat man nun aber ein überdurchschnittlich langes Baby, funktioniert die zugrundeliegende Formel nicht mehr und die Babys werden prinzipiell zu schwer geschätzt. Und so war Knöpfchen automatisch über der 90. Perzentile; meist zwischen 94. – 96. Das heißt, es gab nur vier bis sechs Säuglinge, die größer und schwerer waren als unser kleiner großer Schatz. Grund genug also für die Ärzte Kopf zu stehen.

Was das Gerät allerdings auch nicht berücksichtigte, war die Größe der Mutter. Es macht doch schon einen entscheidenden Unterschied, ob man ein 4 – 4,5 kg-Kind bekommt, wenn man 1,60 m groß und zierlich ist oder wenn man wie ich 1,87 m groß und breiter gebaut ist. Sobald man in die Berechnung nämlich noch meine Größe und mein Ausgangsgewicht einspeiste, landeten wir plötzlich in der 79. Perzentile, womit auf einmal 21 von 100 Babys größer und schwerer waren als Knöpfchen. Aber soll ich dir was verraten? Aus irgendeinem mir unerfindlichen Grund zählte für die Ärzte nicht die 79. Perzentile, sondern nur die 96. und damit war weiter ,Panik' angesagt.

Und obwohl die Hebamme im Kreißsaal deutlich entspannter wirkte als unsere Frauenärztin, riet sie uns dazu, einen Termin mit der Chefärztin zu vereinbaren. Wenn wir nämlich mit einem berechneten Geburtsgewicht von über vier Kilo zur Entbindung kämen, müssten uns die Hebammen über die Risiken einer normalen Geburt bei einem so großen Kind aufklären.

Während ich also in den Wehen läge, würde eine Hebamme mir erzählen müssen, dass ich durch meine Entscheidung zu einer normalen Geburt das Wohl des Babys gefährden könnte – von einer Schulterdystokie (*vereinfacht ausgedrückt: eine Fehlstellung des Schultergürtels, die je nach Schweregrad zu Behinderungen beim Kind führen kann*[72]) bis hin zum Tod. Wir konnten uns keine schönere Geburt vorstellen, als dabei zwischen einzelnen Wehen über den möglichen Tod unseres Babys belehrt zu werden.

Also dann eben doch einen Termin bei Frau Dr. Fischer. Langsam, aber sicher ging mir das ganze Getöse um Knöpfchens Gewicht echt auf die Nerven. Da möchte man als Erstgebärende eine entspannte Geburt und die Ärzte machen einen halb verrückt.

Eigentlich hatte ich geglaubt, die Ärzte wären dazu da, die Schwangeren zu beruhigen. Dass ich jetzt die Ärzte beruhigen musste, kam mir mehr als verkehrt

---

[72] *Papa*: Uns wurde versichert, dass seit Bestehen des Hebammenkreißsaals noch nie eine Schulterdystokie schwerwiegende Folgen gehabt hatte. Damit war das eh schon geringe Risiko noch geringer einzuschätzen.

vor. Aber gut, wir hatten ja auch sonst nichts zu tun, als einen weiteren Ultraschalltermin zu vereinbaren, während in meinem Hinterkopf immer wieder die Sorgen um mögliche Auswirkungen der vielen Untersuchungen auf Knöpfchen kreisten. Es war ja nicht so, dass wir mittlerweile schon alle zwei Wochen zu unserer Frauenärztin mussten.

Apropos jede zweite Woche Frauenärztin und so: Das hieß für mich auch jede zweite Woche wiegen und so. Und wo mein Gewicht bis zur 35. Woche immer noch bei + 6,5 kg stagniert hatte, waren in den letzten zwei Wochen einfach 1,5 kg dazugekommen. Dabei hatte ich noch nicht mal mehr gegessen. Ich versuchte mich zu beruhigen, dass das bestimmt nur eine temporäre Schwankung war. Woher sollte denn auch auf einmal die zusätzlichen Kilos herkommen?

Insgeheim verunsicherte es mich, dass mir mein Gewicht so wichtig geworden war. Viel zu oft kreisten meine Gedanken um mein Gewicht. Auch wenn ich es nicht wahrhaben wollte, merkte ich unterschwellig, dass es ein bisschen an meinem Selbstwertgefühl nagte, dass mein Gewicht in nur zwei Wochen so rapide gestiegen war. Trotzdem redete ich mir weiter ein, dass ich ganz entspannt mit meiner Zunahme war. Wenn ich mein Gewicht jetzt halten konnte, wäre ich immer noch unterhalb des Durchschnitts.

Viel Zeit zum Nachdenken hatte ich aber ohnehin nicht. Denn wenn ich nicht gerade den halben Tag verschlief, weil ich so unendlich müde war, drehten sich meine Gedanken die meiste Zeit um die Geburt. Nein, gar nicht um unsere Geburt, sondern die unserer Nichte. Du erinnerst dich vielleicht, dass auch Roberts Bruder Nachwuchs erwartete. Und der kleine Nachwuchs hielt alle in Atem – nicht nur die werdenden Eltern und die große Schwester, sondern auch Roberts Mutter und die gesamte Villa Kunterbunt.

Denn schon seit einer ganzen Weile hatte Manu abends immer wieder so starke Wehen gehabt, dass alle glaubten, es könnte jederzeit losgehen. Da Roberts Mutter während der Geburt als Babysitter für die große Schwester gebucht war, schlief sie bald mehr bei Roberts Bruder als daheim.

Zwei Tage vor dem errechneten Geburtstermin war es dann soweit: Die Wehen waren so stark, dass Peter und Manu in die Klinik fuhren. Aber wer nun geglaubt hatte, am nächsten Morgen eine Nachricht mit froher Botschaft zu erhalten, hatte sich getäuscht.

Obwohl der Muttermund schon ganze vier Zentimeter geöffnet gewesen war, hatte er es sich doch anders überlegt und war einfach wieder zugegangen. Nach knappen zwanzig Stunden im Krankenhaus kamen Peter und Manu unverrichteter Dinge wieder nach Hause. Es hieß also weiter warten. Der errechnete Geburtstermin kam. Nichts. Nada. Niente. Da war ein kleiner Jemand wohl nicht bereit, sich an die Pläne der Erwachsenen zu halten. *Unverschämtheit!*

Während alles wartete, ging Robert weiter seiner Arbeit als Bäcker nach und ich meiner Arbeit vor der Kamera. Denn wie es der Zufall so wollte, standen noch zwei weitere Fernsehdrehs an. Kann man schon mal machen, in der 37. und 38. SSW noch Kamerateams zu sich nach Hause einladen.

Robert hatte mich schon halb für verrückt erklärt, weil ich noch so spät in der Schwangerschaft Drehtage vereinbart hatte. Aber mir gefiel das Konzept ‚Warum bekommen Frauen so häufig Komplimente fürs Abnehmen?' von *WDR Frau TV* so sehr, dass ich den Dreh unbedingt noch hatte machen wollen.

Am Ende des Tages merkte ich allerdings, warum man irgendwann in den Mutterschutz ging. Obwohl so ein Dreh ja vor allem aus Sprechen und Warten besteht, war ich sowas von erschöpft, dass ich vor laufender Kamera hätte einschlafen können.

Was den *SWR*-Dreh in der 38. SSW anbelangte, war ich dann schon ein bisschen nervöser. Ob er wohl noch stattfinden würde? Immerhin konnte Knöpfchen jetzt wirklich jederzeit kommen. Aber Knöpfchen kam nicht und der Dreh fand statt. Auch wenn der Dreh deutlich kürzer war als der für den *WDR*, merkte ich noch ein bisschen mehr wie nah der Entbindungstermin doch war.

Denn während des Interviews spürte ich tatsächlich die erste richtige Vorwehe. Meine Gebärmutter krampfte sich so stark zusammen, dass es mir nicht nur den Schweiß auf die Stirn trieb, sondern ich auch ernsthaft Sorge bekam, dass Knöpfchen vor laufender Kamera auf die Welt kommen würde. Aber Knöpfchen war ganz das Gentlebaby und überließ seiner Cousine den Vortritt.

Drei Tage nach dem errechneten Geburtstermin kam die Kleine im Eiltempo auf die Welt. Wo sie die Sache bisher eher gemütlich angegangen war, ließ sie ihren Eltern gerade genug Zeit, um in den Kreißsaal zu hetzen, (*nicht mal mehr für die gewöhnlichen Voruntersuchungen war noch Zeit geblieben,*) bevor sie dann innerhalb einer viertel Stunde das Licht der Welt erblickte.

Während bisher alle Augen auf die Geburt der Kleinen gerichtet waren, merkte ich, wie sich die Aufmerksamkeit nun auf uns richtete. Jetzt waren wir wohl an der Reihe. Und allmählich war ich durchaus bereit für die Geburt.

Denn so entspannt die Schwangerschaft bisher verlaufen war, so sehr verwandelten sich die Unannehmlichkeiten langsam in echte Plagen. Ich merkte, dass der Platz in meinem Bauch, der mittlerweile einen beachtlichen Umfang angenommen hatte, immer begrenzter wurde. Ich konnte gefühlt jedes einzelne meiner Organe spüren, vor allem die Blase.

Der einzige Ort, an dem ich noch mehr Zeit verbrachte als im Bett oder auf der Couch, war auf dem Klo. Alle halbe Stunde musste ich aufs Klo rennen, weil meine Blase fast platzte, nur um dann geradeso die Menge eines Schnapsglases zu pinkeln. *Na, herzlichen Dank auch!*

Dem allen nicht genug, hatte ich mir beim *WDR*-Dreh auch noch eine Erkältung eingefangen. Erkältungen an sich schon echt ätzend, wenn einem die ganze Zeit die Nase in Sturzbächen läuft, werden während der Schwangerschaft zu einer noch größeren Freude. Einfach weil man so gut wie keine Medikamente nehmen darf und das Immunsystem dermaßen geschwächt ist, dass es viel länger braucht, um sich zu erholen.

Normalerweise ist bei mir eine Erkältung innerhalb weniger Tage überstanden. Aber während der Schwangerschaft? Denkste! Zwei Wochen Inhalieren, Nasenduschen und Zwiebelsaft (*Keine Ahnung, ob es was Ekeligeres als Zwiebelsaft gibt. Es soll ja Menschen geben, die den Geschmack von in Honig eingelegten Zwiebeln mögen, aber ich gehöre definitiv nicht zu der Sorte. Wenn ich nur an Zwiebelsaft denke, bekomme ich Gänsehaut am ganzen Körper...*) und meine Erkältung war immer noch nicht ganz überstanden.

***

Die zunehmenden Schmerzen und diese mehr als unnötige Erkältung zerrten schon an sich extrem an meinen Nerven, aber da war auch immer noch die Sache mit dem Gewicht. Und damit meine ich nicht in erster Linie nur mein Gewicht, das wie aus dem Nichts um weitere 2,3 kg gestiegen war.

Nun hatte ich offiziell nicht mehr unterdurch-schnittlich wenig zugenommen und das setzte mir mehr zu, als mir lieb war. Während ich mir die ganze Zeit über eingeredet hatte, ich wäre völlig entspannt mit meiner Gewichtszunahme, konnte ich mich nicht mehr länger selbst belügen.

Die Tränen liefen mir die Wangen hinab, als ich mit Robert beim CTG saß und mir eingestehen musste, dass ich bisher nur deshalb so selbstbewusst mit meiner Zunahme umgegangen war, weil ich nicht viel Gewicht zugenommen hatte. Ist natürlich leicht zu sagen, man sei zufrieden, wenn man nach neun Monaten gerade mal acht Kilo mehr hatte.

Viel zu sehr hatte ich meinen Selbstwert darüber ausgemacht, unter dem Durchschnitt zu bleiben. Mir das bewusst zu machen, tat weh. Eigentlich hatte ich ja geglaubt, die gesellschaftlichen Ideale hinter mir gelassen zu haben.

Nun feststellen zu müssen, wie sehr mich die Medien mit ihrem Gerede darüber, wie eine Schwangere auszusehen hat, noch beeinflussten, er-schreckte mich. Ohne es zu merken, hatte ich doch ernsthaft wieder begonnen, mich mit irgendwelchen schwangeren Schauspielerinnen und Models zu vergleichen.

Und von prominenten Schwangeren gab es 2020 mehr als genug. Ständig davon zu lesen, wie schlank die eine noch trotz Schwangerschaft war und wie XXL der Bauch der anderen war, obwohl er in meinen Augen noch recht klein wirkte, hatten mir unterbewusst das Gefühl gegeben, ich müsste mit irgendwelchen Idealen mithalten können.

Solang ich noch so wenig zugenommen und keinerlei Dehnungsstreifen am Bauch gehabt hatte, konnte ich mich noch irgendwie mit den Idealen identifizieren. Seit ich mit meiner Gewichtszunahme allerdings nicht mehr unter dem Durchschnitt lag, sich durch das Absenken meines Bauches nun auch noch Dehnungsstreifen breitgemacht hatten und Krampfadern und Besenreißer meine Beine zierten, war ich weit von den Idealen entfernt.

Es machte mich traurig, wie sehr ich mich nach all der Zeit immer noch von irgendwelchen absurden Idealen beeinflussen ließ. Mir das vor Robert einzugestehen, war zwar unendlich schwer für mich, aber auch eine enorme Erleichterung.

Es war befreiend, die Lüge, die ich mit mir rumgetragen hatte, gehen lassen zu können. Ich entsprach keinen gesellschaftlichen Idealen, ich war einfach nur eine Frau wie jede andere auch und doch so anders. Ich war gut so wie ich war, mit meinem Gewicht, meinen Dehnungsstreifen und meinen Krampfadern, aber vor allem mit diesem Wunder in meinem Bauch.

Aber eigentlich wollte ich ja gar nicht so viel über mein Gewicht erzählen. Eigentlich war es ja um etwas vollkommen anderes gegangen. *Tschuldi!* Da ist wohl jemand vom Thema abgekommen. Denn eigentlich wollte ich ja gerade von Knöpfchens Gewicht erzählen und die Schwierigkeiten, die damit einhergingen.

So schön die beiden Termine im Hebammen-
kreißsaal gewesen waren, so unangenehm waren die
Termine bei der Chefärztin. Und das nicht, weil die
Chefärztin unfreundlich gewesen wäre, ganz im
Gegenteil, sondern weil der Grund für die Termine
anstrengend war.

Zunächst wollte sich die Ärztin per Ultraschall
selbst ein Bild von Knöpfchen machen. Aber
Knöpfchen hatte wohl keine Lust auf eine weitere
Ultraschalluntersuchung und das ganze Tohu-
wabohu. Während Knöpfchen seit dem sechsten
Monat schon in Geburtsposition mit dem Kopf nach
unten und dem Rücken nach links lag, hatte es sich
einfach ganz dreist mit dem Rücken nach vorn
gedreht – die denkbar ungünstigste Position für eine
solche Untersuchung. Knöpfchen war auch nicht
durch Bitten der Ärztin dazu zu bewegen gewesen,
sich zu drehen, sondern kehrte ihr die gesamte Untersuchung über den Rücken.

Dr. Fischer musste sich also mit absolut un-
genauen Ergebnissen zufriedengeben, was sie allerdings nicht daran hinderte, uns im Anschluss einen
Vortrag über sämtliche Risiken einer normalen
Geburt zu halten. Mit Hilfe einer seitenlangen Power-
Point-Präsentation erläuterte sie uns wie groß die
Wahrscheinlichkeiten waren, dass Knöpfchen mit
seinem errechneten Geburtsgewicht eine Schulterdystokie, einen Notkaiserschnitt und den Tod zu
erwarten hatte.

Man kann sich wohl kein schöneres Gespräch zum Ende einer Schwangerschaft vorstellen. Da half es nur wenig, dass Robert und ich beide den Eindruck hatten, sie hätte gar keine Lust auf dieses Gespräch, war aber in ihrer Position eben dazu verpflichtet.

Weil Knöpfchen zu diesem Zeitpunkt die gefürchtete 4 kg-Marke noch nicht überschritten hatte, galt es zu hoffen, dass es einfach von selbst vor dem errechneten Entbindungstermin beschloss, auf die Welt zu kommen. Denn dann bräuchten wir uns über weitere Schritte keine Gedanken mehr zu machen. Andernfalls müssten wir bis zu unserem nächsten Termin bei Dr. Fischer über eine vorzeitige Geburtseinleitung oder einen geplanten Kaiserschnitt nachdenken. *Welch wunderbare Aussichten!*

Wir waren uns einig, dass wir weder das eine noch das andere wollten. Ich begann, unsere Entscheidung für eine Entbindung in einem Krankenhaus ernsthaft zu hinterfragen. Was sollte der ganze Mist denn bitte?

Nur wegen irgendwelcher Studien und möglicher rechtlicher Konsequenzen für Krankenhaus und behandelnde Ärzte machte man uns verrückt. Warum konnten sie Knöpfchen nicht einfach selbst entscheiden lassen, wann und wie es geboren werden wollte? Aufgrund der Einschätzungen der Hebammen und meines Gefühls war ich der festen Überzeugung, dass Knöpfchen ohnehin viel leichter war, als die Berechnungen prophezeiten.

Für mich stand außer Frage, Knöpfchen nicht die Zeit zu geben, die es brauchte. Trotzdem wollte ich

sicherheitshalber alle natürlichen Möglichkeiten aus-
schöpfen, Knöpfchen vielleicht doch dazu zu bewegen, sich auf den Weg zu machen, bevor wir
möglicherweise keine Alternativen mehr hatten.

Also bat ich unsere chinesische Ärztin per Akupunktur ein bisschen nachzuhelfen. Denn anders als
bei einem Wehencocktail, der dem Baby keine andere
Wahl lässt als zu kommen, stupst die Akkupunktur es
nur ein bisschen an. Wenn es dann noch keine Lust
hat, kann es immer noch „Nö, danke." sagen.

Obwohl uns die chinesische Ärztin dazu riet, die
Kliniktaschen schon mal zu packen, weil es nach einer
Akupunktur innerhalb von Stunden losgehen konnte,
sagte Knöpfchen: „Nö, danke." Es hieß also weiterhin
warten und bangen.

Da half es dem Gesamtbefinden auch nicht
sonderlich weiter, dass Robert zunehmend unter
seinem Bäckerjob litt. So nett seine Kolleginnen auch
waren, so schwer tat er sich mit der Arbeit. Mit jedem
Mal fiel es ihm schwerer, morgens zum Bäcker zu
fahren. Kopfschmerzen, Bauchkrämpfe und schlaf-
lose Nächte stellten sich vor jedem seiner Arbeitstage
ein. Ich machte mir immer mehr Sorgen um ihn.

Wäre es nach mir gegangen, hätte er den Job
längst gekündigt. Irgendwie würden wir schon eine
Lösung finden. Aber so wie ich glaubte, irgendwelchen Schwangerschaftsidealen entsprechen zu
müssen, glaubte Robert, er müsste irgendwelchen
Männlichkeitsidealen entsprechen.

Immerhin durfte man sich als Mann keine Schwächen erlauben, musste der Versorger der Familie sein. Es bereitete mir Kopfzerbrechen, wie sehr er darunter gelitten hatte, nicht ‚stärker' zu sein. Er war der festen Überzeugung, andere würden viel besser mit seiner Situation umgehen können. Aber er war nun eben mal nicht andere, sondern er und genau dafür liebte ich ihn.

Viel zu oft war ich in Beziehungen mit ‚starken' Männern gewesen, die Karriere machten, auf schnelle Autos standen und mit Gefühlen nicht viel am Hut hatten. Viel zu oft hatte ich feststellen müssen, dass diese Männer so gar nicht zu mir passten.

Robert war der erste Mann, mit dem ich eine Beziehung einging, der seine Gefühle zeigen konnte, der kein Problem hatte, vor mir zu weinen, und der auf mich einging wie noch nie ein Mensch zuvor. Robert war und ist der einzige Mann, bei dem ich ‚ich' sein kann, der mich bedingungslos liebt und der mich glücklich macht, eben weil er anders ist als es das Männlichkeitsideal von Männern einfordert.

Umso mehr tat es mir weh, ihn leiden zu sehen. Leider konnte ich ihm die Entscheidung aber nicht abnehmen, so gern ich es auch gewollt hätte. So wie sich die Situation mit der anstehenden Geburt entwickelte, brauchten wir all unsere Nerven. Sich durch einen Minijob zusätzlich zu belasten, war verschwendete Liebesmühe.

Du kannst dir gar nicht vorstellen, wie erleichtert ich war, als wir morgens um 4 Uhr nach einer komplett schlaflosen Nacht (*und wenn ich komplett schlaflos sage, meine ich wirklich komplett schlaflos*) am Esstisch saßen und er sich nach langem Gespräch endlich dazu entschied, sein Arbeitsverhältnis zu beenden.

Ein Problem von der Liste gestrichen, blieben nur noch tausend andere. Okay, war jetzt vielleicht ein bisschen melodramatisch. Eigentlich hatten wir ja nur das eine wirkliche Problem. Denn schon beim nächsten Frauenarzttermin hatte Knöpfchen die gefürchtete 4 kg-Grenze um ganze 50 g überschritten. Also wieder zurück zu Dr. Fischer. *Yee-haw!*

Bevor wir den Termin wahrnahmen, rief ich nochmal bei unserer Hebamme an, um mir ein wenig Rückendeckung zu holen. Sie bestärkte uns darin, unserem Gefühl zu vertrauen und uns zu nichts drängen zu lassen. Wir holten die Boxhandschuhe heraus und machten uns bereit für den Kampf.

Nachdem Dr. Fischer mich untersucht hatte (*Knöpfchen war tatsächlich bereits 4 kg schwer, wollte aber obwohl es schon im Becken lag noch nichts von Geburt wissen, mein Muttermund war noch komplett verschlossen.*), fragte sie uns: „Und? Was machen wir jetzt?"

Wie? Was machen wir jetzt? Da bekommen wir die ganze Zeit mögliche Risiken um die Ohren gepfeffert und jetzt sollten wir entscheiden, wie es weiterging. Wir wollten immer noch keinen Kaiserschnitt und noch immer keine Geburtseinleitung. Was sollten wir also schon tun?

Ich drehte den Spieß um: „Wie groß wäre der Gewichtsunterschied denn, wenn wir noch eine Woche oder zwei abwarten würden?"

„Nur minimal, vielleicht 100 – 200 g."

„Gibt es eine Obergrenze für den Hebammenkreißsaal hinsichtlich des Geburtsgewichtes?"

„Nein!"

„Dürften wir denn im Hebammenkreißsaal entbinden, wenn wir einleiten würden?"

„Nein!"

Ähm... ja! Und warum genau sollten wir dann nochmal einleiten, wenn es keinen einzigen vernünftigen Grund dafür gab? Das machte die Entscheidung zumindest schon mal nicht allzu schwer.

Dr. Fischer reagierte einigermaßen überrascht auf meine Entscheidung. Normalerweise müsste sie Frauen von einer vorzeitigen Einleitung oder einem geplanten Kaiserschnitt abhalten. Eine normale Geburt wäre für alle Beteiligten ja so viel leichter.

Und warum genau hatten wir dann das Prozedere über uns ergehen lassen müssen? *Ganz egal!* Die Hauptsache war, dass wir erstmal eine Verschnaufpause von dem ganzen Einleitungsstress haben würden; zumindest solang Knöpfchen seinen errechneten Entbindungstermin nicht völlig verschlief.

Um Knöpfchen die Entscheidung zu erleichtern, uns weiteren Stress und einen Wehencocktail zu ersparen, zogen wir alle Register der natürlichen Geburtseinleitungsanregung. Ab sofort trank ich jeden Tag drei Tassen Wehentee (*aus Ingwer, Zimt, Nelke und Eisenkrauttinktur; (Ich kann dir sagen, allein um an die Eisenkrauttinktur ranzukommen, war eine Mission Impossible-Nummer notwendig.*)) und massierte Bauch, Kreuzbein und Füße mit Wehenöl. Ich begann wieder scharf zu essen, treppelte wie eine Irre auf dem Ergometer, nahm Bäder mit Wehenöl und machte selbst vor Einläufen keinen Halt. Wir sollten doch mehrmals am Tag die Laken durch-wühlen, das wäre die beste und schönste Methode der natürlichen Geburtseinleitung, ließ uns eine Hebamme wissen. *Na dann!*

Aber ganz egal, was wir versuchten, Knöpfchen schien es zu gut in meinem Bauch zu gefallen. Der zehnte Monat ging langsam zu Ende. Und trotz aller Erwartungen strichen die Tage dahin, ohne dass Knöpfchen auch nur die leisesten Anstalten machte, sich ins Freie zu begeben.

- Papa -

Als ich noch klein war, konnte für mich die Zeit nicht schnell genug herumgehen. Aber genau den Gefallen tat sie mir nie. Ganz im Gegenteil, die blöde, langweilige Zeit wollte nicht vergehen. Einmal muss ich mit meinem fünfjährigen Philosophenblick, den ich in die Ferne schweifen ließ, dagesessen und zu meiner Mama gesagt haben: „Ach, wie langweilig lang dauert es, bis wir tot sind?"

Nicht, dass ich damals schon meine erste Emo-Phase beschritten hätte (*ich war das, was man einen Sunnyboy nennen würde*), aber die Zeit ging mir häufig zu langsam voran. Das Warten auf den Geburtstag, auf die Geschenke und die Feier, das Warten auf den Sommerurlaub, die neue Fünf Freunde Kassette und und und...

Ich konnte nicht verstehen, warum die Erwachsenen immer davon sprachen, dass die Zeit so schnell verginge und man, ehe man sich's versah, alt und grau war. Aber genau bei so einem Erwachsenengedanken ertappte ich mich, als nun plötzlich der zehnte Monat vor der Tür stand.

Zehnter Monat? Schon? Bei den Göttern,[73] in guten zwei Wochen könnte Knöpfchen schon im Hebammenkreißsaal entbunden werden! Hilfe! Ich war doch gar nicht bereit! Also eigentlich schon, aber uneigentlich auch nicht. Was, wenn ich das alles gar

---

[73] *Papa*: Da bin ich wohl kurz in einer meiner Fantasygeschichten gelandet... *Ups!*

nicht konnte? Was, wenn ich dem nicht gewachsen war?

Überhaupt war ich doch eh schon überfordert mit meinem Bäckerjob und den zunehmenden körperlichen Beschwerden von Kera. Außerdem gab es all die Dinge, die noch erledigt werden mussten! Was war zum Beispiel mit der Essigwäsche,[74] die vor sich hinvegetierte, ohne dass sie jemand fertig reinigen wollte?!

Einmal tief durchatmen! Und dann erstmal zum zweiten Termin im Hebammenkreißsaal. Dieses Mal hatten wir eine andere mindestens genauso freundliche Hebamme. Wieder hatten wir ein richtig gutes Gespräch, bis… ja, bis auf einmal wieder Knöpfchens Gewicht zum Thema wurde…

Warum musste denn jeder so einen Stress schieben? Ich wurde langsam wirklich wütend. Da heißt es immer überall, man solle sich entspannen und Stress vermeiden, keine Angst vor der Geburt haben und plötzlich schien es unsere Aufgabe zu sein, alle zu beruhigen…

Da konnte man nur froh sein, dass Kera noch immer super entspannt war und sich sogar auf die Geburt freute. (*KEIN SCH… Witz!*) Ich wäre schon einige Male mitsamt dem kugelrunden Bauch vor der Geburt davongerannt. Aber meine Kera ist einfach so viel stärker als ich und, ohne zu groß spoilern zu

---

[74] *Papa*: Macht man, wenn man seine Schweiß-/Sportwäsche nicht chemisch behandeln mag… (*Frag besser nicht :D*)

wollen, ihre Tapferkeit und ihren Mut hat sie schön an unser Knöpfchen weitervererbt (*stolzester Papa und Ehemann der Welt*).

Jedenfalls riet uns die Hebamme des Kreißsaals, aus taktischen Gründen sei es einfach doch besser mit der Chefärztin im Vorfeld zu sprechen, damit das in den Akten vermerkt werden konnte und wir nicht bei der Entbindung unser blaues Wunder (*in dem Fall wohl eher ein weißes – höhö!*) erlebten, wenn die Weißkittel hereinmarschierten, während Kera sich gerade die Seele aus dem Leib presste, sie aufklärten und ihr einen Zettel hinhielten, auf dem sie unterschreiben müsste, dass sie sich der Geburtsrisiken bei einem zu großen Kindes bewusst wäre...

Nicht zu fassen, oder? *Krankenhauspolitik vom Feinsten!* Echt schlimm, dass heute alles doppelt und dreifach abgesichert werden muss, damit nicht irgendein Fuchs die ganze Sache ausnutzt und Profit mit einer Klage daraus schlägt...

Wir sagten der Hebamme, dass wir uns die Sache durch den Kopf gehen lassen wollten. (*Dabei schrie mein Che Guevara-Rebellen-Kopf eigentlich: „Jetzt erst recht nicht! Nieder mit der Krankenhauspolitik! Wir sind die Schwangeren!" Meine innere Revolutionsfaust erhob sich, aber die äußere schlug mir bei solch schwachsinnigen Gedanken gegen den Kopf.*)

Taktisch gesehen, war ein Termin im Vorfeld wohl tatsächlich sinnvoll. Nachdem unsere

Lieblingshebamme ebenfalls seufzend bestätigte, dass das dann wirklich die bessere Entscheidung wäre, wir uns aber ja nichts einreden lassen sollten, bissen wir in den madigen Apfel und gaben uns geschlagen. Der kurze Widerstand endete mit weißer Fahne. (*Und nein, sie bestand nicht aus der Kluft eines Weiß-kittels...*)

Auch die nächsten Tage ärgerten wir uns weiterhin darüber, dass wir nun zu solch einem unsinnigen Termin mussten (*Zeitverschwendung und auch sonst einfach blöd, wo ich doch so leicht zu verunsichern war beim Thema Schwangerschaft*). Ich hatte wirklich etwas Angst davor, dass die Frau Chefärztin mir einen dicken, ganz arg bissigen Flo[75] ins Ohr setzen oder womöglich doch noch Keras Bollwerk an Mut brechen könnte. (*Warum kommt mir dabei ‚Another Brick in the Wall' in den Kopf? Die Wege meines Hirns waren schon immer unergründlich... Neurologen sprechen vom hoffnungslosen Fall.*)

Was uns allerdings aus unserem Unmut riss (*ich war gerade dabei, mich vom Hundertsten ins Tausendste aufzuregen*), war, dass meine Mutter aufgeregt angerannt kam, weil sie losmüsse. Wie es aussah, würde ich heute nochmal Onkel werden. Meine Mutter sollte sich während der Geburt um

---

[75] *Mama*: Bester Schreibfehler ever!!! Bissiger Flo! Hahaha! Ich hoffe doch, du meintest einen bissigen Floh (*also das Krabbeltier*) und nicht einen bissigen Flo (*beliebte Kurzform für Florian o.ä.*). Für Flo könnte es in deinem Ohr in der Tat ein bisschen eng werden, vor allem wenn er auch noch so dick ist, wie beschrieben.

meine andere Nichte kümmern. Sofort war jegliche negative Aufregung einer positiven gewichen.

Alle fünf Minuten sah ich wie ein Eichhörnchen auf Speed aufs Handy, bis endlich der Anruf kam... Nach zwanzig Stunden waren meine Schwägerin und mein Bruder frustriert nach Hause gegangen, weil der bereits vier Zentimeter geöffnete Muttermund sich wieder geschlossen hatte?

WHAAT!? Sowas konnte passieren? Na, super... Wie lange würde dann erst unsere Geburt dauern? Hoffentlich nicht so lang wie der Auszug aus Ägypten. In mir wechselten sich das Gefühl, überhaupt noch nicht bereit zu sein, und die Hoffnung, dass es noch eine ganze Weile dauern würde, im Minutentakt ab mit einem Gefühl von „Wann ist es endlich dahaa?". (*Du weißt ja noch damals im Auto auf der Fahrt in den Urlaub...*)

Die Armen mussten also weiter warten und meine Mutter schlief über eine knappe Woche dort, um jederzeit abrufbereit zu sein. Jeden Tag konnte es wieder losgehen. Aber es zog sich hin wie der zähste Kaugummi, den die Welt je erblickt hatte und der schneller fad schmeckte als *Hubba Bubba*.

Auch meine Stimmung wurde zunehmend schlechter, denn es gab zu viele Faktoren, die mir die Vorfreude auf die Geburt verdunkelten. Erstens war da der baldige Termin bei der Chefärztin. Zweitens hörten wir immer häufiger von Corona, weshalb ich eigentlich jeglichen Außenkontakt für Kera vermeiden wollte. Denn noch war nicht klar, was der

Virus mit einem Ungeborenen anstellen konnte. (*Dann für einen sinnlosen Termin auch noch ins Krankenhaus zu müssen, in diese Keimsuppe, war natürlich noch ärgerlicher!*) Drittens mein Bäckerjob, der zunehmend zum Desaster wurde und viertens die Sorge, dem Ganzen nicht gewachsen zu sein.

Allein der Bäckerjob raubte mir nicht nur Schlaf und Kraft, (*was ich beides für die Geburt und die Zeit danach brauchen würde,*) sondern auch jegliches Selbstwertgefühl. Die Arbeitsweise dort war einfach so überhaupt nicht meins. Normalerweise hatte ich Nebenjobs immer super gern gemacht, aber mit diesem wollte ich einfach nicht warm werden.

Es fühlte sich für mich so an wie im Sommer, als ich den alten Benzin-Rasenmäher unserer Vermieter startete, es einen Knall gab und dampfte und ich in einer dunklen Rauchwolke verschwand. *Ein völliger Überfail!*

Vor allem tat ich mich beim Bäcker dann schwer, wenn die Kund*innenschlange bis vor die Tür reichte und jemand plötzlich noch zehn Stücke Kuchen bestellte – das ausgerechnet von mir, dem größten Verpackungskünstler der Welt. (*Frag mal Kera, wie ich Geschenke verpacken kann... Also der Houdini des Verpackens werde ich mit Sicherheit nie werden. Ich scheiterte schon bei den einfachsten Servietten-falttechniken. Lange Rede kurzer Sinn...*)

Während ich schweißgebadet (*als würde ich vor einer Mathearbeit auf meine Aufgabe starren*) versuchte, dieses vermaledeite Papier um die Torten

243

zu wickeln, sodass es ordentlich verpackt aussah und auch ohne Tesa hielt, wurde die Schlange vor der Tür immer länger, was ich schön aus dem Augenwinkel beobachten konnte. Wenn ich dann endlich alles (*trotz langem Üben mit Zeitungspapier daheim*) mehr schlecht als recht verpackt hatte, war gefühlt eine Stunde vergangen und meine nun ebenfalls ins Schwitzen geratene Verkaufsgehilfin durfte den Unmut ausbaden, weil die Kund*innen am Samstagmorgen ganze fünf Minuten länger warten mussten als sonst.

Es war ein Graus für mich. Innerlich hatte ich längst gekündigt. Aber ich wusste auch, dass wir das Geld brauchten und solang meine Vorträge noch nicht alle save waren, wollte ich kein Risiko eingehen. Immerhin war ich werdender Vater und das Letzte, was ich wollte, war, dass wir meinetwegen in Geldnöte kämen.

Kera leistete ihren Beitrag mit Schwangerschaft, Geburt und Elterngeld und ich? Ich bekam nicht einmal einen 450-Euro-Job gebacken (*Ich würde ja lachen, wenn's nicht so verbrannt... ähm, ich meinte... bitter... wäre*).

Den Problemen nicht genug kam nun endlich der heiß ersehnte Besuch bei der Chefärztin. Ich sah mich im Krankenhaus nach jedem Hustenden um und schleuste Kera wie ein Security durch keimfreie Bahnen, mied die Klos (*auch wenn ich musste*) und versuchte, so wenig Kontakt wie möglich mit jemandem zu haben. Das letzte, was wir jetzt noch brauchen konnten, war eine Krankheit.

Dabei wartete die Krankheit bereits hinter der Tür der Chefärztin, zwar nicht in Form von Corona, aber in Form eines Aufklärungsgespräches darüber, was bei der Geburt alles Schlimmes passieren könnte (*Betonung auf ,könnte'*).

Die Wahrscheinlichkeit war gering und alles, was uns widerfahren könnte, konnte wohl auch bei kleineren Babys geschehen. Wow, danke, dass wir dann darüber aufgeklärt werden mussten, wo doch die Wahrscheinlichkeit geringer war, als im Lotto zu gewinnen. (*Okay, das war etwas übertrieben, aber das war die Krankenhauspolitik doch auch. Also darf ich das!*)

Unser Knöpfchen schien das ähnlich zu sehen, denn als die Ärztin es untersuchen wollte, drehte es sich zum ersten Mal so hin, dass es ihr den Rücken zukehrte, was so ziemlich die ungünstigste Position für eine Untersuchung war. (*Papa war sooo stolz auf das kleine Rebellenknöpfchen!*) Trotzdem wurde ein Schätzwert gemessen und der besagte, dass Knöpfchen um die 94 Prozent größer war als jedes andere Baby,[76] weswegen ein geplanter Kaiserschnitt oder eine Einleitung bedacht werden sollte...

Das war schon ein ganz schön herber Schlag und verunsicherte mich. Als sie dann auch noch aufklärte, dass in Deutschland um die 33 % aller Entbindungen per Kaiserschnitt erfolgten, fiel mir die Kinnlade runter (*wie damals Jim Carey in ,Die Maske'*). Dass viele einen geplanten Kaiserschnitt durchführten, weil sie gern ein bestimmtes Geburtsdatum haben wollten, war dann endgültig zu viel für mich.

Versteh mich bitte nicht falsch. Ich finde es super, dass es die Möglichkeiten gibt, einen Kaiserschnitt durchzuführen und wenn er wirklich notwendig ist, stellt er ja auch eine riesige Chance dar, Kind und Mutter vor ernsthaften Schäden zu bewahren. Aber dass man wegen eines gewünschten Geburtstermins so leichtfertig mit solch einem Eingriff umgeht, macht mich doch etwas sprachlos.

Zumal unsere Hebamme uns ermuntert hatte, dass man es in jedem Fall erstmal probieren und dann im Notfall immer noch einen Kaiserschnitt machen konnte.

---

[76] *Mama*: An dieser Stelle sehe ich mich dazu verpflichtet, einzuhaken. Ich bin jetzt ja sowas von überhaupt kein Mathegenie (*und ich liefere gleich den Beweis dafür*), aber wenn Knöpfchen wirklich um die 94 % größer war als jedes andere Baby, müsste es dann nicht fast doppelt so groß sein wie jedes andere Baby (*also sprich: Statt 50 cm einen knappen Meter*)? Eigentlich müsste es doch heißen: ,Knöpfchen war größer als 94 % aller Babys', oder nicht? Hilfe! Ich bin verwirrt... Kann mich bitte jemand aufklären! (*Papa*: hat die Mathenachhilfegruppe verlassen...)

Insgesamt waren wir uns nicht sicher, wie die Chefärztin selbst zu dem Thema stand. Wir hatten nämlich manchmal das Gefühl, dass sie uns eigentlich lieber zureden wollte, genau das nicht zu tun (*also einen Kaiserschnitt oder eine Einleitung*), es aber in ihrer Position nicht durfte. Denn so manches Mal waren ihre Aussagen mit einem Augenrollen oder einer fast zynischen Betonung untermalt (*zumindest meinten wir, uns das einzubilden*). Aber sie musste sich eben nun mal an die Regeln halten...

Nach dem Termin hatte sich für uns nichts geändert. Sobald die Ärztin in ihren Berechnungen nämlich Keras Größe, ihr Gewicht usw. mitberücksichtigt hatte, sank die Prozentzahl von 94 auf 76. Es ist schon klar, dass vielleicht eine Frau mit 1,60 m kein 4,5 kg Baby so mal eben schnell aus sich herausbekommt, aber eine Frau, die selbst 1,87 m groß, schlank, aber breiter gebaut ist, bekommt vielleicht auch eher ein größeres Baby.

Trotzdem galt die Berücksichtigung von Keras Größe nicht. Denn Regeln sind nun mal Regeln und wenn sie vorschreiben, dass die Welt eine Scheibe ist, dann kann sie noch so kugelig sein, sie bleibt trotzdem flach. *PUNKT!*

***

Während wir weiter versuchten, uns auf die Geburt zu konzentrieren und uns nicht zu sehr zu stressen, hatte Kera noch einige Drehs vor sich mit *WDR* und *SWR*.

du fragst dich, ob das nicht 'n bisschen kurz vor der Geburt war? Das sehe ich auch so und ich war auch nicht gerade begeistert davon. Aber die Formate waren gut und Kera fühlte sich so entspannt (*trotz zunehmend schlechterer Nächte wegen zunehmenden Beschwerden*), dass sie es machen wollte.

Und was sie sich in den Kopf setzt, das schafft und macht sie auch. Da kann sie nichts von abhalten, nicht mal der wenige Schlaf. (*Und hey, es ist wahrlich angenehmer in einem Käfig voll hungriger Tiger zu sitzen, als Kera schlaflos zu erleben... ehrlich, ich hab's erlebt und welch Wunder auch überlebt. Aber eigentlich ist sie eine ganz Zahme, mein kleiner Engel. Doch auch Engel sind nicht sie selbst, wenn sie Schlafmangel haben!*)

Die Drehs liefen super und trotz zwischen-zeitlicher Wehen, die bei mir die Alarmglocken auslösten, blieb unser Knöpfchen weiterhin im schönen, warmen Mamabauch. (*Is ja auch traum-haft, wenn man sich um nix kümmern muss, einfach die ganze Zeit im Thermalbad chillen und an Frucht-wassercocktails sippen kann.*) Trotzdem war die 38. Woche schon vorbei und theoretisch hätte Knöpfchen nun jederzeit das Licht der Welt erblicken können. Aber war ihm halt doch noch viel zu kalt. *Ne?*

Während also die Drehs gut verliefen, verlief mein Job alles andere als gut. Durch Keras Schnarchen und Rumwälzen konnte auch ich immer schlechter schlafen, bis ich eines Freitagnachts vor einer Morgenschicht, die um fünf Uhr beginnen sollte, aufgab und aufstand, ohne nur eine Sekunde geschlafen zu haben. Dabei hatte ich extra den Spieleabend der WG, den wir jede Woche mit Wein, Knabberkram und *Wizard* verbrachten, geopfert, um früh ins Bett zu gehen. (*Buhuhu! Alles umsonst!*)

Da saß ich dann morgens um halb vier am Esstisch und starrte auf mein Sandwich, das zurückstarrte, als würde es mich verhöhnen. Es lachte mich aus, denn es war Brot und Brot kam vom Bäcker und ich konnte keinen Bäcker mehr sehen und das wusste mein Sandwich auch.

Wut wich Verzweiflung, wich Heulkrampf, wich Übelkeit, wich Kreislaufproblemen und dem Ende meiner Bäckerkarriere. So gern ich der Rolle des perfekten Vaters entsprochen hätte, der sowohl im Haushalt als auch mit Geld unterstützte, musste ich doch kapitulieren.

Mit furchtbar schlechtem Gewissen wählte ich die Nummer des Bäckers und sagte ab. Ein riesiger Berg fiel mir vom Herzen, der ein Erdbeben an Glücksgefühlen in mir auslöste, mich aber auch gleichzeitig ziemlich erschreckte.

Ausgerechnet ich, der sich in der Arbeit so viel mit Rollenbildern auseinandersetzte, war in alte Muster zurückgerutscht… Da hatte ich mich arg in das traditionelle Männerbild eingereiht: Papa, der Verdiener und Versorger. Kera war so viel stärker als ich und konnte genauso gut für uns sorgen… Wir beide gegen den Rest der Welt, nicht sie in Watte gepackt im Bau und ich gegen den Rest der Welt...

Irgendwie traurig, wenn man immer wieder merkt, dass man in Muster zurückfällt, die man längst als überwunden geglaubt hat. Aber es zeigte mir auch, wie sehr mich die neue Rolle als werdender Vater überforderte.

Gerade durch meine Arbeit mit Jungen und Männern wusste ich, was es bedeutete, wenn ein Vater nicht für sein Kind da war. Die Vaterrolle ist doch wichtiger, als man früher gedacht hatte. Und so wollte ich eben auch einer der Väter sein, die ihren Kindern eine zusätzliche Stütze im Leben bieten. Ich konnte nur hoffen, dass ich meinem Knöpfchen auf seinem Weg durchs Leben ausreichend würde helfen können...

Was nun allerdings durch all den Bäcker- und Fernsehstress etwas unterging, war die Tatsache, dass währenddessen ein Wunder geschehen war. Meine zweite Nichte war auf die Welt gekommen. Richtig gehört, wieder ein Mädchen. Ich war der stolzeste Onkel der Welt und dieser Moment ließ mich wieder voller Vorfreude auf das Kommende blicken.

Wenn Knöpfchen bis zur Geburt nicht nochmal 250 g zunahm und damit die 4 kg-Grenze überschritt, müssten wir auch gar nicht mehr zum zweiten Termin bei der Chefärztin, um uns weiter mit dem Thema Einleitung auseinanderzusetzen. Gar kein Problem,

Knöpfchen würde sowieso schon früher kommen, hatte ich mir vorgenommen.

Leider hatte Knöpfchen das ganz und gar anders gesehen und nochmal 250 g oben draufgelegt. Also wieder zur Chefärztin und wieder mit Dingen beschäftigen, die man als Schwangere echt nicht hören möchte, vor allem nicht so kurz vor der Geburt.

Dazu spitzte sich die Lage mit Corona immer weiter zu, was uns schon auch verunsicherte. Anfangs hatten wir das Ganze für eine schwerere Grippe gehalten, aber irgendwie spielte die Welt zu verrückt, um den Virus weiter auf die leichte Schulter zu nehmen. Das, was mir am meisten Sorgen dabei bereitete, war, dass man über 40° Grad Fieber bekommen konnte und eine fiebernde Mutter bedeutete für das Ungeborene Gefahr (*ganz zu schweigen von der Vorstellung, fiebernd ein Baby zu bekommen... Eine Katastrophe!*).

Aber ruhig Blut... Wir würden uns im Krankenhaus schon keine Keime fangen, war ja nicht so, dass wir mittlerweile beide schon mit Infekten zu kämpfen hatten.

Der Termin endete mit der Erklärung der Chefärztin, dass wir jetzt entweder einleiten oder weitermachen könnten wie bisher... Rate mal, was wir wohl für eine Entscheidung getroffen haben... Bis zum nächsten Kapitel, treue Seele!

Papa ist leider viel zu oft weg gewesen und wenn er dann wieder nach Hause gekommen ist, war er furchtbar traurig. Mama war auch traurig, weil Papa traurig war. Und ich war traurig, weil Mama und Papa traurig waren und weil Papa so viel weg gewesen ist. Aber zum Glück haben Mama und Papa lange miteinander geredet und gemerkt, dass Papa lieber wieder dableiben soll, anstatt Gelt mit nach Hause zu bringen. Ich kann dir gar nicht sagen, wie froh ich bin, dass Papa jetzt gar nie mehr nich weggehen muss.

Vor allem, weil Mama und ich jetzt immer öfter zu donnerpupsblöden Terminen müssen mit so Dingsen. Am Anfang hat es mir ja noch gut gefallen, wenn Mama und Papa mich auf so einem Dings sehen konnten. Aber langsam nervt mich das Dings. Es drückt so doll und egal, wie doll ich zurückdrücke, es macht einfach immer weiter.

Wir mussten sogar zu noch einer Frau mit so einem Dings. Und soll ich dir was sagen? Die hat mich auch wieder beim Schlafen gestört mit ihrem Rumgedrücke. Aber ich habe das gar nicht eingesehen und mich einfach weggedreht. Mir ist das alles zu doof.

Mama und Papa ist das auch zu doof. Weil die Frauen sprechen doch immer darüber, dass ich zu groß bin. Ich finde das ganz schön unverschämt. Ich habe mir so viel Mühe gegeben beim Großwerden. Das ist gar nicht einfach, das sollen die erstmal nachmachen.

Als die dann auch noch angefangen haben, darüber zu sprechen, dass sie mich einfach aus Mamas Bauch rausholen wollen, hab ich mich vor lauter Schreck so doll am

Fruchtwasser verschluckt, dass ich eine ganze halbe Stunde Schluckauf hatte. Frechheit!!! Was die wohl dazu sagen würden, wenn man sie einfach aus ihren Betten holen würde, obwohl sie noch so furchtbar müde sind.

Aber zum Glück haben Mama und Papa es ihnen nicht erlaubt. Weil sie nämlich wissen, dass ich komme, sobald ich ausgeschlafen habe.

11. Monat

15. März 2020 – 41. SSW

- Papa -

Kennst du dieses Geduldsspiel, bei dem man an zwei Griffen versucht, eine Kugel durch ein Labyrinth zu führen und die Schwierigkeit darin besteht, die Löcher zu umgehen, um nicht wieder von Vorn anfangen zu müssen? So in etwa fühlte sich für uns der Weg zum Ziel an. Wir mussten die Kugel zum Ziel führen (*also Knöpfchen auf die Welt bringen*) und nach jedem Loch (*der Versuch, die Geburt natürlich einzuleiten*), kam nicht das Ziel, sondern ein weiteres Loch und die Zeit lief gegen uns.

Nicht mehr lang und wir würden mit Chemie einleiten müssen und das wäre der Supergau für uns gewesen, weil dadurch die Wahrscheinlichkeit für Komplikationen und Kaiserschnitt deutlich anstieg. Es kam also der Endspurt. Ellenbogen raus und durch!

Die Vorstellung, dass Kera einen Kaiserschnitt bekommen könnte, machte mir große Sorgen, denn das wollte sie auf gar keinen Fall und ich kannte meine Pappenheimerin. Wenn etwas für sie (*eigentlich ja für uns beide*) so Essentielles schief gehen würde, dann könnte alles passieren, von der völligen Verzweiflung bis hin zur depressiven Verstimmung à la ‚Ich bin so eine Versagerin, andere hätten es ohne geschafft…'. Und das durfte einfach nicht sein. Mal ganz abgesehen davon, dass es für das Kind auch kein allzu guter Start wäre. (*Auch wenn ich der Einstellung bin, dass man alles gemeinsam aufarbeiten kann. Alles!*)

Aber ich wusste eben, dass Kera sich schnell für so etwas die Schuld gegeben hätte und ihr das wieder auszureden, wäre wirklich schwer gewesen. Und gerade jetzt brauchte sie alle Energie und Kraft. Glaub mir, ich hätte sie damals am Liebsten in Watte gepackt. Noch war sie entspannt und gelassen, zumindest meistens, und das wollte ich mit allen Mitteln erhalten.

Nur wie? Ich war mal wieder machtlos und das hatte mir schon immer zu schaffen gemacht. Lieber litt ich statt meiner Liebsten, denn das war für mich deutlich leichter zu ertragen. Also hoffte ich einfach, dass alles gut ging.

Die Termine bei der Chefärztin waren zwar überstanden, dafür mussten wir ab dem errechneten Geburtstermin jeden zweiten Tag zur Frauenärztin, um sicherzugehen, dass alles gut war.

Die Frauenärztin begegnete uns mittlerweile schon mit Mundschutz und verweigerte den Handschlag, was mich zunehmend unruhiger machte. Corona war mittlerweile Thema in allen Medien. Man sprach sogar schon davon, Schulen zu schließen. *Verrückt, oder?*

Das hatte ich mir beim besten Willen nicht vorstellen können, zumal ich nun echt schon für viele Vorträge gebucht worden war. Was, wenn diese nicht stattfinden konnten? Das wäre ein Desaster.

Die *Bild* sprach sogar schon von einem Lockdown. So etwas zu behaupten, war in einem neoliberalen

Land wie Deutschland doch lächerlich. Eher würde man die halbe Gesellschaft abnippeln lassen, als dass man die Wirtschaft stilllegte… Oder nicht?

Trotzdem half uns das Grübeln über Corona nur wenig. Alles, was mit uns nichts zu tun hatte, musste jetzt erstmal warten. Ja, ich weiß, das klingt echt egoistisch, aber gerade war einfach nur eines wichtig: Wie konnten wir Knöpfchen locken, aus seinem Planschbecken zu kommen, damit wir nicht einleiten mussten? Ein Masterplan musste her.

Wir wälzten Bücher, *ecosiaten* und löcherten unsere Hebamme, um herauszufinden, welche natürlich einleitenden Maßnahmen wir treffen konnten. Aber es passierte so viel wie beim Warten auf einen pünktlichen Zug der Bahn: Nichts! Also neue Maßnahmen ergreifen. Doch egal wie viele heiße und kalte Nadeln Kera bei den Akupunkturstunden bekam, egal wie viele Liter Tee sie trank (*Sie war fast selbst schon Tee. Im Vergleich zu ihr bestanden Quallen aus trockener Luft.*), nichts, rein gar nichts half.

Irgendwann riet uns dann eine andere Hebamme, die Kera akupunktierte: „Ihr lasst jetzt einfach mal für einen Tag alles bleiben und dann sehen wir weiter. Kümmert euch mal nur um euch.“

Schöner Plan… Aber wie sollten wir uns entspannen, wenn wir keine Zeit mehr hatten? *Keuch!* Es war der 16. März und wir waren schon acht Tage über dem Termin (*wenn man den selbst mit einberechnete…?*). Hieß nach Adam Riese, dass uns noch maximal sechs Tage blieben, bevor die ärztlich bedingte Einleitung beginnen würde. Klingt noch nach ein paar Tagen, aber uns ging echt das Zäpfchen, sag ich dir.

Also was tun, um nicht durchzudrehen? Erstmal vor den Flimmerkasten und sich irgendetwas Belangloses reinziehen, denn lesen war in dem Zustand nicht mehr möglich.

„Oh...", sagte Kera an einer Stelle des Films, an der kein ‚oh' passte.

Ich verstand sofort, was sie mit ‚oh' meinte, rief ihr trotzdem sicherheitshalber noch mal ein ‚WAS?' hinterher, während sie sich in Richtung Klo begab. Ich hüpfte um sie herum, ganz außer mir.

„Ich bin mir nicht sicher. Das könnte ein Blasensprung gewesen sein.", meinte Kera, als sie wieder vom Klo zurück war.

„Was machen wir jetzt?", fragte ich aufgeregt wie auf zehn Espressi und eilte in Richtung der Geburtstaschen.

„Wir warten jetzt erstmal ab..."

„*Abwarten!?*", dachte ich mir, während die Espressi sich in Luft auflösten und dieser langgezogene immer tieferwerdende Posaunenton in meinem Kopf erklang, der jeglichen Wind aus frisch gehissten Segeln nahm. (*Selbst Aiolos hätte nicht genug Wind gehabt, um diese Segel wieder zu füllen.*)

Also taten wir genau das... Was? Na, nichts. Abwarten. Wie auch immer ich die Spannung hatte aushalten können, ich schlief tatsächlich ein, bis...

- Mama -

Die Kliniktasche war gepackt, die Vorratsregale und Kühlfächer waren bis zum Bersten gefüllt, Mama und Papa standen in den Startlöchern und Knöpfchen lag in der Poleposition. Alles war bereit für den großen Tag, den 09. März 2020. Wir hofften, dass wir heute den allerletzten Frauenarzttermin würden wahrnehmen müssen.

Die Aussage der Gynäkologin, wir würden ab jetzt jeden zweiten Tag kommen müssen, klang fast wie eine Drohung in meinen Ohren. Vor allem weil das CTG an diesem Tag ein neues Niveau an Nervigkeit erreicht hatte. Knöpfchen war so schnarchig gewesen, dass es die halbe Stunde beinahe komplett verpennt hatte und wir deswegen eine weitere halbe Stunde hatten machen müssen.

Dem nicht genug war die anschließende Ultraschalluntersuchung die reinste Tortur. Die Ärztin wollte die Durchblutung zweier Venen überprüfen, die die Plazenta versorgten. Weil die Venen aber offenbar keine Lust auf eine Überprüfung hatten, versteckten sie sich so gut vor ihr, dass sie übertrieben stark mit dem Ultraschallgerät in meine Leisten drücken musste.

Als ich wieder vom Stuhl aufstehen sollte, ist mir von den Schmerzen so schwindelig geworden, dass nicht mehr viel gefehlt hätte und ich wäre zusammengebrochen. Ich hatte solche Schmerzen, dass die Ärztin mich fragte, ob ich gerade eine Wehe gehabt hätte. *Nope!* Die Schmerzen waren auch ganz ohne Wehen kaum erträglich.

Ich hatte immer weniger Lust auf die ganzen Untersuchungen. Mittlerweile war ich völlig überuntersucht und die Schulmedizin begann, sich langsam irgendwie übergriffig anzufühlen. So löblich es sein mochte, durch die Untersuchungen sämtliche Risiken für das Wohl von Mutter und Kind minimieren zu wollen, aber es ging mir zunehmend an die Substanz.

Keine Ahnung, wie es anderen werdenden Müttern geht oder ob ich einfach nur zu verkopft bin. Während der Schwangerschaft hat man so viele Dinge zu entscheiden und zu bewerkstelligen, da fühlte ich mich nicht auch noch dazu in der Lage zu entscheiden, welche der Untersuchungen wirklich unbedingt notwendig waren und welche nicht.

Eigentlich hätte ich mich in so einer turbulenten Zeit gern auf das Urteil der Ärzte verlassen, ohne deren Beweggründe zu hinterfragen. Aber ich hatte immer mehr den Eindruck, dass die Ärzte nicht mehr bereit waren, ein Risiko einzugehen und ihrer eigenen Einschätzung der Lage Folge zu leisten. Viel eher schienen sie ausschließlich irgendwelchen rechtlichen Vorgaben zu folgen, die sie vor jeglicher Art der Haftung bewahrten.

Was war ich froh, dass wir eine so tolle Hebamme hatten. Unter Tränen rief ich bei ihr an, weil es mir davor graute, nun jeden zweiten Tag eine solche Prozedur über mich ergehen lassen zu müssen.

So zuversichtlich ich bisher der Geburt entgegen-geblickt hatte, so sehr waren meine Nerven mittler-weile vor der Zerreißprobe. Ich fühlte mich nur noch wie ein Häufchen Elend und wusste nicht, wie ich in einem solchen Zustand ein Kind auf die Welt bringen sollte.

Steffi bot mir an, die nötigen Untersuchungen im Wechsel bei der Frauenärztin und ihr zu machen; dann müsste ich nur alle vier bis fünf Tage zur Gynä-kologin gehen. Das Gerumpel, das ertönte als mir die Steine vom Herzen fielen, war vermutlich noch im Nachbarort zu hören.

Um unserem Glück ein bisschen auf die Sprünge zu helfen und Knöpfchen daran zu erinnern, auch wirklich nicht seinen großen Tag zu verpassen, hatten wir wohlweislich für den 09. März neben einem Frauenarzttermin auch noch einen Termin bei einer Kollegin unserer Hebamme zur Akupunktur ver-einbart. Sicher war sicher.

Ich weiß nicht, ob du schon mal eine Akupunktur mitgemacht hast, aber meist sind die Nadeln ganz erträglich. Es gibt allerdings auch immer ein paar Punkte, die sich als recht garstig erweisen.

Einer meiner Lieblingspunkte ist direkt unter der Kniescheibe. Wenn dort die Nadel gesetzt wird, fühlt es sich an, als würde man einen übertrieben starken Muskelkater[10] zentriert auf einen winzig kleinen Punkt haben. Das Schönste daran: man hat zwei

Kniescheiben und damit zweimal den Punkt und damit doppelt so viel Spaß.

Mit der geburtsanregenden Akupunktur lernte ich noch einen weiteren Lieblingspunkt kennen: äußeres Nagelbett der kleinen Zehen. Fährt es dir auch gerade so kalt den Rücken runter wie mir? Also garstiger geht es doch echt nicht mehr, oder?

Da saß ich also 20 Minuten mit einer Nadel in der Kopfhaut, mit der ich ein bisschen was von einem *Teletubbie* hatte, zwei Nadeln in den Handgelenken und zwei am Nagelbett der kleinen Zehen (*da ist er schon wieder der kalte Schauer*) und hoffte, dass Knöpfchen Mitleid mit seiner armen Mutter haben würde.

Wie schnell eine Akupunktur Wirkung zeigte, wollte ich von Maren wissen. Es habe wohl schon Fälle gegeben, da konnte die Akupunktierte direkt in die Klinik weiterfahren. Genauso häufig brauchte es aber auch drei oder vier Behandlungen, bis sich eine Wirkung einstellte.

Drei bis vier Behandlungen!?!?! Das bedeutete sechs bis acht Nadeln in den kleinen Zeh!!! Mein Gesichtsausdruck in dem Moment hätte wahrscheinlich Edvard Munchs *Schrei* vor Neid erblassen lassen.

Und!? Was glaubst du? Zeigte Knöpfchen Erbarmen mit mir? Vermutlich kannst du es dir schon denken. Das kleine Schlawinerchen kuschelte sich lieber noch mal eine Runde in die Plazenta; oder eben auch zwei oder drei.

Die Tage verstrichen ohne jegliche Regungen. Also nächster Akupunktur- und Untersuchungstermin. Dieses Mal beide hintereinander direkt in der Hebammenpraxis.

Die Untersuchung bei Steffi war ein echtes Kontrastprogramm zu der Untersuchung bei der Ärztin. Denn statt technisch war sie menschlich. Wir wurden nicht einfach nur eben mal mit irgendwelchen Gerätschaften kontrolliert, sondern unseren Bedürfnissen entsprechend behandelt. Ich fühlte mich viel besser als nach den letzten Besuchen beim Frauenarzt. Mit einem Mal spürte ich da wieder etwas wie Zuversicht.

Insgesamt war Steffi zufrieden mit Knöpfchens Zustand. Es würde ihm immer noch sehr gut gehen. Wohl ein bisschen zu gut für meinen Geschmack. Also weiter zum zweiten Akupunkturtermin und damit zu Nadel drei und vier.

Wetten werden ab sofort angenommen. Brauchten wir noch einen dritten Akupunkturtermin, oder nicht? Ach, ich kann dir doch nichts vormachen! Knöpfchen wollte sich immer noch nicht aus meiner Gebärmutter rausbewegen. Wahrscheinlich war es gerade zu sehr mit dem Großputz für mögliche Nachmieter beschäftigt.

Und während Knöpfchen sein Leben chillte, begannen meine Emotionen verrückt zu spielen. Gegen meinen Gefühlshaushalt konnte jede Achterbahn der Welt einpacken. Ich war das reinste Nervenbündel. Mir tat alles weh.

Knöpfchens bisher liebevollen zarten Stupser fühlten sich mittlerweile an, als würde es auf den mühsamen Weg durch den Geburtskanal verzichten und lieber direkt durch meine Bauchdecke durchbrechen wollen. Mein Rücken ächzte unter jeder Bewegung. Meine Organe waren platt wie Flundern. Ich konnte nur noch aus dem Bett rollen, wenn ich nachts zum sechsten oder siebten Mal auf die Toilette musste, um meine übervolle Blase um den Inhalt eines Schnapsglases zu erleichtern.

Ich fühlte mich wie die schlechteste Mutter der Welt, weil ich es einfach nicht mehr aushielt und wollte, dass unser Kind endlich meine Gebärmutter verließ. Und gleichzeitig zerriss es mir fast das Herz bei dem Gedanken, Knöpfchen würde sich dann nicht mehr länger klopfend aus meiner Gebärmutter zu Wort melden können.

Nachts konnte ich nur noch unruhig bis gar nicht mehr schlafen. Tagsüber war ich dann so fertig, dass ich den halben Tag verschlief. Und wenn ich nicht gerade schlief oder pieselte, schaute ich fern, weil ich zu nichts anderem mehr in der Lage war. (*In den letzten Wochen der Schwangerschaft habe ich einfach acht von zehn Staffeln ‚friends‘ geschaut.*)

Jeden Morgen, wenn ich die Treppen runterkam, fragte mich meine Mutter im Scherz, ob Knöpfchen denn schon gekommen wäre. Während ich die vergangenen Wochen noch darüber hatte lachen können, gab es jetzt nur noch einen alles vernichtenden Blick als Antwort.

Ich konnte nicht mehr. Ich wollte nicht mehr. Aber Knöpfchen wollte eben so gern noch. Und Knöpfchen war nun mal der Boss. Da konnten wir uns gleich schon dran gewöhnen.

Nächster Frauenarzttermin: Check. Dritter Akupunkturtermin: Check. Nadel fünf und sechs: Check. Knöpfchen: Nö, danke.

Da konnten mich die Worte von Maren auch nur minimal aufmuntern: „Du darfst dich geehrt fühlen. Deine Gebärmutter scheint echt gut zu sein. Stell dir das vor, wie bei einem Hotel. Zu Beginn der Schwangerschaft ist 'ne Gebärmutter noch wie ein 5*-Hotel. Gegen Ende der Schwangerschaft wird es dann zu einem 3*-Hotel und spätestens, wenn es dann nur noch eine Jugendherberge ist, fühlen sich die Kleinen dazu animiert, auf die Welt zu kommen. Bei dir ist wohl noch 5*+ angesagt."

Na, herzlichen Glückwunsch! Da hatte ich monatelang penibelst auf meine Ernährung geachtet, Stress vermieden und bis zum Ende moderat Sport getrieben und jetzt bekam ich die Rechnung dafür. Meine Gebärmutter hatte ihren luxuriösen Service auch fünf Tage nach dem errechneten Entbindungstermin noch nicht eingestellt. (*Vielleicht hätte ich doch mehr Junkfood essen sollen.*)

Aber aller guten Dinge waren ja bekanntlich drei. Also musste Knöpfchen jetzt einfach nach der dritten Akupunktur kommen. *Pah! Denkste!*

Viellicht würde es ja am nächsten Tag kommen. Samstag war doch ein schöner Tag, um auf die Welt zu kommen. Aber selbst die Verheißung, dass es dann am selben Tag wie Albert Einstein Geburtstag hätte, konnten Knöpfchen nicht erweichen. *Okay, gut. Dann eben nicht.*

Neuer Tag, neues Glück. Und Sonntag war ja auch ein noch schönerer Tag, um das Licht der Welt zu erblicken. Wie wäre es mit dem Geburtstag von Peter Pogba, Eva Longoria und Nikolaus von Myra? Nein?

Aber wenn wir eine Runde um den Märchensee drehen würden, würde Knöpfchen sich doch bestimmt animiert fühlen, so märchenhaft wie der war? Oder etwa nicht? Nicht!

Und schon war der Montag da und mit ihm der nächste Frauenarzttermin. Ab jetzt hieß es nicht nur täglich eine Untersuchung, sondern auch, dass wir noch fünf Tage Schonfrist hatten, bis wir nicht mehr um eine Einleitung drum rumkommen würden. Das durfte doch nicht wahr sein. Jetzt hatten wir mit allen Mitteln versucht, eine Einleitung zu vermeiden und bewegten uns schon wieder auf eine zu.

Wir setzten all unsere Hoffnungen in Nadel sieben und acht. Um dem Ganzen noch ein bisschen Nachdruck zu verleihen, erhitzte Maren die Nadeln dieses Mal sogar noch. Ich wollte von ihr wissen, was ich denn noch tun könnte, um Knöpfchen endlich von einer Geburt zu überzeugen, wo ich doch wirklich schon alles Mögliche ausprobiert hatte.

„Wisst ihr was? Ich glaube, ihr tut jetzt am besten erstmal gar nichts mehr. Ihr macht jetzt mal einen ganzen Tag Pause mit den geburtseinleitenden

Maßnahmen. Ihr müsst unbedingt auf andere Gedanken kommen. Macht euch einen schönen Tag. Und wenn es euch guttut, hängt ihr einen zweiten Tag an. Danach könnt ihr dann wieder weitermachen."

Zwei Tage Pause? *Oh je,...* Das könnte aber echt eng werden. Dann hatten wir ja nur noch drei Tage bis zur ‚Zwangseinleitung'. Aber andererseits... Ein bisschen Pause würde uns und unseren Nerven mit Sicherheit nicht schaden. Also dann eben Pause. Kein Wehenöl, kein Wehentee, nichts. Einfach nur Pause.

***

Als wir abends auf dem Sofa lagen und uns ein Festessen vor dem Fernseher gönnten, spürte ich ein klein bisschen Flüssigkeit austreten. Nur austreten woraus? Hatte ich Urin verloren? Würde mich bei meiner Blase nun wahrlich nicht mehr wundern. Oder war das schon Fruchtwasser? Ganz schön wenig Flüssigkeit für Fruchtwasser.

Es blieb bei der winzigen Menge, selbst als ich mich von der Couch runterrollte, um mich bettfertig zu machen. War wohl doch Urin gewesen.

Unverrichteter Dinge gingen wir schlafen. Es würde wohl auch nicht der 16. März werden. H.P. Baxxter und Markus Lanz waren vermutlich als Geburtstagsvettern nicht spannend genug. Knöpfchen wollte wohl, dass ich noch Bekanntschaft mit Nadel neun und zehn machen musste, oder nicht?

- Knöpfchen -

Während meiner Ausbildung an der *Universität für angewandte Wunder*, die ich übrigens, und da bin ich auch ein bisschen stolz drauf, mit ‚summa cum Schmusi' bestanden habe, hat man uns schon erzählt, dass wir in Mamas Bauch das beste Essen aufgetischt bekommen, das wir zum Wachsen brauchen. Irgendwann soll der Sörwis dann aber immer schlechter werden, weil irgendwann muss man ja schon auch raus aus Mamas Bauch, obwohl es so schön da drinnen ist. Aber irgendwann ist man dann zu groß, haben sie uns erklärt.

Mama klagt auch immer öfter, dass kein Platz mehr in ihrem Bauch ist. Ich finde es ja noch sehr kuschelig hier. Und das Essen ist auch immer noch versternt gut. Und solang das Essen noch so gut ist, darf man ja auch eigentlich noch bleiben, hat es doch geheißen. Seit Mama diesen leckeren Tee mit Zimt und Ingwer trinkt, möchte ich noch viel lieber etwas bleiben. Der schmeckt nämlich soooo gut.

Und Papa schmotzt uns immer mit so viel Liebe ein, da kann ich jetzt doch nicht einfach gehen. Sonst ist Papa vielleicht traurig, weil er nichts mehr zum Schmotzen hat.

Nur noch ein gaaaaanz kleines Bisschen....

17.03.2020

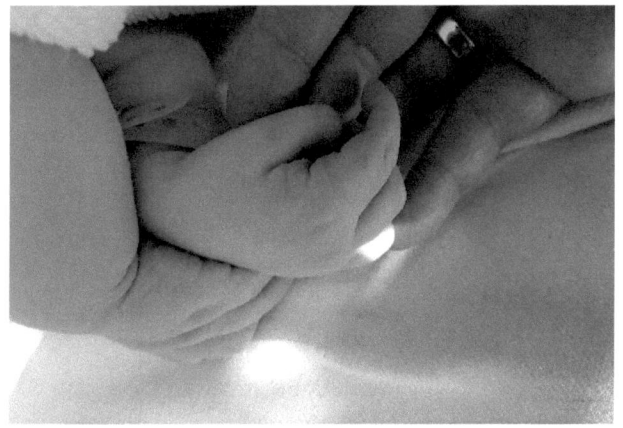

18. März 2020 – 10:00 Uhr

- Knöpfchen -

Soooo anstrengend... Viel zu müüüüüdeeeee... Was Mama und Papa sagen... ich... *schnarch*

- Mama -

Du wirst dir wahrscheinlich schon denken können, was jetzt kommt. Sherlock Holmes wie ich einer bin, habe ich doch schon gleich zu Beginn gemerkt, was du für ein Füchschen bist.

Unsere Geburtseinleitungspause war schneller vorbei, als wir es für möglich gehalten hätten. Wahrscheinlich war alles, was Knöpfchen noch gefehlt hatte, dass wir uns endlich entspannten und aufhörten so einen Stress zu schieben. Knöpfchen hatte doch alles im Griff.

Aber bevor ich es vergesse (*mein Hirn funktioniert auch nach der Schwangerschaft noch nicht wieder richtig. Genau genommen ist es sogar noch schlechter geworden. Kann man das irgendwo umtauschen? Ich glaube, es ist kaputt gegangen...*), der folgende Bericht ist nicht unbedingt etwas für schwache Nerven. Wenn du kurz vor deiner ersten Geburt stehen solltest, würde ich mir vielleicht zwei Mal überlegen, ob du nicht erst weiterlesen möchtest, wenn du entbunden hast (*bzw. direkt zum Epilog springst*).

Keine Angst, es kommen hier jetzt keine Horrorszenarien um die Ecke, aber ich sage mal so, auch wenn ich nach der Geburt noch dasselbe Urvertrauen in meinen Körper und mögliche weitere Geburten habe, eine ganz einfache Geburt war es mit Sicherheit nicht. Aber jetzt erst mal zurück zum Anfang.

271

Ungefähr gegen 2 Uhr wachte ich auf. Erstmal nichts Ungewöhnliches. Daran hatte ich mich in den letzten Wochen der Schwangerschaft schon gewöhnt. Und Schwupps meldete sich die Blase zu Wort, aber nicht nur die Blase, sondern auch, na, du weißt schon... der Poschie. Auch das kam in den letzten Tagen und Wochen immer häufiger vor.

Doch anders als sonst konnte ich danach nicht wieder einschlafen. Ich fühlte mich irgendwie merkwürdig. Mir war ein bisschen schlecht und ich hatte Rückenschmerzen. Die Vorwehen, die sich bisher bei mir eingestellt hatten, hatte ich bisher vor allem im Rücken gespürt. Aber da ich schon deutlich heftigere Vorwehen gehabt hatte, dachte ich nicht weiter darüber nach. Ich wollte einfach nur schlafen. *Joar, denkste!*

Irgendwann gab ich es auf und rollte mich wieder aus dem Bett. Ich wollte Robert nicht wecken. Wieder spürte ich Flüssigkeit, aber dieses Mal deutlich mehr. Nur nicht so viel mehr, um mich auf den Plan zu rufen. Ich zog meinen Morgenmantel an und ging ins Büro, um herauszufinden, wie man denn überhaupt einen Blasensprung erkennen konnte, wenn einem nicht gerade das Fruchtwasser in Sturzbächen die Beine runterlief.

Ecosia befragt und: „Leg dich für eine halbe Stunde hin. Wenn du dann aufstehst und unkontrolliert Wasser (*auch in kleinen Mengen*) verlierst, kannst du davon ausgehen, dass es Fruchtwasser ist. Wenn du dir trotz allem nicht sicher bist,

kontaktiere deine Hebamme oder deinen Gynäkologen oder suche die nächste Klinik auf."

Das war wenigstens mal ein Hinweis, mit dem man
etwas anfangen konnte. Dann würde ich mich wohl
mal eine halbe Stunde auf die Couch legen und solange vielleicht was anschauen. Doch schon als ich
mich vom Stuhl erhob, trat so viel Flüssigkeit aus,
dass es keinen Zweifel mehr daran gab, um welche
Flüssigkeit es sich hier handelte.

Mein Herz machte einen Sprung. Spätestens in 24
Stunden würden wir Knöpfchen in unseren Armen
halten. Spätestens in 24 Stunden wüssten wir endlich,
ob es eine Helga[77] oder ein Horst war. Spätestens in
24 Stunden wären wir Eltern. *Oh Gott...*

Aber was jetzt? Die Hebamme im Kreißsaal hatte
uns bei einem Blasensprung dazu geraten, nicht erst
loszufahren, wenn die Wehen in 5-Minutenabständen
kamen, sondern schon nach zwei bis drei Stunden.
Denn dann konnten sie alle Werte festhalten, um für
den späteren Verlauf der Geburt Vergleichswerte zu
haben. Sollten die Wehen zu diesem Zeitpunkt weiter
auf sich warten lassen, durfte man sogar nochmal
nach Hause gehen.

Duschen war also noch erlaubt. Und duschen
wollte ich unbedingt. Wer konnte schon wissen, wann
ich das nächste Mal eine Dusche sehen würde.

---

[77] *Mama*: Nur zur Erinnerung: Name zu Knöpfchens Schutz von der
Redaktion geändert. Knöpfchen würde nicht in echt Helga oder
Horst heißen, sondern... Jetzt hast du schon gedacht, ich würde
mich verplappern. *muhaha*muhaha*muhaha*

Vielleicht sollte ich aber besser vorher noch Robert wecken. Ja, das war doch eine gute Idee. Robert wecken.

Ich ging ins Schlafzimmer und schüttelte Robert an der Schulter: „Scha-hatz... Scha-hatz... Wach auf! Ich..." Keine Ahnung, ob ich oder wir oder was auch immer. Das weiß ich doch nicht mehr, was ich in der Situation zu ihm gesagt habe.

Er wusste auf jeden Fall, was Sache war. Und der Sache angemessen ist er dann auch aus dem Bett gesprungen (*keine Sorge, ganz ohne sich zu verletzen*) und hektisch in der Wohnung rumgeirrt, um sich zu richten.[78] Ich musste ihn förmlich dazu zwingen, sich die Zeit für eine kurze Dusche zu nehmen.

Schon während ich unter der Dusche stand, spürte ich Wehen – durchaus ein bisschen unangenehm, aber noch recht entspannt. Im Auto kamen sie dann schon alle drei bis fünf Minuten, heftig genug, dass ich nicht mehr angenehm sitzen konnte. Ich wollte aufstehen und laufen und nicht sitzen.

Aber das konnte doch gar nicht sein, das ging viel zu schnell. Eigentlich müsste ich noch Stunden Zeit haben, bevor die Wehen in so kurzen Abständen kämen.

Im Geburtsvorbereitungskurs hatte es geheißen, dass der Muttermund für jeden Zentimeter Öffnung ungefähr eine Stunde brauchte und es erst ab zehn

---

[78] *Papa*: Ähäm... In meinem Kapitel könnt ihr dann lesen, wie es wirklich war.

Zentimeter richtig ernst wurde. Ich würde demnach noch genug Zeit haben für Atemschiffchen und so.

(*Für alle, die noch nie einen Geburtsvorbereitungskurs gemacht haben oder zu Zeiten geboren haben, wo man noch Pressatmungen praktiziert hat: Atemschiffchen sind kleine süße Schiffchen, die man mit bunten Stiften meditativ auf ein Blatt malt, während man ein- und ausatmet. Fand ich schon im Geburtsvorbereitungskurs super entspannend und wollte ich mir während der Anfangsphase der Geburt auf gar keinen Fall entgehen lassen.*)

Gegen 4 Uhr kamen wir jedenfalls am Eingang der Klinik an. Wer jetzt glaubte, uns wäre einfach Einlass gewährt worden, hat Corona vergessen. (*Ich spare mir den Witz mit dem Bier jetzt einfach mal.*) Zwar waren wir noch in der Prä-Ausgangssperren-Zeit, in der Väter noch mit in den Kreißsaal und auf die Wochenbettstation durften, aber Einlasskontrollen gab es trotzdem schon; nur vielleicht noch nicht so ganz ausgereift.

Nachdem sie bei mir Temperatur und Sauerstoffsättigung gemessen hatten, wollten sie uns schon passieren lassen. Da fragte ich, ob nicht auch mein Mann kontrolliert werden müsste.

„Renate, muss der Mann auch kontrolliert werden?"

„Ich weiß es nicht. Ruf mal bei Sieglinde an."

„Sieglinde meint ja."

„Also dann kontrollier ihn."

Sobald wir alle Tests bestanden hatten, wurden wir von einer Pflegerin in den Kreißsaal gebracht. Gleich der erste Kreißsaal war leer. Wir stapelten unsere tausend Taschen in ein Eck. Okay gut, vielleicht nicht unbedingt tausend Taschen, aber doch immerhin (*warte, lass mich kurz nachzählen*) vier Taschen.

Einen Rucksack mit Knöpfchens Klamotten und Wickelsachen, eine Tasche mit Wechselklamotten für mich, meine reguläre Handtasche und einen Rucksack mit Kulturbeutel, Büchern und Zeitschriften, Bio-Limos, Riegeln und gesunden Snacks jeglicher Art.

Im Geburtsvorbereitungskurs hatte man uns dazu geraten, ruhig auch etwas zum Lesen mitzubringen, falls es länger dauern sollte. Außerdem wäre es auch nicht verkehrt, Nervennahrung mitzunehmen. So eine Geburt konnte hungrig machen, da hatte man nicht unbedingt immer Lust auf Krankenhausessen. Wir sollten uns doch lieber unsere Lieblingssnacks und Getränke einpacken, das würde die Moral stärken.

Wir hatten uns die Empfehlung zu Herzen genommen und alles eingepackt, worauf wir eventuell Lust bekommen könnten. Als ich ein paar Wochen zuvor die, ich nenne es jetzt mal, Provianttasche gepackt hatte, kam ich mir eher vor, als würde ich für ein Picknick packen als für die Klinik. Aber man konnte, wie gesagt, ja nicht wissen, was einen bei so einer Geburt erwartete.

Die Taschen jedenfalls lagen im Eck und die Hebamme verschwand für einen Moment, um was auch immer zu tun. Die Schreie einer Frau wehten zu uns herüber. Man hätte meinen können, ihr würde gerade bei lebendigem Leib die Haut abgezogen. Entsetzt blickten Robert und ich uns an.

Wo waren wir hier nur gelandet? Wir waren uns ganz sicher, dass es bei uns anders ablaufen würde. Nie im Leben könnte ich so schreien wie die Frau. (*Ich sag mal nur: „Muhaha!"*)

Mit den Wehen, die ich bisher hatte, konnte ich noch recht gut umgehen. Angenehm ist jetzt vielleicht etwas anderes, aber ich konnte sie noch mit einem beherzten ‚Haaaaaaaaaa' wegatmen. Entschuldigung, natürlich veratmen, nicht wegatmen. So viel Professionalität muss dann schon sein. Obwohl ich die Wehen noch gut veratmen konnte, hatte ich schon Schwierigkeiten damit, eine Position zu finden, in der die Schmerzen gut zu ertragen waren.

Stehen? Ähm... Nein! Vierfüßler? Auch eher nicht. Gymnastikball? Ach... Geht so. Ich wollte in die Badewanne! Leider noch nicht gereinigt. Also wieder zurück in den Vierfüßler, dieses Mal mit den Armen auf den Ball gelehnt. Zumindest für den Moment okay.

Ich wechselte gefühlt alle zwei Minuten meine Position und der arme Robert musste es ausbaden. Die Hebamme hatte mir mittlerweile nämlich zwei kabellose CTG-Nupsis am Bauch befestigt, die mit meinem Gerangel aber nur schwer mithalten konnten. In den unmöglichsten Positionen kniete Robert unter mir, um die Nupsis an meinem Bauch zu fixieren.

Mir wurde ein bisschen schlecht. Ich musste unbedingt auf die Toilette. Tatsächlich traute ich mich zu diesem Zeitpunkt schon nicht mehr, allein aufs stille Örtchen zu gehen. Das ging echt verdammt schnell alles, huschte der Gedanke durch meinen Kopf. Bei solchen Wehenabständen blieb aber keine Zeit für Atemschiffchen. Nachdem sich mein Darm einmal ordentlich grundentleert hatte, gingen wir wieder zurück in unseren Kreißsaal.

Nach gefühlten zehn Minuten, die in Wirklichkeit schon 60 waren, wollte die Hebamme meinen Muttermund abtasten. Muttermund abtasten war tatsächlich deutlich unangenehmer als jede Wehe, die ich bisher gehabt hatte.

„Vier Zentimeter!"

VIER ZENTIMETER!? Ich hatte mich wohl verhört. Wo kamen denn so schnell die vier Zentimeter her? Zumindest wusste ich jetzt, warum ich schon so schnell solche kurzen Wehenabstände und solche intensiven Schmerzen hatte.

Ich fragte nach einem homöopathischen Schmerzmittel, das mir während meiner Periode[79] bisher immer sehr gut geholfen hatte. Soll ich dir ein Geheimnis verraten? In dem Moment hat es mir

---

[79] *Papa*: Solltest du unter Periodenschmerzen leiden und dich fragen, warum Kera nicht auch den Namen des Mittels genannt hat, sei dies hier vermerkt: *Spascupreel*.

überraschenderweise nicht ganz so gut geholfen. Um genau zu sein: Ich spürte keinerlei Unterschied.

Ganz im Gegenteil, die Schmerzen zogen rasant an. Schon bald half auch kein geatmetes ‚Haaaaaaaaa' mehr, da mussten jetzt schon schwerere Kaliber her. Aus dem geatmeten ‚Haaaaaaaaaaaa' wurde ein recht lautes ‚Aaaaaaaaaaaaaaaa'.

Schichtwechsel. Ab jetzt war Sonja für uns zuständig. Während die bisherige Hebamme uns eher machen lassen hatte, hatte Sonja einen ziemlich genauen Plan. Steffis Erzählungen zufolge war eine Hebamme dazu da, der Gebärenden den Freiraum zu geben, den sie brauchte und nur ab und an einen Schubser in diese oder jene Richtung zu geben. Nicht aber Sonja.

Ich war schon etwas irritiert, als sie mich bat, mich auf dem Entbindungsbett auf die Seite zu legen. Obwohl ich ihr unter Schmerzensschreien versicherte, dass ich das auf gar keinen Fall aushalten würde, bestand sie darauf. Ich würde das schon schaffen. Nicht nur, dass ich es schaffte, es tat mir sogar gut. Soweit eine Position während der Geburt eben guttun konnte.

„Kann ich denn nicht endlich in die Badewanne?"

Sie wolle erst noch einmal nach meinem Muttermund tasten, dann könne man weitersehen: „Acht Zentimeter!"

Acht Zentimeter in zwei Stunden. *Ach, herrje…* Allmählich ging mir das alles echt zu schnell. (*Hallo!?*

Atemschiffchen!) Aber weder für Atemschiffchen noch für die Badewanne blieb Gelegenheit.

Das eine ließen die Wehen nicht zu, das andere meine Temperatur. Jetzt hatte ich doch tatsächlich Fieber bekommen – 39, sonst was °C. Während der Schweiß in Sturzbächen floss, zitterte ich am ganzen Körper vor Kälte. Meine Entzündungswerte waren auch viel zu hoch.

Damit war die Badewanne viel zu riskant. Also keine Badewanne für mich. Dafür aber Antibiotika. *Was? Wie Antibiotika?* Das stand nicht auf unserem Geburtsplan.

Nach all dem, was wir in den letzten Wochen mit Schulmedizin und Klinikpersonal für Erfahrungen gemacht hatten, wollte ich das vorher mit Steffi abklären. Erst mit ihrem Okay war ich dann bereit dazu, Antibiotika zu nehmen.

Fieber, Schmerzen und Hormone sorgten dafür, dass ich wie weggetreten war. Ich nahm alles nur noch wie durch einen Schleier war. Die Zeit lief für mich anders als für den Rest der Welt. In Minuten waren ganze Stunden vergangen. Immer wieder kam die Hebamme und machte mit mir irgendwelche Übungen, ließ mich meine Beine anziehen und ausstrecken, wollte, dass ich mich von der einen auf die andere Seite drehte.

Die Wehen überrollten mich in einer Geschwindigkeit und Heftigkeit, dass ich gar nicht mehr mitkam. Ich war auch nicht mehr wirklich in der Lage dazu, Kontakt zu Knöpfchen zu halten. Alles, was ich noch zustande brachte, war ein halbersticktes ‚Mäuschen, oh, Mäuschen' zwischen den Wehen. Ich bat Robert, der mir die ganze Zeit über gut zuredete, mir immer mal wieder einen Schluck Wasser einflößte und mir die Decke über die Schultern zog, wenn ich sie mir abgestrampelt hatte, mit Knöpfchen zu sprechen.

Nur am Rande bekam ich mit, dass die kaum auszuhaltenden Schmerzen Knöpfchens Versuche waren, den Weg ins Becken zu finden. Ich wusste nicht mehr, wie ich das überhaupt noch aushalten sollte. Ich war noch nicht mal ansatzweise bei den Presswehen angelangt und verzweifelte jetzt schon an den Schmerzen. Ich merkte, dass ich ein stärkeres Schmerzmittel brauchte, verlangte nach Paracetamol.

Und auch wenn das Schmerzmittel die Schmerzen nicht verringerte, es bremste die Geschwindigkeit der Wehen zumindest ein wenig aus und nahm ihnen die Spitzen. So konnte ich dann auch endlich in einen richtigen Rhythmus von Durchatmen und das Krankenhaus zusammenbrüllen kommen. (*Ja, aus meinen recht lauten ‚Aaaaaaaaaaaaaaaas' waren mittlerweile ohrenbetäubend ‚Aaaaaaaaaaaaaaaas' geworden.*)

Die Hebamme kam mit einem Toilettenstuhl ins Zimmer gefahren. Ich sollte versuchen, Wasser zu lassen. Ich habe keinen blassen Schimmer, wie viel Uhr es da war oder wie lang ich auf dem Stuhl gesessen bin. Ich kann mich nur noch daran erinnern, dass es mittlerweile hell geworden war und die Zeit auf dem Stuhl mit Abstand die entspannteste war, die ich hatte, seit wir im Kreißsaal angekommen waren. So entspannt, dass ich sogar wieder neuen Mut schöpfte für den Rest der Geburt.

Aber Wasser lassen ging nicht. Also bekam ich einen Katheter gelegt. (*Hatte ich mir schlimmer vorgestellt. So lang sie nicht wieder nach meinem Muttermund tasten wollte, war alles gut.*) Die Wehen waren zwar immer noch kaum auszuhalten, aber dank des Schmerzmittels war ich immer besser in der Lage, die Pausen zu nutzen und die Schmerzen nach oben rauszuleiten. Ich hatte das Gefühl, wenn es so weiterging, würde ich die Geburt noch gut schaffen können.

Doch mit einem Mal sah ich etwas, das mich völlig aus dem Konzept brachte: Einen weißen Kittel. Eigentlich waren für den Hebammenkreißsaal ausschließlich Hebammen zuständig. Nur wenn etwas nicht stimmte, wurden Ärzte hinzugezogen. Du kannst dir vielleicht vorstellen, was in mir vor sich ging, als ich realisierte, was ein weißer Kittel im Hebammenkreißsaal zu bedeuten hatte.

Aber wie konnte das sein? Bisher war doch alles gut verlaufen. Mit Sicherheit ein bisschen schnell, aber doch gut. Es war stetig vorangegangen. Wo kamen jetzt auf einmal die Ärzte her? Und vor allem warum um alles in der Welt?

Knöpfchen schien es nicht so gut zu gehen. Der Puls war beunruhigend tief gesunken. Sie würden versuchen, Knöpfchen Blut aus dem Kopf zu entnehmen, um zu schauen, ob es noch genug Kraft hatte. Wenn nicht, würde man einen Notkaiserschnitt machen müssen.

Einen Kaiserschnitt!? In meinen Ohren rauschte es. Sämtliche Farbe entwich meinem Gesicht. *Einen Kaiserschnitt!?* Das konnte doch nicht wahr sein. Das durfte nicht wahr sein!

Die Ärztin untersuchte meinen Muttermund und bat mich zu pressen. *Wie pressen?* Bisher hatte ich mit aller Kraft verhindern sollen, zu pressen, und nur, wenn ich es nicht mehr aushielte, dem Pressdrang nachzugeben. Und jetzt sollte ich auf einmal pressen.

Die Umstellung, die Energie nicht mehr nach oben abzuleiten, sondern nach unten zu schicken, war alles andere als einfach. Doch irgendwoher bekam ich plötzlich solch einen Kraftschub, dass ich Knöpfchen soweit durch den Geburtskanal pressen konnte, dass die Saugglocke zur Option wurde.

Mit einem Mal entstand eine furchtbare Hektik im Kreißsaal. Ich wusste gar nicht mehr, wie mir geschah. Hebammen und Ärztinnen hasteten durcheinander.

Meine Beine wurden festgeschnallt. Die Ärztin positionierte die Saugglocke, pumpte und zog mit aller Kraft während meiner nächsten Presswehe. Die Saugglocke rutschte ab. Ich hatte das Gefühl, mir würde es unten rum alles zerreißen. Eine ganz neue Art von Schmerz, die ich weder veratmen noch rausschreien konnte.

„Ich halte es nicht mehr aus! Mich zerreißt es gleich!"

„Da müssen Sie jetzt durch!"

Wieder die Saugglocke, wieder Pumpen, wieder ziehen bei der nächsten Wehe und wieder rutschte die Saugglocke ab. Ich war kurz vor dem Zerreißen.

Ein drittes Mal die Saugglocke.

„Der Kopf ist da!"

Wie der Kopf ist da? Wo kam der Kopf denn her? Der war doch gerade noch in meinem Becken.

Eine weitere Presswehe.

Mit einem Mal lag ein kleiner Mensch auf meinem Bauch. *Wo kam denn plötzlich das Baby her?*

Robert brach weinend neben mir auf dem Boden zusammen.

Das war unser Baby auf meinem Bauch. *Das war doch eben noch IN meinem Bauch, wie kam es denn so schnell AUF meinen Bauch?*

Mit strahlenden Augen schaute mich die Hebamme an. „Wen haben wir denn jetzt hier bei uns?"

„Um ehrlich zu sein, ich weiß es nicht." Sie runzelte fragend die Stirn.

„Wir wollten nicht wissen, ob es ein Mädchen oder ein Junge wird. Wir wollten uns überraschen lassen."

Ihre Miene hellte sich auf. „Na, dann wollen wir doch mal sehen."

Sie wickelte Knöpfchen aus dem Tuch, in das es halb eingewickelt war. Und siehe da, es war ein gar nicht so kleiner Junge.

Mit stolzen 56 cm, 4780 g und einem Kopfumfang von 38 cm hatte sich Knöpfchen innerhalb von guten fünf Stunden durch mein Becken gekämpft.

Robert und ich konnten es noch gar nicht glauben. Wir waren tatsächlich Eltern.

Und Knöpfchen war nicht länger Knöpfchen, sondern Horst, der kleine große Junge mit der vollen Haarpracht.

- Papa -

Gegen 3 Uhr nachts weckte mich Kera. Es war wohl nochmal ein größerer Schwall Nässe gekommen und sie spürte die ersten richtigen Wehen. Ich war sofort hellwach und überraschend ruhig. Plötzlich war alles wie auf Autopilot.

Wir duschten, richteten uns in Ruhe, aßen noch eine Kleinigkeit und setzten uns schließlich ins Auto. Erstmal ruhige Musik rein und los ging's. Ich kam mir vor wie auf der nächtlichen Fahrt in Richtung Urlaub. Ging es nun wirklich los?

Mein Herz schlug mir bis zum Hals. Trotzdem blieb ich ruhig, schaute immer wieder zu Kera, die nun häufiger das Gesicht verzog.

„Sag mal, hast du nicht etwas häufig hinter-einander Wehen?", fragte ich zunehmend unruhig. Die Wehen sahen nicht nur ziemlich schmerzhaft aus, sondern kamen nach meiner Zählung bereits ca. alle fünf Minuten.

Ich legte einen Zahn zu, bremste aber wieder runter, als mir in den Sinn kam, in welchem Zustand auch ich war. Nur nicht kopflos werden. Ein Unfall würde jetzt gerade noch fehlen. Ruhig weiter, während Kera sich wand wie ein Aal.

Da war schon der Parkplatz der Klinik. *Na, ganz große Klasse!* Man musste auch noch Geld für den Parkplatz zahlen... Kein Münzgeld dabei... Egal, ging jetzt nicht anders. „Dann im Notfall eben mal einen

Strafzettel kassieren.", dachte die dunkle Seite in mir. Gepäck geschnappt und ab ins Krankenhaus.

Auch das noch... Tatsächlich hatten sie nun eine Schleuse aufgebaut, zwecks Corona-Eindämmung. War ja an sich gut, aber ausgerechnet jetzt, wo Kera schon gekrümmt lief? Konnte man da nicht mal eine Ausnahme machen? Nein? Also Fiebercheck bei Kera.

Gerade wollten wir weitergehen, als Kera ganz in Gedanken „Muss mein Mann nicht auch noch kontrolliert werden?" fragte. *Na, großartig!* Also wieder zurück und mich auch noch checken lassen. Nochmal fünf Minuten weg. Nun aber wirklich los.

„Alles Gute!", riefen sie uns hinterher.

Es war bereits kurz vor 4 Uhr. Klingel des Kreiß-saals betätigt und warten, bis die Tür aufging. Äußerlich waren wir ganz ruhig, aber innerlich doch aufgeregt.

„Bei Kera haben die Wehen eingesetzt. Die Blase ist spätestens gegen 3 Uhr geplatzt", stammelte ich.

Wir wurden in einen Raum geführt. Kera sollte sich frei machen, um die mobilen CTGs an ihrem Bauch befestigen zu können. Unsere Ruhe verschwand, als wir eine andere Frau schreien hörten.

Ich weiß nicht, ob das bei dir auch so war. Aber der Moment, wenn früher vor einer richtig schweren Prüfung der Lehrer um die Ecke geeilt kam, die Klausuren bereits in der Hand, und die Tür aufschloss, löste bei mir ein Gefühl aus, als würden meine Gedärme Samba tanzen. Genauso fühlte es sich auch in diesem Moment an, nur noch hundert Mal schlimmer.

„Das hörte sich eher an wie auf einem Schlachthof", witzelte ich, um nicht direkt wieder aus dem Kreißsaal rausrennen zu müssen.

„Zum Glück ist Kera keine Schreierin", dachte ich und versuchte, mich zu beruhigen.

Sobald die Hebamme Keras Werte gecheckt hatte, verschwand sie wieder. Und jetzt? Mal wieder war ich super naiv gewesen. Irgendwie hatte ich die Vorstellung gehabt, dass die Hebamme bis zur Geburt bei uns bleiben würde.

Nun stand ich da allein mit Kera, die immer stärker schnaufte und wusste überhaupt nicht, was ich tun sollte. Wie sollte ich das denn machen? Was sollte ich denn überhaupt machen? Die Überforderung drohte, mich kopflos werden zu lassen.

Kera fing an, ständig ihre Position zu wechseln, um die richtige zu finden (*so wie wir es im Vorbereitungskurs gelernt hatten*), während ich mit allen Mitteln versuchte, die mobilen CTGs zu halten, damit es nicht ständig Unterbrechungen gab. Sonst wäre die Hebamme nicht in der Lage gewesen, es richtig auswerten zu können, was zur Folge gehabt hätte, dass Kera sich ins Bett hätte legen müssen. Und das war für sie undenkbar, denn ohne ihre Stand- und Hockpositionen drehte sie ab.

Alle halbe Stunde kam die Hebamme und checkte die Werte. Die Schmerzen wurden immer schlimmer.

Ich drückte wieder den Notknopf, der mein neuer bester Freund wurde.

Der Muttermund war schon 4 cm offen. Ging das nicht viel zu schnell? Was war, wenn der schon so weit offen war? Musste dann nicht die Hebamme helfen? Aber die ging einfach wieder.

Ich rief sie zurück, weil mein armer Schatz zunehmend wackelig wurde, aber nichts essen konnte: „Könnte Kera etwas gegen ihre Kreislaufprobleme bekommen?"

Tatsächlich war Kera sehr blass und hatte kalten Schweiß auf der Stirn stehen. Der Elektrolyte-Tropf half, doch ihre Schmerzen wurden immer schlimmer und sie hielt es kaum noch aus. Ich wusste, dass es wirklich viel brauchte, bis mein Schatz anfing zu schreien, und das war kein Schreien mehr, sondern jetzt schon lauter als der Schrei der Frau, den wir vorher gehört hatten.

Eine Stunde später war dann bereits der Muttermund 8 cm offen. Das alles ging viel zu schnell. Mir wurde schlecht, meine Gedanken veranstalteten die *Formel Eins* in meinem Kopf.

Unsere Hebamme hatte doch davon gesprochen, dass ca. 1 cm pro Stunde normal sei. Aber was hieß es dann für uns, wenn es nicht normal war? Wenn es nur eine Stunde für vier Zentimeter gebraucht hatte? War das dann schon kritisch? Und warum schaute die Hebamme so skeptisch? Warum besprach sie sich unruhig mit Ärzten draußen auf dem Flur, unterbrach aber, sobald sie mich sah? Ging es um uns?

„Oh Gott, bitte lass nichts mit Kera oder Knöpfchen sein! Nicht weinen! Du hast jetzt kein Recht zu weinen! Du musst stark sein! Lass dir nichts vor Kera anmerken, sie muss all ihre Kraft sammeln! Du musst ihr ein Gefühl von Sicherheit geben!", dachte ich und redete mir wie ein Mantra ein: „Nur ja nichts anmerken lassen! Nur ja nichts anmerken lassen!"

Erstmal 'n Schluck Limo, Kera davor noch von einem Riegel beißen lassen. „Also die Bücher haben wir schon mal umsonst eingepackt.", ging mir der völlig sinnlose Gedanke durch den Kopf.

Die Hebamme kam und checkte Keras Werte. Sie hatte erhöhte Entzündungswerte. „Es wäre empfehlenswert Antibiotika zu spritzen.", sagte sie.

Blick zu Kera: Kopfschütteln. *Verdammt, das hatte ich befürchtet!* Wenn die Hebamme einem dazu riet, sollte man das dann nicht besser tun? Aber ich hatte es Kera versprochen... Nun kam wohl der Part, an dem ich ihren Traum von der Entbindung verteidigen und entgegen meinem eigenen Drang, der Hebamme grünes Licht zu geben, fragen musste: „Muss das denn sein?"

Die Hebamme zuckte die Achseln. „Das wäre schon sinnvoll. Überlegt es euch", erwiderte sie etwas kurz angebunden und eilte davon, da noch einige weitere Gebärende, die eine Schreckenssymphonie aus Schreien und Stöhnen komponierten, nach Unterstützung verlangten.

Ich war kurz vorm Verzweifeln – eine schnippische Hebamme, mein leidender Schatz und eine Entscheidung, die ich nicht treffen konnte. Die Vorstellung, gegen den Rat der Hebamme, keine Antibiotika zu nehmen, war für mich kaum denkbar. Das war Keras Entscheidung, aber ich wollte sie schützen...

Ein riesiger Kampf wütete in meinem Kopf und ich wusste, dass der Kampf nicht zu gewinnen war. Kera schrie immer häufiger, also fasste ich den Entschluss und rief unsere Hebamme an.

„Sie soll das Antibiotikum nehmen." Ich hatte gehofft, dass sie das sagen würde und gab Bescheid.

„Schön, dass eure Hebamme das auch so sieht.", kam die schroffe Antwort.

Mittlerweile hatte Kera bereits über 39 Grad Fieber und die Schreie wurden immer lauter in immer kürzeren Abständen. Ich betätigte allmählich gefühlt im Takt meines Herzschlags den Alarmknopf (*anfangs noch peinlich berührt, ständig nach Hilfe zu rufen*). Ich machte mir immer mehr Sorgen um Kera.

Sie schrie, dass sie nicht mehr könne, dass die Wehen ihr doch bitte auch noch Zeit zum Verschnaufen geben sollten, und verlangte nach Paracetamol.

Die Hebamme nickte und verschwand, während Keras Gesicht immer blasser wurde. Meine Ohren klingelten von ihren lauten Schreien. Ich bekam zunehmend Angst um sie, denn in so einem furchtbaren

Zustand hatte ich meinen Schatz noch nie gesehen. Am liebsten hätte ich mich schützend über sie geworfen, doch ich wusste, dass ich absolut nichts tun konnte, außer ihr Mut zuzusprechen, Mut, den ich selbst nicht hatte.

Wie schwer es mir fiel, in der Zeit nicht loszuweinen und mich in eine Ecke zu setzten, mit Händen auf die Ohren gepresst und geschlossenen Augen, mich einzurollen.

Die Hebamme kam zurück, gab ihr das Schmerzmittel und verfrachtete Kera auf einen Klostuhl. Sie sollte versuchen, die Blase zu entleeren, damit mehr Platz im Geburtskanal wäre. Viel mehr als etwas Blut und minimal Urin kamen aber nicht.

Doch wenigstens die Schmerzspitzen der Wehen wurden etwas gedrosselt und Kera kam, wenn auch nur für kurze Zeit, zum Durchatmen; und ich gleich mit. Endlich kehrte etwas Hoffnung zurück.

Die Hebamme übernahm nun vollkommen die Kontrolle über den weiteren Verlauf von Keras Positionen, was ich als wahnsinnige Stütze sah und wofür ich ihr unendlich dankbar war. Kera, die eh schon frustriert war, dass sie mit den Entzündungswerten nicht, wie gewollt, in der Badewanne entbinden durfte, wurde nun auch noch an ihren Positionen ‚gehindert‘.

Erst wurde ihr ein Katheter gelegt, dann sollte sie sich auf die Seite legen (*wegen der Schmerzen ein Horror für sie, doch die Hebamme bestand darauf*). So wie sich die Hebamme nun verhielt, hatte ich das

Gefühl, dass sie genau wusste, was sie tat. Es wirkte fast, als wollte sie auf etwas zuarbeiten. Sie schien einen Plan zu verfolgen.

Ich wusste nicht, ob ich es gut oder schlecht finden sollte, mit welcher Vehemenz sie Kera das Ruder aus der Hand nahm, denn eigentlich gaben die Hebammen Gebärenden viel Freiraum. Das, was mir anfangs noch Mut gemacht hatte, sorgte zunehmend für Misstrauen. Ein unguter Verdacht machte sich in mir breit, dass etwas ganz und gar nicht stimmte. Warum sonst sollte die Hebamme nun kaum noch von Keras Seite weichen, obwohl Knöpfchen noch im Becken war? Es lagen doch noch andere Frauen in den Wehen, zumindest den Schreien zufolge, die dumpf aus den anderen Sälen an unsere Ohren drangen.

Kera schrie immer noch lauter, schrie das ganze Krankenhaus zusammen. Wenn uns das Schreien der Frau beim Betreten des Kreißsaals als laut vorgekommen war, wirkte es nun nur noch wie ein Wispern. Ganz egal, Hauptsache es war bald vorbei.

Ich musste ständig meine Tränen runterschlucken. Vor allem, weil ich immer mehr mitbekam, dass etwas nicht zu stimmen schien. Knöpfchens Werte gingen ständig enorm nach unten; laut der Hebamme immer dann, wenn es sich ins Becken kämpfte. Doch gerade das ließ Kera fast den Verstand vor Schmerz verlieren.

Ich biss mir auf die Lippen, versuchte, gute Miene zum bösen Spiel zu machen. Ich ermutigte sie. Ich schrie sie an, wenn sie sich in einer Wehenpause nicht beruhigte, um sie aus dem Tunnel des Schmerzes herauszuholen und überhaupt ihre Schreie zu übertönen. Sie musste in den Pausen unbedingt ihre Energie sparen. Denn ich sah, wie sie immer schwächer wurde.

Währenddessen bekam ich mit, dass die Hebamme sich besorgt mit einer Ärztin unterhielt.

Immer mehr Blut, Kera immer blasser und ihre Lippen... ungelogen: kreideweiß. So weiße Lippen hatte ich noch nie zuvor gesehen. Ihr Gesicht fast schon graublau. Plötzlich bekam ich es mit der Angst zu tun. Nicht nur Angst um Knöpfchen, plötzlich bekam ich Angst um Kera. Fieber, Blässe, Blut, das immer stärker auf den Boden tropfte...

Was, wenn sie das nicht überlebte? Oh Gott, hätten wir nur doch lieber eingeleitet... So ein verdammter Mist!

Ich schickte Gebete zum Himmel. Ich sprach unserem Kleinen Mut zu, nachdem Kera mich unter Schmerzen darum gebeten hatte. Ich redete Kera weiter gut zu.

Plötzlich ging alles ganz schnell. Zwei Ärztinnen betraten den Raum. Ich müsste lügen, um noch genau sagen zu können, was sie alles an mich hinsprachen.

Doch eines hörten wir beide: „Baby... zu viel Stress... schon Beule am Kopf vom Drücken... Blut... Nicht durchhalten... weder Sie noch das Baby... Wenn Blutwert vom Kopf des Babys nicht gut sind... Kaiserschnitt vorbereiten...“

Mir wurde schwindelig. Ich sah zu Kera und wusste, dass jetzt alles zu spät war. Ich hatte kaum mehr die Kraft, ihr über den Kopf zu streicheln.

(*Ihren Gesichtsausdruck, die Schreie und all das Blut habe ich bis jetzt noch klar vor mir, als wäre es gestern erst passiert. Und auch jetzt noch, zwei Monate später, bin ich hier beim Schreiben fix und fertig.*)

Aus meinem Schwindel wurde ich gerissen, als Kera einen lauten Schrei losließ, nicht wie sonst, sondern richtig extrem laut (*so laut, dass ich mir das bis heute nicht erklären kann*), und wie eine Wahnsinnige presste.

„Sie hat es geschafft! Der Kopf ist über der kritischen Stelle!", hörte ich die Ärztin sagen.

Kera schrie und schrie.

Die Ärztin lächelte: „Sie haben gerade einen riesigen Schritt geschafft, wenn Sie nochmal so pressen, können wir das Baby mit der Saugglocke holen."

Ich war kurz davor umzufallen. Immer noch mehr Blut lief die Liege hinab. Und was war das mit der Saugglocke? Oh, lieber Gott, auch das noch... „Dabei hatten wir doch so viel über Geburtstraumata bei Saugglockengeburten gelesen.", schoss es mir in den Kopf.

Kera konnte kaum noch anders, als zu schreien. Der Kopf war zu sehen. Kera schrie, sie müsse sterben. Ich wollte auch schreien.

Es war so furchtbar. Es zerbrach mir das Herz, Kera so leiden zu sehen und einfach nur dastehen und ihr gut zureden zu können, obwohl ich selbst weder ein noch aus wusste.

Ich sah aus dem Augenwinkel, wie die Ärztin die Saugglocke in Richtung Keras Unterleib bewegte und anschließend daran zog, als würde sie eine Motorsäge starten. Mir wurde ganz schlecht. Ich wollte sie wegdrücken, unser Kleines beschützen, Kera beschützen. Sie rutschte ab wegen der vielen Haare des Babys.

Sie setzte nochmal an. Der Kopf war durch. Kera wurde still. Ich sah in ein blaues... Gesicht? War es wirklich ein Gesicht? Alles war ganz geschwollen und verdrückt. Da waren Augen beziehungsweise Lider zu sehen.

War es am Leben? War es unsere Knöpfchen? So ein großer Kopf. So viele Haare.

Überall Weiß- und Blaukittel, die drückten, zogen und an Kera rissen. Ich konnte mich kaum noch halten. Immer weiter lief das Blut an der Liege herunter, nicht nur ein bisschen, sondern richtig viel.

Ich sah, wie das Baby als Sternengucker herausgeholt und Kera in die Arme gedrückt wurde, die gar nicht wusste, wie ihr geschah. Es schrie, es schien gesund zu sein. Kera wirkte stabil.

Ich konnte nicht mehr, rutsche an der Wand herunter und weinte, weinte vor Erleichterung, vor Glück, vor Angst, Erschöpfung, Schmerz. Ich weinte wegen einfach allem. Das Bild, wie sie das Kleine aus ihr herausgerissen haben mit solcher Brutalität,[80] das viele Blut, die bleiche Kera, die Todesangst... All das war zu viel für mich gewesen und würde mir wohl noch wochenlang nachgehen. (*Selbst jetzt, wo ich daran schreibe, laufen mir noch vereinzelt Tränen herunter.*)

„Wissen Sie eigentlich, wen wir hier vor uns haben?", hörte ich eine Stimme dumpf an mein Ohr dringen.

„Ich hatte noch nicht die Zeit nachzusehen", antwortete Kera überraschend fröhlich. Eine kurze Pause folgte.

„Ein Junge..."

Ich weinte und flüsterte „Horst... Unser Horst..."

***

„Meinen größten Respekt! Und all das ohne PDA! Ich ziehe wirklich meinen Hut vor Ihnen!", sagte die Ärztin, die jegliche Ruppigkeit verloren hatte und immer noch fassungslos den Kopf schüttelte.

56 cm, 4.780 g und einen Kopfumfang von 38 cm. Ich war fassungslos, wie so ein riesiges Kerlchen durch Kera durchgepasst hatte, fassungslos, aber glücklich. Kera witzelte schon wieder herum.

---

[80] *Papa*: Heute weiß ich, dass es zwar brutal ausgesehen hat, aber notwendig und lange nicht so schrecklich war, wie es auf mich gewirkt hat. Für einen Laien sieht das bei einem so zerbrechlichen Geschöpf einfach unmenschlich aus. Oder sagen wir besser, für mich sah es unmenschlich aus.

Plötzlich stand die Hebamme betreten vor uns und erklärte entschuldigend, wie sie schon bald gemerkt hatte, dass Kera nicht um einen Kaiserschnitt drum rumgekommen wäre, wenn sie nicht die Zeit zum Durchatmen bekommen hätte, denn dann hätte sie niemals die Kraft aufbringen können, bis zum Ende durchzuhalten.

Sie hatte unsere Wünsche auf dem Anamnese-bogen aus den beiden Vorgesprächen abgewogen und versucht, das für uns größte Übel auszumerzen: einen Kaiserschnitt. Dafür hatte sie sich über den Plan und damit unseren Willen hinweggesetzt und Kera ein leichtes Opiat gegeben.

Wir winkten ab, denn wir wussten, dass es ohne ihre tolle Hilfe nicht so glimpflich ausgegangen wäre. All unsere Pläne waren schiefgelaufen, jeder unserer Wünsche war über den Haufen geworfen worden, aber der Kleine war da und wir waren glücklich.

Doch eines ist mir für die Zukunft und unser zweites Kind klargeworden: Wenn wir uns das nächste Mal einen Geburtsplan machen, sollten wir nicht damit rechnen, dass wir ihn auch einhalten können. Es kommt eben doch alles anders, als man denkt. Und all das, was vor der Geburt war, endet mit der Geburt.

Denn sobald der kleine Mensch in mein Leben ge-kommen war, gab es nur noch ein danach.

Epilog

23. Juni 2020 – 14 Wochen

- Mama -

Beinahe drei Monate ist die Geburt nun her, beinahe drei Monate hält unser kleiner Mann uns nun schon auf Trab. Und obwohl es nur knappe drei Monate sind, kann ich mir ein Leben ohne ihn gar nicht mehr vorstellen. Es ist, als wäre der kleine Mann schon immer Teil unseres Lebens gewesen.

Wenn ich heute auf die Schwangerschaft zurück-blicke, hätte ich mir keine schönere Schwangerschaft wünschen können. All die Strapazen, die mich auf dem Weg zum Mamasein begleiten haben, all die anstrengenden Untersuchungen, die ich über mich ergehen lassen musste, sie alle zählen nichts im Vergleich zu den schönen Erlebnissen, die mir die Schwangerschaft und vor allem natürlich Knöpfchen bereitet haben. Für mich war die Schwangerschaft eine der wunderbarsten Zeiten in meinem Leben, wahrscheinlich sogar die wunderbarste von allen.

Ich bin so unendlich dankbar, dass ich trotz meiner Vergangenheit das Wunder einer gesunden Schwangerschaft erleben durfte. Ich bin mir dessen mehr als bewusst, dass das keine Selbstverständlich-keit ist. Nicht zu jedem Leben gehört eine Schwanger-schaft dazu. Mich hat meine Schwangerschaft zu einem anderen Menschen gemacht, obwohl ich immer noch Dieselbe bin.

Knöpfchen hat dafür gesorgt, dass ich mich und meinen Körper ganz neu kennen- und schätzen gelernt habe. Wenn ich Knöpfchen anschaue, kann ich es immer noch nicht fassen, dass mein Körper ein so großes Wunder vollbracht hat.

Es wäre allerdings gelogen, wenn es nicht auch Dinge gäbe, die mich wahrscheinlich noch eine ganze Weil umtreiben werden. So entspannt meine Schwangerschaft auch gewesen ist, so vollkommen anders war die Geburt.

Was hatten wir doch für einen wunderbaren Geburtsplan: Atemschiffchen und meditative Musik in der ersten Phase, ein langsames Ankommen in den Wehen, eine Entbindung in der Badewanne und so wenig Schulmedizin wie möglich. Was haben wir bekommen? Antibiotika, Opiat, Entbindung auf dem Rücken, Dammschnitt und Saugglocke.

Ich habe mir tatsächlich lange Zeit Vorwürfe gemacht, ob ich die Geburt hätte anders beeinflussen können, wenn ich nur stärker gewesen wäre. Ich habe mich gefragt, warum Knöpfchen nicht die Geburt bekommen hat, die ich mir für ihn gewünscht habe.

Aber so schön Pläne und Vorstellungen manchmal auch sind, sie sind eben nun mal nicht mehr als das – Pläne und Vorstellungen. Das Leben läuft nicht nach einem Plan ab und auch ganz sicher nicht nach irgendwelchen Vorstellungen, die man sich im Vorfeld zusammenträumt. Das ist wahrscheinlich die wichtigste Lektion, die ich aus Schwangerschaft und Geburt ziehe.

Wie oft schon habe ich Horrorstorys über Geburten gehört und über Schmerzen, die nicht auszuhalten waren. Das wird dich jetzt vielleicht ein bisschen überraschen, aber Knöpfchens Geburt ist für mich keine dieser Horrorstorys.

Ja, es ist nicht alles optimal gelaufen. Ja, ich hatte Schmerzen, wie ich sie noch nie zuvor erlebt habe. Und ja, die Geburt hat tatsächlich mein Leben gleich in mehrfacher Hinsicht auf den Kopf gestellt.

Sie hat mich nicht nur an meine Grenzen gebracht, sondern darüber hinaus. Sie hat mich aber auch wieder umkehren lassen. Sie hat meinem Körper alles abverlangt, aber noch mehr zurückgegeben. Sie hat aus einem Kind eine Mutter werden lassen.

Aber vor allem hat sie mir die Stärke einer Superheldin verliehen, die weiß, dass sie, egal wie schwer es vielleicht manchmal auch sein mag, alles bewältigen kann, was ihr das Leben vor die Füße legt.

- *Papa* -

Ich muss ehrlich gestehen, dass ich anfangs wenig begeistert von der Idee war, ein Buch über unsere Schwangerschaft zu schreiben. Hierfür gab es zwei Gründe:

1. Ich schreibe eigentlich nur Fantasyromane und konnte mir nicht vorstellen, nun über etwas Reales zu schreiben, dazu auch noch über uns (*so ganz ohne fantastische Wesen, Magier und epische Schlachten*).

2. Auch wenn wir durch unsere Arbeit sehr viel Persönliches aus unserer Vergangenheit preisgeben, fühlte sich der Bericht über die Schwangerschaft anfangs für mich so an, als würde ich an einem sonnigen Samstag nackt über die Stuttgarter Einkaufsstraße gehen.

Und trotzdem ließ mich die Idee nicht mehr los. Denn auch wenn es ab und an Bücher über das Vatersein und -werden gibt, so wird selten über die unangenehmen Dinge gesprochen, wie beispielsweise die Sorgen und Ängste, die Überforderung oder auch das Erlebnis bei der Geburt.

Nachdem ich die Geburt überstanden hatte, verfolgten mich noch längere Zeit Alpträume. Aber ich haderte mit mir, weil doch eigentlich Kera all das hatte durchmachen müssen und ich ja nur danebengestanden war.

Irgendwann fiel mir dann aber wieder ein, dass die Hebamme bei unserem zweiten Vorgespräch gemeint hatte, wie ähnlich anstrengend eine Geburt auch für den Mann wäre, nur eben anders anstrengend. Damals hatte ich es naiv lächelnd abgetan, einfach weil ich noch nicht in der Lage gewesen war, es zu verstehen.

Als unsere Lieblingshebamme und die Osteopathin mir nach der Geburt mit besorgtem Blick gesagt hatten, dass auch ich nach mir sehen müsste, weil es nicht zu unterschätzen wäre, wenn es mir so schlecht damit ginge, konnte ich nicht anders, als etwas nachzuforschen. Bis dahin hatte ich noch geglaubt, ich wäre ein Einzelfall, weil ich sowieso schon immer sehr zartbesaitet gewesen war, und gedacht, dass es nur mir mit der Verarbeitung der Geburt so ginge.

Aber tatsächlich (*auch wenn kaum jemand darüber spricht*) scheint es doch mehr Männer zu geben, denen die Geburt deutlich härter zusetzt, als sie zugeben mögen. Man möchte eben ungern das Weichei sein, über das die anderen lachen, lieber der sein, der stark ist, der Held sozusagen. Der Gedanke, dass ein Mann nicht schwach sein darf, ist eben leider noch immer stark in vielen Köpfen verankert (*natürlich wird es immer besser, keine Frage*).

Ich habe sogar in einem psychologischen Artikel gelesen, dass es durchaus auch Wochenbettdepressionen bei Männern gäbe, wovon ich zuvor noch nie gehört hatte. Für mich war das mit einer der Gründe, meine Fantasygeschichten beiseitezulegen und gemeinsam mit Kera dieses Buch zu schreiben, und zwar unverblümt, denn wenn schon nackig über die Stuttgarter Einkaufsstraße gehen, dann auch ohne Socken.

Es ging mir dabei nie darum, mich selbst zu bemitleiden. Vielmehr habe ich mir in erster Linie mit dem Buch erhofft, dich, liebe/r Leser*in, zu unterhalten, dir ab und an ein Lächeln ins Gesicht zu zaubern, aber (*und das wäre wirklich schön*) dir vielleicht auch als künftige Mutter oder als künftiger Vater Ängste und Sorgen zu nehmen und dir die Möglichkeit zu geben, dich in unseren Erfahrungen wiederzuerkennen (‚*Hey, meinem Mann geht das genauso, das scheint also gar nicht so ungewöhnlich zu sein.*‘ oder ‚*Ich als Mann bin ja gar nicht allein mit den Gefühlen, die mich umtreiben und das scheint okay zu sein*‘).

So amüsant es beim Lesen teilweise wirken könnte, war es in der Situation selbst meist alles andere als spaßig. Und auch wenn wir vieles meist etwas auf die Spitze getrieben haben, war die Schwangerschaft eine schöne, aber auch nervenzehrende, aufregende Achterbahnfahrt der Gefühle und Erfahrungen.

Als wir uns die einzelnen Kapitel gegenseitig vorgelesen haben, haben wir gemeinsam gelacht, geschwiegen und geweint, so viele Erinnerungen an die turbulente Zeit der Schwangerschaft sind wieder zurückgekommen. Nachdem wir beide mit Tränen in den Augen den letzten Teil des Buches zum Besten gegeben hatten, waren wir überglücklich, aber irgendwie auch traurig, dass es nun zu Ende war.

Es hat uns beiden riesig Spaß gemacht zu sehen, welch unterschiedliche Blickwinkel wir doch auf die Zeit der Schwangerschaft haben und wie viel uns diese Aufarbeitung doch auch selbst zum Nachdenken angeregt hat.

Aber jedes Ende ist ja auch ein Anfang und ich hoffe sehr, dass auch du, der du dieses Buch in Händen hältst, ein Abenteuer erleben durftest und das Buch vielleicht ebenfalls mit einem lächelnden und einem weinenden Auge zuklappen wirst!

Vielen Dank, dass du an unserer Schwangerschaft teilgenommen hast und wer weiß... vielleicht wird Knöpfchen ja nochmal in einem weiteren Buch vorkommen. Denn wo die Schwangerschaft aufhört, beginnt ein völlig neues Leben und eines kann ich schon vorwegnehmen (*Achtung Spoileralarm!*): Die Anfangszeit nach der Schwangerschaft hat alles getoppt, was wir bis dahin erlebt hatten, im Guten wie im, sagen wir mal, Nervenaufreibenden.

In dem Sinne: Bis bald, mach's gut, Adieu!

Danksagungen

Zu allererst möchten wir Knöpfchen danken. Ohne dich hätten wir diese wunderbare Schwangerschaft nie erleben dürfen! Danke, dass du zu uns gekommen bist. Wir lieben dich!

Außerdem möchten wir unseren Eltern danken! Eure Unterstützung – insbesondere in den schwierigen Zeiten der Schwangerschaft und auch danach – war unersetzlich! Ihr seid die besten Eltern der Welt! Vielen Dank auch an (Schwieger-)Mama Gabi für das Testlesen und deine kritische Überprüfung sowie die vielen Lachtränen.

Tausend Dank auch an unsere Lieblingshebamme. Du hast nicht nur viel Geduld mit uns bewiesen, sondern uns auch jederzeit mit Rat und Tat zur Seite gestanden. Wir hätten uns keine bessere Hebamme wünschen können.

Vielen lieben Dank auch an alle anderen, die uns während der Schwangerschaft, der Geburt und im Wochenbett betreut haben. Wir wissen sehr zu schätzen, was ihr für unseren kleinen Engel und uns getan habt.

Ein besonderer Dank gilt auch mal wieder dir, Simon Pischel! Du überraschst uns jedes Mal aufs Neue mit deinen Coverentwürfen und weißt immer genau, was wir brauchen, egal wie undurchsichtig unsere Coverbeschreibungen bzw. -vorstellungen jedes Mal sind.

Abschließend möchten wir dir danken, liebe Leser*in, dass du uns auf dieser verrückten, aber wunderschönen Reise begleitet hast! Wir hoffen, dass wir dich schon bald in einem unserer anderen Bücher wieder begrüßen dürfen. Adieu.

Über Mama und *Papa*

- Mama -

Klein Mama wurde am Montag, den 18.04.1988 vom ersten heimkehrenden Storch des Jahres wohlbehalten in Böblingen abgeworfen. Trotz der frühen Uhrzeit (06:18 Uhr) und ihrem stolzen Gewicht von 4,6 kg, verteilt auf 56 cm, landete sie sanft und wohlbehalten.

Schon damals war ihr der Schlaf heilig, so schlief sie seit Tag eins die Nächte durch und verschlief gar die Schmerzen ihrer durchbrechenden Zähne, die wie aus dem Nichts im zehnten Monat einfach da waren.

Nachdem sich rückwärts krabbeln irgendwie blöd anfühlte, übersprang sie das Vorwärtskrabbeln und begann direkt mit dem Gehen, was sie auch heute noch gut beherrscht.

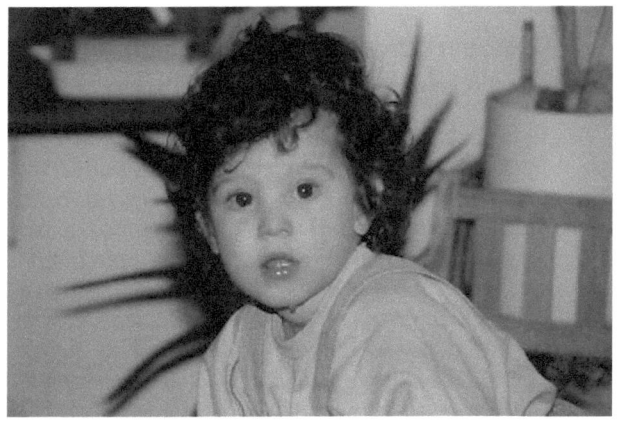

Der kleine Papa erblickte am Mittwoch, den 04.07.1990 um Pi mal Daumen halb sechs im schwäbischen Tübingen das Licht der Welt. Stolze 53 cm und 4.000 g konnte der kleine Papa schon damals sein Eigen nennen.

Als Flaschenkind groß geworden (ganze 1,83 m) kann er auf eine lange Laufbahn an Schreihalsmomenten zurückblicken. Angefangen mit Koliken übers Zahnen bis hin zu Schlafverweigerung und Impfen, nahm er alles mit, was ging, Hauptsache es knallte.

Mittlerweile ist er von seinem Posten als erfolgreicher Schreihals zurückgetreten, um voller Stolz seinem Erstgeborenen das Feld zu überlassen.

Weitere Bücher von Kera und Robert

Robert Deiss: 6. Kreis – Fremde
(Fantasy-Trilogie / 1.Teil)

"Du, der du dieses Buch in Händen hältst, wisse: Mit dem heutigen Tage wird sich dein Leben von Grund auf verändern. Deine Vergangenheit wird im Antlitz der Magie verblassen. Deine Augen werden sich nicht mehr vor ihrer Wahrhaftigkeit verschließen können. Mana wird in dir erwachen. Nicht jeder ist dieser Kraft gewachsen. Missbrauchst du sie, wird sie dich verschlingen wie die Nacht den Tag. Reichst du ihr die Hand, wird sie dich begleiten wie die Nacht den Tag. Sei dir deiner Verantwortung auf dem Weg der Kreise bewusst. Handle selbstlos oder verbrenne in den Flammen deines Eigensinns..."

Verbannt in die Fremde, findet sich ein Junge an einem Ort voller Schmach, Ungerechtigkeit und Verderben wieder. Gefangen zwischen Verbrechern und Mördern muss er sich im Dienst eines Schmiedes beweisen, um schon bald festzustellen, dass noch größere Gefahren auf ihn warten als zwielichtige Gestalten. Denn sein Schicksal führt ihn auf einen Weg, den er sich nie zu träumen gewagt hätte – auf den Weg der magischen fünf Kreise. Von nun an muss er weit mehr hinter sich lassen als nur sein altes Leben, wenn er den Bannzauber besiegen und der Dunkelheit die Stirn bieten will.

Kera Deiss: Lieblingskörper

#GlücklichIstDasNeueSchön

Hast du schon mal unzufrieden in den Spiegel geschaut und dir gewünscht, einen anderen Körper zu haben? Hast du schon mal Diät gehalten, um dich optisch zu verändern? Hast du schon mal Sport gemacht, um Kalorien zu verbrennen? Dann hast du getan, was schon viele, viele andere Frauen vor dir getan haben. Dann hast du getan, was ich jahrelang getan habe. Du hast versucht, jemand zu sein, der du nicht bist. Du hast versucht, den Schönheitsidealen unserer Gesellschaft zu entsprechen, weil du vielleicht gehofft hast, dann endlich erfolgreich, beliebt und glücklich zu sein. Und? Hat es funktioniert? – Bei mir auch nicht.

Ich verrate dir etwas: Um glücklich zu sein, musst du weder erfolgreich, noch beliebt, noch schön sein. Um glücklich zu sein, musst du nur eins sein: du selbst. Das Buch, das du in den Händen hältst, möchte dich ein Jahr deines Lebens auf deinem Weg begleiten zu mehr Gesundheit, zu mehr Zufriedenheit und zu ganz viel mehr Lieblingskörper. Denn dein Körper, den du so manches Mal schon gern eingetauscht hättest, ist so einzigartig und so liebenswert, dass man ihn nur liebhaben kann. Alles, was du jetzt noch tun musst, ist das zu erkennen. Also was sagst du? Legen wir los?

Beinhaltet:
- Textimpulse u.a. zu: Körperliebe, Selbstbewusstsein und Glück
- 52 Wochen- & 12 Monatsaufgaben
- 52 Wocheninspirationen
- 15 Mandala- & Zen Doodle-Vorlagen zum Ausmalen
- Kalenderblätter für 52 Wochen

Kera Rachel Cook: Hässliches Entlein war gestern

#ichoosetolovemyself

Was macht man, wenn der Model-Scout einer der größten deutschen Agenturen einem seine Karte gibt? Man vereinbart einen Termin und überredet Mutti, mit einem nach München zu fahren. Unzählige ambulante Therapien, zwei Klinikaufenthalte und eine überwundene Essstörung später merkt man dann, dass das große Glück nicht auf den Laufstegen dieser Welt zu finden ist...

Die ehemalige Germany's Next Topmodel-Kandidatin und international erfolgreiches Plus-Size-Model Kera Rachel Cook erzählt offen und bewegend von ihren Erfahrungen in einer Welt, in der menschliche Werte hinter Oberflächlichkeiten verschwinden und man immer nur so viel wert ist wie der nächste Job. Gnadenlos ehrlich schreckt sie nicht davor zurück, den Leser auch zu ihren dunkelsten Momenten mitzunehmen. Es ist die Geschichte einer jungen Frau, die sich von schweren Schicksalsschlägen nicht beirren lässt, sondern auch in scheinbar ausweglosen Situationen genug Mut und Hoffnung in sich findet, ihren Weg weiterzugehen. Ihr Ziel: die Liebe – zu sich selbst und zum Leben.

Kera Rachel Cook: Vom Mädchen zum Model
Faszination *Germany's Next Topmodel*

Das *Topmodel*-Format ist ein weltweiter Erfolg mit Ablegern in einer fast unüberschaubaren Vielzahl an Ländern. *Germany's Next Topmodel* gehört zu den erfolgreichsten Adaptionen. Schon zum 12. Mal wird hierzulande das nächste Topmodel Deutschlands gesucht und wieder stehen Tausende Mädchen bereit, um den Titel entgegenzunehmen. Dabei hat es noch keine Siegerin bisher wirklich in den Topmodel-Olymp geschafft. Während manche mittlerweile als sogenannte Instagram-Millionäre ihr Geld verdienen, sind andere komplett von der medialen Bildfläche verschwunden oder machen Schlagzeilen als Geschäftsführerin eines Back-Shops oder als Mutter in kaufmännischer Ausbildung.

Und dennoch scheint die Faszination vor allem junger Frauen an *GNTM* ungebrochen zu sein. Aber warum? Worin besteht der große Erfolg der Sendung? Wie schaffen es die Produzenten nach all den Jahren immer noch junge Frauen vor dem Fernseher zu halten oder gar zur Teilnahme zu bewegen?

Vor dem Hintergrund entwicklungspsychologischer Bedürfnisse Jugendlicher und sozialwissenschaftlicher Medientheorien setzt sich Kera Rachel Cook mit der 9. Staffel des Formats *GNTM* auseinander, um die Show als gesellschaftliches Phänomen unserer Zeit zu verstehen.